U0882876

语言历史论丛（第十八辑）

Papers on Languages and History
Volume 18

四川师范大学文学院
中国 · 成都 · 2022
College of Liberal Arts, Sichuan Normal University
Chengdu, China, 2022

巴蜀书社

《语言历史论丛》（第十八辑）

目　录

Contents and Abstracts

Abstract: There are [y] phonemes in modern Chinese Putonghua and modern Tibetan Lhasa. However, the Tibetan written language reflects that there is no [y] in the ancient Tibetan language, and there is no [y] in the *Qieyun* phonology of Chinese until the middle ancient times. Some scholars believe that the *ZhongyuanYinyun* in the Yuan Dynasty has had [y], but others believe that [y] was produced until the Ming Dynasty or even the Qing Dynasty. This paper, based on the Chinese and Tibetan phonetic materials of the official revised *Xifan Yiyu* in the Ming and Qing Dynasties, investigates the generation era of [y] in the two languages and the mechanism of pronunciation evolution, and puts forward three points: 1. [y] has been produced in the Northern Chinese in the Ming Dynasty, but its distribution is still limited. At that time, [y] in Tibetan was only budding, and no phoneme was formed. 2. After the early Qing Dynasty, the process of [y] phonolization in Tibetan began, generally along the route of [u] + [-

s/-l/-d/-n] > [ui] > [y], which is a typical regressive assimilation sound change. 3. The materials of Chinese history and modern Chinese dialects prove that there are also mechanisms and historical processes of [y] phonolization caused by regressive assimilation.

Key words: *Xifan Yiyu*; Chinese-Tibetan phoretic correspondence; the history of [y]; regressive assimilation; evolution mechanism

(Shi Xiangdong, Language Science Research Center, Tianjin University, Tianjin, 300072)

Abstract: *Luoluo Yiyu* is a series of Yi-Chinese phonetic correspondence dictionaries compiled during the reign of Emperor Qianlong (1735-1795). According to the correspondence pattern, this paper found the separation and integration of ZhiZhuangZhang 知庄章 groups in Southwest mandarin of that time: "Zhang 章 group", "ZhiZhuang 知庄 Level2 (excluding GengShe 梗摄)" and "Zhuang 庄 Level3 ZhiShe 止摄" corresponding to tʂ-group in Yi language; while "Zhuang 庄 Level3 (excluding ZhiShe 止摄)" and "ZhiZhuang 知庄 Level2 GengShe 梗摄" corresponding to ts-group in Yi language. The dichotomy of ZhiZhuangZhang 知庄章 also corresponds with the "Nanjing type", which proves that the formation of Southwestern mandarin has a deep historical origin with the Jianghuai (Nanjing) mandarin in Ming Dynasty (1368－1644).

Key words: *Luoluo Yiyu*; Yi-Chinese phonetic correspondence; Emperor Qianlong; Southwest mandarin; ZhiZhuangZhang（知庄章）

more from the neighboring Dujiangyan dialect. These loanwords from different sources show different forms of change in Miansi Qiang Language, including the loss of initials, the change of articulatory place and feature. The change of finals includes increase, simplification and segmenta adjustment of phonemes. The tone of chinese loanwords in Miansi Qiang Language has a corresponding relationship with Dujiangyan dialect, and 53 tones only appear in Chinese loanwords.

Key words: Qiang Language; loanwords; language contact

(Gao Tao, Chen Hongfei, College of literature and journalism, Chengdu University, Chengdu, Sichuan, 610106)

Abstract: In Pingwu Baima Language, the auxiliary word de^{31} is typically used to mark the progressive situation. In addition, de^{31} also marks high frequency events, static nature, gnomic situations and other types of situations. In Tibeto-Burman, it is a common language phenomenon that the progressive aspect and the habitual aspect share the same grammatical mark.

Key words: Baima Language; aspect mark; situations; progressive; habitual

(Feng Shihan, College of Foreign Languages, Guizhou University, Guiyang, Guizhou, 550025)

Abstract: During the Qing Dynasty and the Republic of China, a large number of local chronicles were compided in Sichuan, of which more than ten recorded the languages of minorities of western Sichuan, such as Tibet, Qiang and Yi, covering four aspects: words, ballads, characters and the use of minority languages and characters. They have their own characteristics in word collection, transliteration and so on. This kind of literatures has important academic value for the study of the history and evolution of Sichuan minority languages in the Qing Dynasty and the Republic of China, which is worthy of systematic sorting and in-depth research.

Key words: Qing Dynasty and Republic of China; Sichuan Local chronicles; Tibeto-Burman

(Wang Zhen, College of Liberal Arts, Sichuan Normal University, Chengdu, Sichuan, 610068)

Abstract: This article uses the visualization software CiteSpace to analyze the relevant literatures in the Dong-Taiwanese language from 1978 to 2020, and generate the corresponding scientific Knowledge Graph. By analyzing the research authors, research institutions, highly cited documents and keywords, the research status of Dong-Taiwanese language is clarified. And the research hot spots, research frontiers and potential motivation mechanisms of Dong-Taiwanese language are discussed as well.

Key words: Dong Taiwanese; CiteSpace; visual analysis

（Long Dan, Lu Yizhou, School of Literature and Journalism, Central South University, Changsha, Hunan, 410083）

Abstract: The western works *The Nanking KuanHua*, *The Standard System of Mandarin Romanization* and *A Course of Mandarin Lessons: Based On Idiom* are representative works reflecting the phonetic system of Mandarin in the Qing Dynasty, and their spelling schemes are different. By comparing and analyzing the spelling system of the same phonology in different literatures, it is easy to find the characteristics, advantages and disadvantages of different spelling methods, which reflects the focus and learning rules of foreigners in learning Chinese, and has eulightening significance for re-understanding the phonetic nature of written records.

Key words: *The Nanking KuanHua*; *The Standard System of Mandarin Romanization*; *A Course of Mandarin Lessons: Based On Idiom*; phonetic transcriptions

（Liu Chuntao, College of Chinese Language and Culture, Nankai University, Tianjin, 300071; Liu Zijun, Tianjin Eco-City Affiliated School of Beijing Normal University, Tianjin, 300467）

Abstract: Since the Qing Dynasty, Hakka speakers and Huguang

(湖广) speakers have lived together in Chengdu City. The influence of Hakka Dialect on Chengdu dialect remains in the words of Chengdu dialect. Because these words are highly integrated with Chengdu dialect in spoken language, people are often unaware of them. According to the phonetic rules, this paper points out that these spoken words of Chengdu dialect came from Hakka dialect.

Key words: dialect; Chengdu speech; Hakka loan words

(Zhou Jixu, College of Liberal Arts, Sichuan Normal University, Chengdu, Sichuan, 610068)

Abstract: This paper analyze the classification, linguistic functions and the evolution of words with suffix "ér" based on its distribution in different syllable structures. Based on its phonetic realization, the suffix "ér" can be categorized into suffixation "er" (儿尾) and "ér huà" (儿化) and the former form mostly show up when attaching to monosyllables while the latter to bi-syllables. The phonetic realization of "ér huà" (儿化) rhyme varies on the height difference of the vowels in the proceeding syllables, and the systematic tone sandhi happens in second syllable of the bi-syllabic reduplicative forms. The suffix "er (儿)" originated from the content word meaning "child" and has undergone the process of grammaticalization, turning into productive suffix in Chengdu dialect, playing an important role in word-formation, diminutive representation, meaning transfer and showing the feelings of affections and dislikes.

Key words: Chengdu Dialect; words with suffix "er (儿)";

娘" became popular.

Key words: niang 娘; semantic; evolution; reasons

(Zhang Ying, College of Liberal Arts, Sichuan Normal University, Chengdu, Sichuan, 610068)

Abstract: The Great Chinese Dictionary is a large diachronic reference book which absovbs elements from both ancient and modern times and attaches great importance to its origin as well as its development. As the dictionary with the largest number of words and the highest authority in China, it has made a great contribution to the diversity and tracing of words, but there are still some errors due to various reasons. Aiming to provide some references for the compilation and revision of the dictionary, this paper has made some supplement and correction which were mainly based on the literature of stele inscriptions.

Key words: the Great Chinese Dictionary; literature of stele inscriptions; supplement and correction

(Yang Weiwei, College of Liberal Arts, Sichuan Normal University, Chengdu, Sichuan, 610068)

Abstract: The article investigates the problems existing in the items, the glyphs and sources of the 16 characters in the Men Radical (《門部》) of the *Great Chinese Dictionary* (《汉语大字典》), points out and corrects the existing problems in the radical, and makes a preliminary summary of the causes of the problems.

Key words: *the Great Chinese Dictionary* (《汉语大字典》); items of characters; glyphs; the sources of glyphs

(Wang Xiao'en, College of Literature and Journalism, Sichuan University, Chengdu, Sichuan, 610064)

Abstract: Dialects in Linshui County could be divided into two categories: in the first category, rusheng has incorporated into yangping; and in the second category, rusheng has retained. Through the author´s field investigation, it is found that the phonology of Linshui dialects divides geographically: the West Channel dialect belongs to the first category, and the East Channel dialect belongs to the second category. The Eastern Channel is located between Tongluo Mountain and Mingyue Mountain, which is relatively remote; therefore, it retains more of the local features of the Nanluhua dialect (南路话). The West Channel is located between Huaying mountain and Tongluo mountain, where the county seat locates, therefore, it has been occupied by Huguanghua dialect (湖广话) which brought by the immigrants. This is an example of dialect variation due to geographical barriers.

Key words: Linshui dialect; dialect investigation; phonological differencesJP]

(Xia Xiao, College of Liberal Arts, Sichuan Normal University, Chengdu, Sichuan, 610068)

Abstract: Based on the field investigation materials of Wumu (五木) Speech in Pingchang (平昌) County Sichuan Province, this paper summarizes the phonological characteristics of Wumu Speech. Wumu Town, Pingchang County located in Bazhong City belongs to Chen-Yu (成渝) area of southwest Mandarin according to dialect division. However, by comparing the Wumn Speech with the phonetic features of Huguanghua (湖广话) and Nanluhua (南路话) in Sichuan Province, it is found that this dialect has both the phonetic features of Huguanghua and the phonetic basement of the early Nanluhua, which is a mixed dialect.

Key words: Wumu speech; phonological characteristics; Huguanghua; Nanluhua

(Wang Ziwei, College of Liberal Arts, Sichuan Normal University, Chengdu, 610068)

《西番译语》与汉藏两语［y］音史的几个问题①

施向东②

摘　要　现代汉语普通话和现代藏语拉萨话的音系中都有［y］音位。但是藏文所反映的古藏语中没有［y］音，汉语直到中古的切韵音系也还没有［y］音，有的学者认为元代《中原音韵》已经有了［y］音，但是另有一些学者则认为迟至明代甚至清代才产生了［y］音。本文根据明清两代官修的《西番译语》的汉藏对音资料，考察了两种语言中［y］音产生的时代和发音演变的机制，提出：1. 明代汉语官话中已经产生

① 本文得到教育部人文社会科学研究规划基金项目“新出故宫本《西番译语》综合研究”（18YJA740039）的资助，特致谢忱。

② 施向东，上海市人，天津大学语言科学研究中心教授。研究方向为汉语及民族语语音史。

了［y］音，但是其分布还有局限；其时藏语中［y］音仅见萌芽，尚未形成音位。2. 清初以后，藏语中［y］音化的进程开始，大体上是沿着［u］+［-s/-l/-d/-n］>［ui］>［y］的路线进行的，这是典型的逆同化音变。3. 汉语史和现代汉语方言的材料证明了，汉语中同样存在由于逆同化造成［y］音化的机制和历史进程。

关键词 《西番译语》；汉藏对音；［y］音史；逆同化；演变机制

《西番译语》①是明清官修的汉藏对照双语词典。其藏文词条的汉译音，反映了明清时代藏语和汉语的实际语音，观察《西番译语》的藏汉对音，既可以了解藏语的语音状况及其发展变化，也可以了解汉语的语音状况及其发展变化。我们在《〈西番译语〉藏汉对音中的一些问题》（施向东[34]）、《从清抄本〈西番译语〉藏汉对音看清初官话语音若干特点》（施向东[35]）、《故宫清抄本〈西番译语〉藏汉对音译例研究》（施向东[36]）等文章中已经做了初步的研究。本文拟针对汉藏两语与［y］音有关的问题做进一步的探讨。

① 《西番译语》有明代永乐年间四夷馆编写的“乙种本”[2]，有清代乾隆年间编写的“丁种本”，亦称《川番译语》（共有九种），还有最近由故宫博物院出版社影印出版的清抄本《西番译语》[3]。本文主要依据的是“乙种本”和“清抄本”。可参见冯蒸[8]，聂鸿音、孙伯君[26]。

一、汉语［y］音史研究中的问题与争论

汉语 ü［y］音史的研究，是近代汉语语音研究中的一个引人入胜的问题。

在汉语语音史上，直到中古时代还没有出现［y］这个音位。无论在韵腹位置，还是介音位置上，都没有［y］的影踪。李荣《切韵音系》合口三等介音是［iu］/［ju］，韵腹是［u］的韵有［iu］（尤）、［iuŋ］（东三）[16]150-151；邵荣芬《切韵研究》合口三等介音也是［iu］/［ju］，韵腹是［u］的韵有［iuŋ］（东三）[33]132-133。［iu］并不是［y］。那么［y］音是什么时候开始出现在汉语中的呢？它又是怎么形成的呢？

元代《中原音韵》中“鱼模”韵的细音字韵母是不是［y］，这在学界还是一个争论不休的问题。陆志韦[22]302、董同龢[6]64、杨耐思[42]9、邵荣芬[32]55、宁继福[28]9都主张《中原音韵》中“鱼模”韵的细音字韵母是［iu］。李新魁主张《中原音韵》细音字的介音是ǐ，因此“鱼模”韵的细音字韵母是［ǐu］[18]114，王力的介音写作［i̭］[40]380，因此“鱼模”韵的细音字韵母是［i̭u］，也都不是［y］。但是前苏联学者龙果夫《八思巴字与古官话》认为古官话（指元代八思巴文碑文、元代等韵图《切韵指南》和明代《洪武正韵》所代表的13—14世纪的官话）中“鱼模”韵的细音字韵母是 ü（按即［y］）[21]43，赵荫棠《中原音韵研究》[50]175-187《等韵源流》[51]119都主张《中原音韵》鱼模部细音的韵母是［y］。

另一方面，《中原音韵》合口细音字的介音是不是［y］呢？

换句话说，以［y］为标志的撮口呼是否已经产生了呢？有的学者对此持肯定的态度，认为已经产生了 ü［y］介音，除了龙果夫、赵荫棠，连有些主张“鱼模”韵细音字韵母是［iu/ĭu/i̯u］者也持此说，比如上述学者中董同龢[6]65-68、邵荣芬[32]53-54、王力[40]388、397、411、413主张真文部、先天部、车遮部、庚青部的合口细音是 üən[yən]、[yen]/üɛn[yɛn]/[yæn]、[ye]/üɛ[yɛ]/[yæ]、üəŋ[yəŋ]。但是有许多学者则认为《中原音韵》合口细音的介音仍是［iu］或［ĭw］而不是 ü［y］，例如陆志韦[22]293、296、299、杨耐思[42]9、宁继福[28]9等。其理由，正如唐作藩所指出：“我们认为［y］音的产生才标志四呼的形成。……《中原音韵》的 iu 和 u 同部，显然还未演变为 y。鱼模部是如此，其他韵部含有 iu 音的韵母（东钟 iuŋ、真文 iuən、先天 iuɛn、庚青 iuəŋ）也是这样。”因此，唐作藩赞同杨耐思[43]191的观点，主张“《中原音韵》还只有开合两呼，而各又有洪细的不同”[37]174-175。撮口呼尚未产生，因此谈不上介音 ü［y］的存在。

那么在近代汉语史上 ü［y］元音究竟何时出现的呢？对这个问题，学者们也有不同的意见。陆志韦认为：“《耳目资》的鱼虞列在 u 摄，他的元音介在‘苏’（su）跟‘私’（sï）的中间。这才是单元音化了，也许近乎 ʉ。《五方元音》把鱼虞移到了地韵，比《耳目资》更近乎现代国音，那才是 y。”[22]302按，樊腾凤的《五方元音》成书于 1654—1673 年之间，已是清代初年了。但是近年来许多学者根据一系列近代韵书韵图等资料，认为明代初年 ü［y］音已经产生。邵荣芬[32]118、唐作藩[37]171、张玉来[48]37-39、宁忌浮[27]187等指出，兰茂的《韵略易通》分《中原音韵》“鱼模”韵为“呼模”“居鱼”两韵，昭示［y］韵母已经出现。耿振生同时认为明初《洪武正韵》鱼、模分韵，就已经反映了鱼韵由［iu］变成［y］的事实[9]62。至于介音和四呼，明代等韵图《韵法直图》《韵法横图》已经采用“开口、齐齿、合口、撮口”四呼的名称，但是此外还有混呼、闭口呼、齐口呼、咬齿呼、舌向上呼、齐齿卷舌呼等名目①。直到晚于《五方元音》约半个世纪的清代潘耒《类音》（1712），“开齐合撮”四呼才定型下来（李新魁[19]72）。可见，撮口呼的确立，从明代到清代，经历了一个漫长的过程。

正如杨剑桥所说：“《韵略易通》成书于1442年，《五方元音》成书于1654至1673年之间，两者相差二百来年，究竟何是何非，尚需继续研究。”[41]88 如果上推至《中原音韵》（1324年），下延至《类音》（1712年），则时间相差了将近四百年。其间的状态与变化的真相究竟如何，是真正值得进一步探索的。

二、藏语［y］音史问题的研究

藏文反映的古代藏语中没有［y］音位，如同汉语中古之前的语音系统中也没有［y］音位一样，汉、藏语言中［y］音位都是后起的，是两种语言各自演化的产物。

藏文30字母代表辅音，其元音有5个：a，i，u，e，o。基字不带任何元音符号时自含a元音，其余4个元音用基字上下附加的符号表示：◌ི i，◌ུ u，◌ེ e，◌ོ o。没有［y］元音。基字y［j］-、

① 《韵法直图》《韵法横图》均附见明代梅膺祚《字汇》[25]。

下加字-y[j]-以及元音 i①，它们跟元音 u 结合时也没有证据表明变成了［y］。比如罗常培《唐五代西北方音》[23]44所载，藏文 yu 汉译音“犹、猷、游、右”，藏文 yivu② 汉译音“由、犹、有”，藏文 givu 汉译音“求、旧、久”，藏文 shivu 汉译音“守、受”，藏文 sivu 汉译音“岫、修”，藏文 hivu 汉译音“休”，藏文 dzivu 汉译音“就”，“犹、猷、游、右、由、有、求、旧、久、守、受、岫、修、休、就”都是“尤”韵系［i̯əu］字。此外，藏文 ku 汉译音“俱”，藏文 khu 汉译音“驱、俱、具”，藏文 gu 汉译音“具”，藏文 vgu 汉译音“寓、愚”，藏文 su 汉译音“须”，藏文 yu 汉译音“喻”，都是“虞”韵系的字，但当时“虞”韵的音值并不是［y］，而是［i̯u］（王力[40]193）。可见当时藏语中并没有［y］这样的音。

现代藏语的一些方言中具有［y］音位。据瞿霭堂、劲松[30]13，现代藏语三大方言中，卫藏方言和康方言中有圆唇前高元音（按即［y］），安多方言中则没有。这里以卫藏方言的拉萨话为例，银子 dŋul >［ŋy］，蛇 sbrul >［ʈʂy］，汗 rŋul-nag >［ŋy-na］，动 vgul >［ky］，催 skul >［ky］，进 vdzul >［tsy］，腐烂 rul >［ry］；姓 rus-miŋ >［ry-miŋ］，节 dus-chen >［thy-tɕhẽ］，膝盖 pus-mo >［py-mu］，骨头 rus-pa >［ry-pə］，筋 rgyus-pa >

---

① 文中不加方括号［ ］的字母是拉丁文，方括号［ ］内的是国际音标。本文中藏文的转写规则是：藏文字母ཀ ཁ ག ང ཅ ཆ ཇ ཉ ཏ ཐ ད ན པ ཕ བ མ ཙ ཚ ཛ ཝ ཞ ཟ འ ཡ ར ལ ཤ ས ཧ ཨ 转写为拉丁字母 ka kha ga ŋa ca cha ja nya ta tha da na pa pha ba ma tsa tsha dza wa zha za va ya ra la sha sa ha a，元音符号ི ུ ེ ོ 为 i u e o，གྱག gyag 与གཡག g·yag 不同。

② 罗书藏文字母འ转写作’，本文按照上述转写规则改为 v，下同。

［cy-pə］，敢 nus >［ny］；痰 kha-lud >［khə-ly］，肥料 lud >［ly］，经过 brgyud >［cy］，连接 bstud >［ty］，拖 drud >［ʈʂhy］，七 bdun >［tỹ］，冬 dgun-kha >［kỹ-kə］，前 mdun >［tỹ］；等等①。可以发现，大体上古代藏语中的 u 元音后带有后加字-l、-d、-s 的，到现代藏语拉萨话中变成了［y］②，u 元音后带有后加字-n 的，则变成了鼻化的［ỹ］。还有，藏语中表示属格的-vi 附在 u 元音之后，-uvi 在现代藏语拉萨话中也变成了［y］，例如：谁的 suvi >［sy］，水的 chuvi >［tɕhy］，虫的 vbuvi >［py］，笔尖 smyu-guvi-kha >［ȵu-ky-kha］，毛色 spuvi-mdog >［py-toʔ］，等等。

在藏文反映的古代藏语中，存在大量带下加字-y-［-j-］而元音是 u 的音节，也就是说，它们跟汉语“鱼模”韵中的细音一样，存在［-ju］的音位组合。但在现代拉萨话中，我们并没有看到 u 元音在下加字-y-之后变［y］的现象。比如“跑”rgyugs 读［cu］，“吐”skyug 读［cu］，“变化”vgyur 读［cur］，“富”phyug-po 读［tɕhu-ku］，“笔”smyu-gu 读［ȵu-ku］，-y-［-j-］并没有把后面的元音 u 变成［y］，只是把前面的辅音变成了舌面音。下面两个可以比较的例子很说明问题：rgyu-ma（肠子）读［cu-ma］，而 rgyus-pa（筋）读［cy-pə］，很明显，是 us 变成了［y］，而不是 yu 变成了［y］。

那么藏语中［y］音位是什么时候产生出来的呢？其产生的机制又是怎么样的呢？我们希望通过《西番译语》中提供的信

① 例词引自黄布凡[11]、金鹏[14]、江荻[12]。

② 元音 u 后有后加字-d、-s 的音节处于词末时，拉萨话［y］音后或有喉塞音［ʔ］。

息来解开这个谜团。同时也希望这一分析能够对汉语［y］音史的研究有所启发。

三、《西番译语》中相关的汉藏对音字

本节我们将列示《西番译语》中三类汉藏对音字：甲、汉语鱼虞部的字（中古遇摄三等字以及《中原音韵》中由入声转入鱼模韵的细音字）的汉藏对音；乙、藏文含 yu 音缀的字的汉藏对音；丙、藏文 u 元音带后加-l/-d/-n/-s/vi 的音节的汉藏对音。为了展示不同时期不同的语音特点，明代“乙种本”《西番译语》（以下简称“乙种本”）和清代“清抄本”《西番译语》（以下简称“清抄本”）的对音情况将分别列示。

（一）“乙种本”《西番译语》的三类对音字

1. 汉语鱼虞部字的汉藏对音（明）

字	《广韵》音	《中原》音①	《易通》音	藏文	词例
初	鱼韵$_{合三}$	鱼模$_{阴平}$	呼模$_{阴平}$	chu，m <u>chu</u>	51 水 chu **初**②；202 唇 mchu 木**初**
辅	麌韵$_{合三}$	鱼模$_{去声}$	呼模$_{上声}$	hwu	735 辅教 hwu-kyavu **辅**教

①《中原》音，指《中原音韵》所属韵部；下文《易通》音，指《韵略易通》所属韵部。

②“词例”所列格式，“51”是该词在“乙种本”中的第 51 个词条，“水”是汉字词条，“chu”是藏文的转写形式，“初”是藏文字音的汉字对音。下仿此。

字	《广韵》音	《中原》音	《易通》音	藏文	词例
数	遇韵合三	鱼模上声去声	呼模上声去声	shu	274 刀鞘 gri-shubs 梨**数**卜思
物	物韵合三	鱼模入作去	真文入声	dbus	49 中国 yul-dbus 欲耳**物**思
菊	屋韵合三	鱼模入作上	东洪入声	dus，gyur gyug，gyud dud	103 时 dus **菊**思；324 醋 sgyur 思**菊**儿 569 走 rgyug 儿**菊**；576 袭职 las-ka-rgyud 勒思葛儿**菊**；704 率领 mgo-bsdud 母郭卜思**菊**
欲	烛韵合三	鱼模入作去	东洪入声	yul，yug	49 中国 yul-dbus **欲**耳物思；125 刻 dbyug-gu **欲**谷

按，以上六字中，“初、数、辅、物”四字因声母的原因在《中原音韵》时代已经失去 i 介音归入洪音（宁继福[28]），《韵略易通》“初、数、辅”列在“呼模”韵，“物”列在“真文”韵开口洪音中，对音中直接对藏文的-u。“菊、欲”二字《广韵》本来属入声，《中原音韵》派入鱼模韵，《韵略易通》保留入声，列在“东洪”韵中（张玉来[48]67、123、124）。而《韵略易通》“居鱼”韵的字，对音中一个也没有出现。

2. 藏文含 yu 音缀的音节的汉藏对音（明）

字	《广韵》音	《中原》音	《易通》音	藏文	词例
穷	东韵$_{\text{合三}}$	东钟$_{\text{阳平}}$	东洪$_{\text{阳平}}$	khyuŋ	459 凤凰 khyuŋ-khyuŋ **穷穷**
菊	屋韵$_{\text{合三}}$	鱼模$_{\text{入作上}}$	东洪$_{\text{入声}}$	gyur，gyug，gyud	324 醋 sgyur 思**菊**儿；569 走 rgyug 儿**菊**；576 袭职 las-ka-rgyud 勒思葛儿**菊**
欲	烛韵$_{\text{合三}}$	鱼模$_{\text{入作去}}$	东洪$_{\text{入声}}$	yul，yug	49 中国 yul-dbus **欲**耳物思；125 刻 dbyug-gu **欲**谷
竹	屋韵$_{\text{合三}}$	鱼模$_{\text{入作上}}$	东洪$_{\text{入声}}$	cu，jug，jud①	540 十 bcu-卜**竹**；579 入 vjug 恩**竹**；674 瘦 rjud-pa 儿**竹**罢
熟	屋韵$_{\text{合三}}$	鱼模$_{\text{入作平}}$	东洪$_{\text{入声}}$	zhu	271 弓 gzhu **熟**；586 安 zhu-ba **熟**瓦
冲	东韵$_{\text{合三}}$	东钟$_{\text{阴平}}$	东洪$_{\text{阴平}}$	chuŋ	692 大小 che-chuŋ 辙**冲**
容	钟韵$_{\text{合三}}$	东钟$_{\text{阳平}}$	东洪$_{\text{阳平}}$	yuŋ	522 姜黄 yuŋ-ba **容**瓦
奴	模韵$_{\text{合一}}$	鱼模$_{\text{阳平}}$	呼模$_{\text{阳平}}$	nyug	389 笔 snyug-gu 思**奴**谷
素	暮韵$_{\text{合一}}$	鱼模$_{\text{去声}}$	呼模$_{\text{去声}}$	phyug	172 富 phyug-pa **素**罢

① 藏文腭音 c ch j ny sh zh 诸声母字，均不带下加字-y-，本文按其发音实际视为带-y-的音节。

字	《广韵》音	《中原》音	《易通》音	藏文	词例
军	文韵$_{合三}$	真文$_{阴平}$	真文$_{阴平}$	gyun	121 时常 dus-rgyun-du 菊思儿**军**毒
云	文韵$_{合三}$	真文$_{阳平}$	真文$_{阳平}$	yun	122 永远 yun-riŋ-du **云**零毒
旬	谆韵$_{合三}$	真文$_{阳平}$	真文$_{阳平}$	byuŋ	581 便益 khe-byuŋ 客**旬**

按，以上十二字中，“奴、素”二字为洪音字，对细音音节是不规范的。“竹、熟、冲”三字，在《中原音韵》中尚被归入细音类（宁继福[28]16,50－51），而到《韵略易通》中则失去了 i 介音，被归入了洪音类。“容”字本为喻母字，晚近时代才转为日母字，失去韵头 i。其余“穷、菊、欲”在现代汉语中都有［y］音存在。但是在明代的情况如何，还需要进一步讨论。若按张玉来[48]66、67、79给《韵略易通》构拟的读音，“容、穷/菊、欲”的韵母尚是［iuŋ/iuk］，还没有进入［y］音化的过程①；“军、云、旬”的韵母是［yən］，已经步入了［y］音化的进程。但是如果以此来证明那时候藏语中已经有了［y］音，那会遇到很大的困难。正如上文所指出的，藏文的 yu［ju］音缀至今在拉萨话中仍然没有［y］化，怎么可能在六百年之前的明代就已经有［y］音了呢？合理的解释是，乙种本《西番译语》所处的明代前期，汉语中［y］音化的进程尚处在音变的初期，［iu］＞［y］仅在一定的范围内、一定的条件下发生扩散。根据张玉来[48]29－34所

① 俞敏先生指出，老北京话“菊花”在花农嘴里念“九花儿”[46]，则“菊”字的读音当是入声韵尾脱落后造成：［kiuk＞kiu＞tɕiu＞tɕiəu］。

说，《韵略易通》中只有开音节的“居鱼”韵有韵腹［y］，收舌的闭音节“真文”韵和“先全”韵中有韵头［y］。而收喉的闭音节“东洪”韵和“庚晴”韵，其合口细音是［iuŋ/iuk］［iuəŋ/iuək］，尚未在［y］音化的范围之内。至于拿“军云旬［-y-］”跟藏语 yu［ju］对音，一方面是取其音近，另一方面，在音变扩散初期，人们对于［y］的旧音［iu］恐怕还记忆尚存，甚至存在两音异读的可能①。

3. 藏文 u 元音带后加-l/-d/-n/-s/-vi 的音节的汉藏对音（明）

字	《广韵》音	《中原》音	《易通》音	藏文	词例
毒	沃韵$_{合一}$	鱼模$_{入作平}$	东洪$_{入声}$	dul，dud	90 尘 rdul 儿**毒**耳；360 皂 dud-kha **毒**渴
菊	屋韵$_{合三}$	鱼模$_{入作上}$	东洪$_{入声}$	dus，dud	103 时 dus **菊**思；704 率领 mgo-bsdud 母郭卜思**菊**
谷	屋韵$_{合一}$	鱼模$_{入作上}$	东洪$_{入声}$	kud，gus，kul	346 线 skud 思**谷**；627 敬 gus-pa **谷**思罢 647 催促 bskul-ba 卜思**谷**耳瓦
卜	屋韵$_{合一}$	鱼模$_{入作上}$	东洪$_{入声}$	bud，bul	170 妇人 bud-med **卜**灭；714 进马 rta-vbul 儿答恩**卜**耳

① 金尼阁《西儒耳目资》[13]中，“军云旬”都列在“三字孙母之十”iun 摄中。

字	《广韵》音	《中原》音	《易通》音	藏文	词例
物	物韵合三	鱼模入作去	真文入声	dbus	49 中国 yul-dbus 欲耳**物**思
棍	–①	–	真文去声	kun，gun	631 众 kun **棍**；100 冬 rgun 儿棍
敦	魂韵合一	真文阴平	真文阴平	dun	537 七 bdun 卜**敦**
国	德韵合一	齐微入作上	庚晴入声	guvi	738 国师 guvi-shri **国**师

按，以上八字除“菊”字外，都未体现出 ul/ud/us/uvi >［y］的倾向，如同上文所述现代拉萨话中那样的现象。“菊”字对音 dus/dud 表现出来的音变现象与拉萨话有所接近（下文还要详述），不但韵母变化，连带着声母也跟着变化，非常值得重视。但是这里还有两个现象不容我们忽视，一是 dus 对音“菊思”韵尾仍然存在，与拉萨话读单元音开音节［thy］（见上文）演变的进程不可同日而语，二是如上表所示，dud 不但对音“菊”（“乙种本”仅一见），也对音“毒”（“乙种本”两见②）。可见在“乙种本”的明代前期，即使认为藏语中［y］音出现了萌芽，也还不够一个定型的音位的资格，对其扩散的程度也还是不能给予过高的估计。

（二）“清抄本”《西番译语》的三类对音字

“清抄本”的汉藏对音规范化程度很高，其对音条例我们已

---

① 明代《正字通》“棍，古困切”，《广韵》《集韵》均无此音，《中原音韵》未收此字。

②《乙种本》360 皂 dud-kha **毒**渴，431 畜牲 dud-vgro **毒**恩果罗。

经详细讨论过（见施向东[36]），此处不再重复。本节的对音表若像上节一样分列三表的话，重复之处会非常繁多，因此这里合为一表，但是仍然分三部分来讨论。

字	《广韵》音	《中原》音	《易通》音	藏文	词例
诸	鱼韵$_{合三}$	鱼模$_{阴平}$	居鱼$_{阴平}$	cu	1411 十 bcu **诸**①；1684 李 cu-li **诸**－梨
储	鱼韵$_{合三}$	鱼模$_{阳平}$	居鱼$_{阳平}$	chu，phyu	167 河 chu-bo **储**－倭；582 富 phyug-po **储**克－播
舒	鱼韵$_{合三}$	鱼模$_{阴平}$	居鱼$_{阴平}$	shu，zhu	902 栏杆 pu-shu 补－**舒**；1231 进 zhugs **舒**克
儒	虞韵$_{合三}$	鱼模$_{阳平}$	居鱼$_{阳平}$	zhu	715 弓 gzhu **儒**；1515 公 gzhuŋ **儒**昂
俞	虞韵$_{合三}$	鱼模$_{阳平}$	居鱼$_{阳平}$	yul，yu，yur，yud	214 境 yul **俞**勒；1015 鞋 yu-bcad **俞**－济雅特 180 沟 yur-ba 俞呼 －斡；1948 人伦 rigs-rgyud 哩克－基**俞**特
女	语韵$_{合三}$	鱼模$_{上声}$	居鱼$_{上声}$	nyu	549 嫂 snyug-mo **女**克－莫
求	尤韵$_{开三}$	尤侯$_{阳平}$	幽楼$_{阳平}$	khyu	108 攒星 skar-khyu 嘎呼－**求**爱

① "词例"所列格式，"1411"是该词在"清抄本"中的第 1411 个词条，"十"是汉字词条，"bcu"是藏文的转写形式，"诸"是藏文字音的汉字对音。下仿此。

字	《广韵》音	《中原》音	《易通》音	藏文	词例
久	有韵开三	尤侯上声	幽楼上声	gyu，kyu，gyus，gyud	458 肠 rgyu-ma **久**爱－马；774 钩 lcags-kyu 济雅克－**久**愛；464 筋 rgyus-pa **久**爱爱－巴；730 弦 rgyud **久**愛特
湫	尤韵开三	尤侯阴平	幽楼阴平	byur，kyur，jus	504 灾 byur **湫**爱呼；943 醋 skyur **湫**爱呼 1090 织金 skrim-jus 知穆－**湫**爱
秋	尤韵开三	尤侯阴平	幽楼阴平	phyugs	1200 自在 dbaŋ-phyugs 斡昂－**秋**爱克
俞	虞韵合三	鱼模阳平	居鱼阳平	gyu	1522 因 rgyu 基**俞**；1700 竹 snyug-ma 尼**俞**克－马
都	模韵合一	鱼模阴平	呼模阴平	dus，dud，dun	294 时 dus **都**爱；1909 揖 vdud **都**特 1408 七 bdun **都**安
鲁	姥韵合一	鱼模上声	呼模上声	lus，lun	422 身 lus **鲁**爱；696 愚人 blun-po **鲁**安－播
噜	姥韵合一①	－	－	rus	465 骨 rus-pa **噜**爱－巴
顾	暮韵合一	鱼模去声	呼模去声	gus，gun	2064 尽心 sems-gus 塞穆－**顾**爱；345 十月 dgun-ra **顾**安－喇

① 《广韵》《中原音韵》《韵略易通》均未收“噜”字，此为《集韵》音。按，“清抄本”凡藏文 r-声母的音节必用“口”字旁的汉字对音。

字	《广韵》音	《中原》音	《易通》音	藏文	词例
补	姥韵合一	鱼模上声	呼模上声	pus，bus	2100 吹火 me-pus 墨－**补**爱；1753 发 vbus **补**爱
努	姥韵合一	鱼模上声	呼模上声	nus	593 能 nus **努**爱
苏	模韵合一	鱼模阴平	呼模平声	sus，sun	1914 迎 bsus **苏**爱；2092 迎接 bsun-ma **苏**安－马
乌	模韵合一	鱼模阴平	呼模阴平	dbus，dbul	1114 中 dbus **乌**爱；584 贫 dbul-po **乌**勒－播
舒	鱼韵合三	鱼模阴平	居鱼阴平	shus，zhus	1253 誊写 slar-bshus 拉呼－**舒**爱；1251 对读 zhus -dag **舒**爱－达克
储	鱼韵合三	鱼模阳平	居鱼阳平	chuvi	375 水灾 chuvi-vjigs-pa **储**爱－济克－巴

1. 汉语鱼虞部字的汉藏对音（清）

与明代“乙种本”相比较，清代“清抄本”的汉藏对音所反映的汉语和藏语的语音系统都发生了一系列变化。首先，这里鱼虞部的字在《韵略易通》中都是“居鱼”韵的字，在“乙种本”对音中一个也没有使用过，这里大量用来对音藏文的-yu 或者腭音声母加 u 元音的音节。这说明，清代的汉语官话中［y］与藏文的 yu［ju］是对应的，它们的发音非常相似，可以在对音中匹配。其次，无证据表明，藏文的 yu［ju］音缀在其时的藏语口音中读为［y］。否则，其对音就可以简单地全用“居鱼”

韵的字来对-yu，而没有必要采用三种不同对音方式（详见下）来寻求对 yu 的实际读音的逼近。

2. 藏文含 yu 音缀的音节的汉藏对音（清）

“清抄本”中对音藏文含 yu 音缀的音节的，除了上述用《广韵》鱼虞韵、《中原音韵》鱼模韵细音、《韵略易通》居鱼韵的字以外，还有两种方式。一种是声韵分解的方法，如“1522 因 rgyu 基俞”“1382 马熊 phyug-dred 齐俞克－遮特”，将 gyu、phyu 分解为“基俞、齐俞”。按，藏文下加字-y-［-j-］在清初藏语中使基字辅音腭化，ky-组、py-组对音混同于 c-组（施向东[36]7），因此 gyu >［tɕiu］，phyu >［tɕhiu］，用“基俞［tɕiiu > tɕiːu］”“齐俞［tɕʻiiu > tɕʻiụ］”的音，比用“居［tɕy］”“蛆［tɕʻy］”之类的音更接近藏语的读音。另一种方法可以与上述方法相印证，就是用《广韵》尤韵、《中原音韵》尤侯韵细音、《韵略易通》幽楼韵细音的字，如“久湫秋求”等来对音，如“458 肠 rgyu-ma 久爱-马”“504 灾 byur 湫爱呼”“1200 自在 dbaŋ-phyugs 斡昂－秋爱克”“108 攒星 skar-khyu 嘎呼－求爱”（关于后加小字“爱”的问题我们留待下文讨论）。尤韵字的韵母是复合元音［iəu］（宁继福[28]9；张玉来[48]141；王力[40]450），我们可以把其中的［ə］看作过渡的滑音，［iᵊu］正是接近于［iːu］的复合元音。这一对音是从另一个角度逼近藏语读音的。同时，“清抄本”中同一藏文音节汉语不同对音的现象是大量存在的。比如，1522 因 rgyu 对音“基俞”，458 肠 rgyu-ma 对音“久爱－马”；730 弦 rgyud 对音“久爱特”，1644 相传 rim-rgyud 对音“哩穆－基俞特”；582 富 phyug-po 对音“储克－播”，1382 马熊 phyug-dred 对音“齐俞克－遮特”，1200 自在 dbaŋ-phyugs 对音

“斡昂－秋爱克”，等等。这就告诉我们，在清代初期，藏语中的yu［ju］音缀不存在［y］音化的迹象。

3. 藏文u元音带后加-l/-d/-n/-s/-vi的音节的汉藏对音

“清抄本”汉藏对音的特点之一，就是藏文后加字一律用小号字体译出音来。这表明，清代初期，藏文后加字所表示的语音在藏语中尚未消失，而不像前加字、上加字和再后加字那样不再发音（施向东[36]5、10）。后加字-l用“－勒”对音，-d用“－特”对音，-n用“-安”对音（只用其声母辅音①），但是-ul/-ud/-un并没有变成［y］的任何迹象。后加字-s不像“乙种本”那样用“思”对音，却用了一个零声母字“－爱”来对音。后加的-vi也用“－爱”对音。但是-us/-uvi同样没有变成［y］的迹象。这说明，现代拉萨话中有［y］音的各种类型的词，在“清抄本”时代还没有完成［y］音化。但是有一个现象值得注意，正如上表所展示的，对音藏文的-yu或者腭音声母加u元音的音节时如果用“久湫秋求”等尤韵字，那么后边常常衍生一个“－爱”音。这跟后加字-s/-vi对音“－爱”一定有内在的联系，这是打开［y］音演变史的一把钥匙，我们将在下文进行分析。

四、藏语［y］音演化过程与机制试析

藏语［y］音的演化史，需要从历史事实和语音变化机制两个方面仔细地寻绎。

① “清抄本”汉藏对音译例，藏文后加字对音的小字“补特克穆安昂勒呼爱”，除“爱”字外（见下文详述）一律只用其声母，“安”字自当不例外。北京官话“安”字多有读为nān者（见钱曾怡[29]79）。

我们先看一个历史事实的典型例子。藏文 dbus-gtsaŋ 一词，明代以前译音称为“乌斯藏”，比如《明史·地理志三》：“洪武……七年七月置西安行都卫于此，领河州、朵甘、**乌斯藏**三卫。”“乌斯”对音 dbus，与“乙种本”“中国 yul-dbus”对音“欲耳**物思**”一样，元音 u 未变，后加字-s 仍然发音。到清初，dbus-gtsaŋ 改称为“**卫**藏”①，很明显，-s 已经逐渐元音化了。与“清抄本”同时的“丁种本”《西番译语》（亦称《川番译语》）中，有许多同样的例子，比如《打箭炉译语》yul-dbus（中国）对音“育纬”，gus-pa（敬）对音“贵巴”；《木里译语》dus（时）对音“队”；《木坪译语》dus-vjam（太平）对音“对云章”，dbus-zhwa（冠帽）对音“威扰”（聂鸿音、孙伯君[26]222,235,289,356,361）。“纬贵队对威”跟“卫”一样，都有元音韵尾-i。很明显，藏文的 us > ui。“清抄本”将藏文后加字-s 和后加-vi 一样对音为“₋爱”，也反映了这个元音化的事实。而现代拉萨话 dbus-gtsaŋ 读为［y-tsaŋ］。这样，这一音变链就是这个样子的：

us > ui > y②

（明以前） （清初） （现代）

现在我们来讨论这个由-s 变来的-i 跟“清抄本”中“₋爱”

① 清代乾隆年间许多文献都记录了这个变化了的名称。《平定准噶尔方略》正编卷八十一：“传谕章嘉胡土克图及驻藏大臣，俾**卫藏**及阿里、拉达克等处知之。”（《文渊阁四库全书》总 0454 册）《钦定蒙古源流》卷二：“扎实则克巴，子三人，巴勒德、鄂特德、济特德，为**卫藏**四大地方之汗。”（《文渊阁四库全书》总 0410 册）等等。

② 参见施向东[34]13。

的关系。与“清抄本”《西番译语》同时编纂的《同文韵统》①提供了有益的线索。《同文韵统》[1]卷三第五谱，就是将藏文三十字母与 a i u e o 五个元音一一相配，所得的每个音节后加上后加字-s 的全部音节表。谱中所列的例字，有的是带有-i 韵尾的单音节汉字，如“kas 该 khas 开 kus 归 khus 窥”等，有的是用反切，两字并书合为一字，下字都是“伊”字，或-i 韵尾的字，如“kis 基伊 khis 欺伊 pus 逋威 pos 波隈”等。这表明这 150 个音节都有-i 元音韵尾。但是表前的说明云：“第五谱嘎喀（ka kha ……）三十字并三十字加吉固（gi-gu，即 i 元音符号）、纱补住（zhabs-kyu，即 u 元音符号）、徵卜（vgreng-bu，即 e 元音符号）、纳啰（na-ro，即 o 元音符号）四记号所生之一百二十字共一百五十字，每字配合以萨字（-s），即成厓字收声之一百五十字。”这里为什么不说“-i 字收声”而说“厓字收声”呢？我们认为，这体现了该书作者对-s 元音化以后其音值的精确审核。《同文韵统》卷首透露了其编辑过程中君臣往还讨论的一个细节：“再查臣等原编书内有伊字收声……之字，今钦遵圣训焉阳因英之例改为厓字收声。”“厓”字《中原音韵》与“爱”字同在“皆来”韵，分别音 iai 和 ai（宁继福[28]57－58）。清代《五方元音》“厓”字与“爱”字同在“豺”韵，“挨厓矮隘”为相承的阴阳上去四声[7]。现代汉语官话北京方言区与“厓”字音韵地位相同（蟹开二佳平疑）的“捱”字读音就是 ̥ai②。但是藏语没有三合复元音，元音韵尾只可能是一个单元音。因此“厓”和“爱”代表的应该是 ai 平化（level）而来

①《同文韵统》，亦称《钦定同文韵统》，允禄等监修，章嘉胡土客图主持纂修，乾隆十五年（1750）完成。

② 见钱曾怡[29]423。

的 e①，这是一个发音部位略低于元音 i 的前次高元音。从音理上说，作为韵尾的 i，其发音必不会像音节主元音一样发得饱满和到位，那么，e 也可以看作是 i 的一个条件变体，是一个发音不到位的前高展唇元音韵尾②。

ui/ue > ［y］，其发音机理可以这样解释：后高圆唇元音 u 在后边的前高（次高）元音 i/e 的影响下发生音变，保持了［+舌面］［+舌位高］［+圆唇］的原特征，同时获得了［+舌位前］的新特征，从而变成了舌面前高圆唇元音［y］。这是一个典型的逆同化的音变③。拉萨话中-ul/-ud/-un 变成［y］的发音机理也能用-l/-d/-n 的发音部位在齿背，位于口腔的前部，可以使 u 元音前化来解释。虽然在“清抄本”《西番译语》中没有显示这种 u 元音［y］化的进程，但是在与“清抄本”同时编纂的《川番译语》中，我们可以寻绎到一些变化的迹象。《木坪译语》lus（身）对音“吕”，phu-rus（碗）对音“普吕”，byi-rus（珊瑚）对音“子吕”；《打箭炉译语》lus（身）对音“虑”，dus（时）对音“菊”（聂鸿音、孙伯君[26]141、142、147、154、156），已经呈现了［y］化的苗头。但是同时，正如上文所示，在《木坪译语》和《打箭炉译语》中，同时尚存在将 dbus、gus、dus 对音为“纬贵对威”等带-i 韵尾的字的现象，可见清代前期 us > ui >

① “平化”，语见俞敏[45]23。

② 元代八思巴字对音的《字林广记蒙古字百家姓》中“卫魏韦危隗”对音 ·ue，“水”对音śue，“雷”对音 lue，“梅”对音 mue，“崔”对音 tshue，“裴”对音 bue，“惠”对音 hi̯ue，“芮”对音źue，“桂”对音 ki̯ue，等等，都将汉字的-i 韵尾对音为-e。见罗常培、蔡美彪[24]59－67。

③ 现代拉萨话中存在与此平行的音变：os > oi/oe > ［ø］，后次高圆唇元音 o 在后边的 i/e 的逆同化作用下变成了前次高圆唇元音［ø］，如“宗教”chos > ［tɕhø］，“香”spos > ［pø］，“新鲜”sos-pa > ［sø-pa］，等等。

［y］的变化尚处于词汇扩散之中，远未完成这一进程。

上文指出了“清抄本”《西番译语》中一个引人注意的现象，即在对音藏文带有-yu 的音节时，除了用“诸储舒儒俞女”这些中古鱼虞韵的字以外，还用“久湫秋求”等中古尤韵字，并且后边常常衍生一个“－爱”音。上一节我们已经分析了这个“－爱”音在使它前边的 u 元音［y］化中的音变机理，这里我们可以合理地推测，这个加在 yu 音缀后的“－爱（i/e）”，同样具有使前边的 yu 发生前化变为［y］的功能。前文已经提到，藏文 yu 音缀除了后面带后加字-l/-d/-n/-s 的，并不发生［y］化，但是我们也发现了少数例外。如拉萨话 mgo-yur-vkhor（晕）读作［ko-jy-khor］，yur-vjor（锄头）读作［jy-tço］。还有汉语借词 skyur-rtsi（橘子）也是个明显的例子，可见这几例 yur 是［y］化了的。辅音 r 的发音部位在口腔中部，它不像发音部位在口腔前部的辅音-l/-d/-n/-s 那样具有逆同化 u 为［y］的能力，那么为什么这几例 yur 却［y］化了呢？我们在“清抄本”中发现了端倪。原来，藏文一些带 yu 音缀的音节，会在元音 u 后边衍生前高元音韵尾，因此汉字对音会带有“－爱”的形式，如 108 skar-khyu（攒星）对音“嘎呼 求爱”，370 dus-rgyun-du（时常）对音“都爱 久爱安 都”，458 rgyu-ma（肠）对音“久爱马”，464 rgyus-pa（筋）对音“久爱爱 巴”，504 byur（灾）对音“湫爱呼”，514 r nam-vgyur（模样）对音“纳穆－久爱呼”，540 sgyug-po（公）对音“久爱克 播”，730 rgyud（弦）对音“久爱特”，943skyur（醋）对音“湫爱呼”，等等。以上事实说明了什么问题呢？我们认为，第一，藏文中 yu［ju］音缀后衍生前高元音韵尾（对音中表现为“爱”字），显然是 y［j］的顺同化作用引起的，但是它并没有直接引起［y］化。它说明了藏语中 u 元音的［y］化主要是由逆同化引起的（us > ui/ue > y，以及发音部位在口腔前部的-l/-d/-n 等后置辅音促成了 u 元音的［y］化），而基字 y［j］和下置辅音 y［j］对 u 元音的顺同化（yu［ju］>［y］）很罕见。第二，即使历史上曾经发生过少量似乎是顺同化造成 u 元音［y］化的现象，事实上它也是首先促使 u 元音后产生一个过渡性的前高元音 i/e（即对音中衍生的小“－爰”字），而后在逆同化的机制下发生的［y］化。第三，此种看似顺同化实际逆同化的音变，即使在“清抄本”中也不是普遍存在的，反映了在藏语演化的过程中，音变机制存在顺同化和逆同化的竞争，而最终以逆同化胜出。

五、对汉语［y］音史的再思考

如上所述，现代汉语普通话中的 ü［y］，是经历了漫长的演化才形成的，它至今还不见于某些现代汉语方言。但是它的演化踪迹还是历历可寻的。在藏语［y］音演化机制的启发下，我们有必要对汉语的［y］音演化历史和音变机制重新进行一番思考。

从《中原音韵》“鱼模”韵细音的［iu］到《韵略易通》“居鱼”韵的［y］，演化的路径似乎就是［iu］>［y］，典型的顺同化。而明清“撮口呼”的介音，邵荣芬[32]70、李新魁[19]69等学者也认为来自［iu］。李新魁指出：“介音方面，原来只有［i-］［u-］和一个复合介音［iu-］，到了明代，［iu-］单音化为［y-］，形成［i-］［u-］［y-］三种介音，加上不带介音的一类，便存在四种韵头。”汉语的 iu 跟藏语的 yu[ju]相似，但是为什么在［y］音化的过程中却大相径庭呢？上文已经指出，藏语的基字 y［j］和下置辅音 y［j］对 u 元音的顺同化（yu[ju]>[y]）很罕见，即使有，也往往是首先在 u 元音后衍生一个前高元音 i/e（翻译为汉字“爰”），并且通过其对 u 的逆同化而产生［y］音。那么而汉语中［y］有没有类似的现象，基于逆同化的来源呢？

答案是肯定的。我们先来举一个典型的例子。尉（熨）字，《中原音韵》仅“齐微”韵去声 ui 一读，与“胃慰卫畏位”同音，而在《五方元音》“地”韵中有两读，蛙母（［ø］在开合韵前）有“尉”字，注曰“官名，候也”，与“胃慰卫畏位”同音，云母（［ø］在齐撮韵前）有“熨”字，注曰“熨斗，盛火以展布者”（按：此即“尉”之本义，《说文·火部》：“尉，从上按下也。从尸，又持火，所以申缯也。”），与“聿郁遹鷸”同音。这就是说，“尉（熨）”字到清代就产生出［y］音了。这跟藏语中 dbus 从读 us > ui >［y］几乎是一样的演变。现代北京话“尉”字有 wèi/yù 两读，“熨”字有 yùn/yù 两读（均见《现代汉语词典》）。近年来，音韵学研究者和汉语方言研究者揭示了汉语方言中存在着“支微入鱼”的现象。“支微入鱼”指的是《中原音韵》中齐微韵细音字（中古止摄合口字、蟹摄合口细音字）读如鱼模部细音字（中古遇摄细音字）的现象①。比如吴方言的上海话，读 ü［y］韵母的字很多跟［ue］韵母两读，

① 关于“支微入鱼”的论述，参见张光宇[47]、顾黔[10]、丁邦新[5]、王军虎[39]、王洪君[38]、刘勋宁[20]、郑伟[52]等。在有些方言中，“入鱼”的还包括一些蟹摄合口一等字。

如鬼贵［tɕy/kue］，亏［tɕʰy/kʰue］，柜［dʑy/gue］，喂［y/ue］，围［ɦy/ße］[17]，这些字都是中古止摄合口字，《中原音韵》属齐微韵合口，《韵略易通》属西微韵合口，［ui］韵母①。温州话中这种情况更多。据郑张尚芳[53]188-189，温州方言中，“圭闺规龟轨归硅诡癸晷鬼鳜桂贵”读［tɕy］，“窥亏跬”读［tɕʰy］，“葵逵揆馗夔跪”读［dʑy］，“麾挥晖翚毁卉”读［ɕy］，等等。由此可见，汉语中由逆同化引起的［y］音化同样存在。

与“支微入鱼”的演变相反，汉语中也存在“鱼入支微”的音变（李华斌[15]200）。“鱼入支微”指中古的鱼虞韵读如止摄开口三等韵。汉语史上确实存在这样的语言事实。比如“圩”字，《史记·孔子世家》：“生而首上圩顶”，《索隐》圩音“乌”②。明代《正字通》：“圩，衣虚切，音于……俗读若维。”[49]212按，“俗读”正如今天说的“白读”，“维”字读音正是带 i 韵尾的。这说明很可能带-i 韵尾的读音还在［y］音之前就产生于民间口语之中。现代普通话［y］韵母的字，在一些方言中犹存在 i 韵尾的读音。据钱曾怡[29]419，“屡”字，昆明、大方读［luei］，喜德、都江堰读［nuei］；天津话中，此类读音的字更多，据杨自翔等[44]92，“女”字白读［nuei］（文读［ny］），“驴吕旅屡履虑滤绿律率”白读［luei］（文读［ly］）。“鱼入支微”看来与“支微入鱼”完全相反，实则是同一机制，即一个［ui］音节中元音 u 跟 i 互争优势地位，若两败俱伤，被过渡音［e］（或［ə］）占据主元音地位，［i］

① 《中原音韵表稿》标作 ui[28]9；《韵略易通研究》标作 ui，或作 uei，但是 e 只是个过渡音[51]34）.

② 见《史记·孔子世家》。

沦为韵尾，则转入支微；若互相兼容，则两者发音特征融合，演变为兼有两者发音特征的［+前］［+高］［+舌面］［+圆唇］元音［y］，换句话说，就是［i］对前面的［u］实现了逆同化。

［iu］ >［iui］ >［ui］ >［uei / ei］　鱼入支微

　　　　［iui］ >［ui］ >［y］　支微入鱼

①　　②　　③　　④

问题是，从①到②，即［iu］ >［iui］的音变，真的发生过吗？

汉语语音史上成系统的“鱼入支微”出现在清初《五方元音》一书中。《五方元音》中对《中原音韵》鱼模韵细音字，亦即《韵略易通》居鱼韵字的处理，完全从系统上证明了，清初这些原来 iu 韵母的字，u 元音后面也衍生了 i。《五方元音》把这些字都归到“地韵”，让“女律雨聚取徐”这些字跟“资知”（ɿʅ）、“几七”（i）、“堆推”（ui）一起组成开齐合撮四呼。陆志韦认为这些字的韵母已经是［y］[22]302，其实不如认为它们的韵母是 iui 更能合理地解释押韵。因为，假如我们认可［y］韵母，我们可以解释十三辙中“一七辙”包括的“一七”“支思”和“居鱼”这三类韵字可以押韵，但是十三辙中“堆推”之类的字是另属“灰堆辙”的。因此我们从音理上推论，《五方元音》“地韵”中的“居鱼”类字构拟为-iui，要更近情理一些。有幸的是，《五方元音》有朝鲜李朝的一个译本，用满文和谚文拼写汉字的读音，朝译本《五方元音》地韵的撮口呼，满文标音为ᡳᠣᡳ ioi，谚文标音为ᆔ iui①。满文注音的《圆音正考》一书也

① 参见曲晓云[31]。

是用[illegible] ioi 来给此类字注音的[4]。这说明清初确实曾经有过在 iu 韵母后系统地衍生前高元音韵尾的事实。今天官话方言中［y］韵母是这些 iui 演变的产物。就像在藏语中一样，逆同化在汉语［y］音化的过程中也发挥了重要的作用。

六、结论

各种不同语言的演变往往有各自不同的机制和规则，但是人类语言毕竟也存在着许多共性，尤其是语音的变化。因为发音机制往往与人体的生理结构有着紧密的关系，所以人类语音的演变，许多规则和机制有着很大的一致性，何况汉语跟藏语同出一源，其中一种语言的音变可资另一种语言借鉴，更是合乎情理的事情。上文我们主要根据明清两种《西番译语》藏汉对音的材料对汉藏两种语言［y］音史的历程和机制进行了重新审视，获得了一些有益的启示，也产生了一些新的看法。

第一，藏语拉萨话中［y］音位主要来自藏文所反映的古代藏语的 u 元音。当 u 之后有前高元音 i（或其变体 e）时，由于逆同化作用，u 获得了 i 的［舌位前］特征，失去了原先的［舌位后］特征，而保持着［舌面音］［舌位高］［圆唇］的特征，变成了舌面前高圆唇元音［y］。藏语 u 之后的前高元音 i/e 最初来源于后加字-s 和属格标记-vi：

us/uvi > ui/ue > ［y］

① ② ③

这一进程从清初就开始了。“清抄本”《西番译语》显著地反映了① > ②的阶段，阶段③在“清抄本”中尚无反映，而在同时代的《川番译语》《木坪译语》和《打箭炉译语》中则已有反映（例见上文）。甚至像现代拉萨话中来自古藏语的 u + -l/-d/-s/-n > ［y］/［ỹ］的现象，在上述川地藏语方言中亦已经有零星的反映①，可见藏语中的［y］音化在清代已经踏上了演化的过程。

第二，汉语的［y］音虽然明代就已经出现，但是其时［y］音的分布还是受局限的。开音节中有从鱼模韵细音［iu］演变而来的居鱼韵［y］，闭音节只有收舌的真文韵和先全韵中有［y］介音［iuən > yən］/［iuət > yə（t）］、［iuεn > yεn］/［iuεt > yε（t）］。如果我们简单地将这种［y］音化理解为是前面的 i 将后面的 u 顺同化了，那很难解释在东洪韵中为什么［iuŋ］没有变成［yŋ］。我们认为带有-n/-t 韵尾的真文韵和先全韵中复合介音［iu］>［y］，跟藏语中-l/-d/-n/-s 韵尾可以将前面的 u 变为［y］是同一个机理，就是逆同化。这也可以解释汉语中（尤其是南方一些方言中）同样存在 u 元音后的前高元音韵尾使 u 逆同化为［y］的历史过程和语言事实（见上文）。

第三，即使我们承认明代就已经出现开音节中有从鱼模韵细音［iu］演变而来的居鱼韵［y］，但是也不排除它们经历过像《五方元音》所呈现的复合元音 iu 后增衍前高元音韵尾 i 的过

---

① 例如《木里译语》：122 永远 yun-riŋ **鱼**连，213 筋 sgyud-a **菊**巴，450 蛇 sbrul 木**虑**，690 银箔 dŋul-khog **女**渴；《打箭炉译语》：49 中国 yul-dbus **育**纬，122 永远 yun-riŋ **于**零，213 筋 bgyud-a **菊**巴；《木坪译语》：138 土官 yul-dpon **雨**本，213 筋 rgud-a **居**巴，305 饮食 bzas-rgyud 萨**居**。这里的［y］音，也有可能经过 i 音的过渡。比如，《木里译语》：100 冬 dgun **贵**，335 褥 vbul **堆**，514 当归 daŋ-kul 当**归**；《打箭炉译语》：520 阿魏 shiŋ-kun 舍**贵**，723 朝贡 bjam-vbul 降**闭**（以上例子均见聂鸿音、孙伯君[26]）。清初这些川地藏语方言口语中已经展现了 u + -l/-d/-s/-n > ui >［y］这一音变链的全过程。这在一定程度上反衬了“清抄本”对音的偏书面语音的保守性。

程——尽管《五方元音》是明亡以后的作品。语言演变是一个长期的复杂的过程，音变的扩散不是在一时一地瞬间完成的。就像在《西番译语》不同版本中反映的藏语的［y］音史是参差不齐的一样，汉语的［y］音史同样也不是齐步走的。但是［y］音化的机制却有着惊人的一致性。这就是我们的结论。

参考文献：

［1］钦定同文韵统［M］//文渊阁四库全书. 台北：台湾商务印书馆，1986.

［2］西番译语（乙种本）［M］//丛书集成初编（第1261册），上海：商务印书馆，1936.

［3］西番译语（清抄本）［M］//故宫博物院藏乾隆年编华夷译语(第一册). 北京：故宫出版社，2018.

［4］存之堂辑. 圆音正考［M］//续修四库全书（254册）. 上海：上海古籍出版社，2002.

［5］丁邦新. 一百年前的苏州话［M］. 上海：上海教育出版社，2003.

［6］董同龢. 汉语音韵学［M］. 台北：学生书局，1968。

［7］樊腾凤. 五方元音［M］//续修四库全书（260册）. 上海：上海古籍出版社，2002.

［8］冯蒸. “华夷译语”调查记［J］. 文物，1981（2）.

［9］耿振生. 明清等韵学通论［M］. 北京：语文出版社，1992.

［10］顾黔. 通泰方言音韵研究［M］. 南京：南京大学出版社，2001.

［11］黄布凡. 藏缅语族语言词汇［M］. 北京：中央民族学院出版社，1992.

［12］江荻. STDP（汉藏语同源词研究 Sino-Tibetan Database Project），2004.

[13] 金尼阁. 西儒耳目 [M] //续修四库全书（第 259 册）. 上海：上海古籍出版社，2002.

[14] 金鹏. 藏语简志 [M]. 北京：民族出版社，1983.

[15] 李华斌. 甘陕晋方言的“鱼入支微”与唐五代西北方音 [J]. 语言科学，2022（2）.

[16] 李荣. 切韵音系 [M]. 北京：科学出版社，1956.

[17] 李荣主编；许宝华，陶寰编纂. 上海方言词典 [Z]. 南京：江苏教育出版社，1997.

[18] 李新魁. 古音概说 [M]. 广州：广东人民出版社，1979.

[19] 李新魁. 汉语等韵学 [M]. 北京：中华书局，1983.

[20] 刘勋宁. “支微入鱼”的地理分布及其成因——兼说古中原官话 ü [y] 语音层的变异 [J]. 陕西师范大学学报，2012（1）.

[21] 龙果夫. 八思巴字与古汉语 [M]. 唐虞，译，北京：科学出版社，1959.

[22] 陆志韦. 释《中原音韵》[C] //陆志韦集. 北京：中国社会科学出版社，2003.

[23] 罗常培. 唐五代西北方音 [M]. 史语所单刊甲种之十二，上海，1933.

[24] 罗常培，蔡美彪. 八思巴字与元代汉语 [M]. 北京：科学出版社，1959.

[25] 梅膺祚. 字汇 [C] //李学勤. 中华汉语工具书库（第六册）. 合肥：安徽教育出版社，2002.

[26] 聂鸿音，孙伯君.《西番译语》校录及汇编 [M]. 北京：社会科学文献出版社，2010.

[27] 宁忌浮. 汉语韵书史 · 明代卷 [M]. 上海：上海人民出版社，2009.

[28] 宁继福. 中原音韵表稿 [M]. 长春：吉林文史出版社，1985.

［29］钱曾怡. 汉语官话方言研究［M］. 济南：齐鲁书社，2010.

［30］瞿霭堂，劲松. 藏语卫藏方言研究［M］. 北京：中国藏学出版社，2017.

［31］曲晓云.《五方元音》训民正音和滿文译训本考［M］. 韩国汉城：The Journal of Chinese Language and Literature，（56），2009（6）.

［32］邵荣芬. 汉语语音史讲话［M］. 天津：天津人民出版社，1979.

［33］邵荣芬. 切韵研究［M］. 北京：中国社会科学出版社，1982.

［34］施向东.《西番译语》藏汉对音中的一些问题［J］. 南开语言学刊，2016（2）.

［35］施向东. 从清抄本《西番译语》藏汉对音看清初官话语音若干特点［J］. 南开语言学刊，2018（2）.

［36］施向东. 故宫清抄本《西番译语》藏汉对音译例研究［J］. 民族语文，2019（4）.

［37］唐作藩.《中原音韵》的开合口［C］//《中原音韵》新论. 北京：北京大学出版社，1991.

［38］王洪君. 层次与演变阶段——苏州话文白异读析层拟测三例［J］. 语言暨语言学，2006（1）.

［39］王军虎. 晋陕甘方言的“支微入鱼”现象和唐五代西北方音［J］. 中国语文，2004（3）.

［40］王力. 汉语语音史［M］. 北京：商务印书馆，2008.

［41］杨剑桥. 汉语现代音韵学［M］. 上海：复旦大学出版社，1996.

［42］杨耐思. 周德清的《中原音韵》［C］//杨耐思. 近代汉语音论. 北京：商务印书馆，1997.

［43］杨耐思. 论元代汉语的开、合口［C］//杨耐思. 近代汉语音论. 北京：商务印书馆，1997.

［44］杨自翔，国赫彤，施向东. 天津话音档［M］. 上海：上海教育出版社，1999.

［45］俞敏. 后汉三国梵汉对音谱［C］//俞敏语言学论文集. 北京：商务印书馆，1999.

［46］俞敏. 李汝珍《音鉴》里的入声字［C］//俞敏语言学论文集. 哈尔滨：黑龙江人民出版社，1989.

［47］张光宇. 吴闽方言关系试论［J］. 中国语文，1993（3）.

［48］张玉来. 韵略易通研究［M］. 天津：天津古籍出版社，1999.

［49］张自烈. 正字通［M］//李学勤. 中华汉语工具书库（第三册）. 合肥：安徽教育出版社，2002.

［50］赵荫棠. 中原音韵研究［M］. 北京：商务印书馆，1957.

［51］赵荫棠. 等韵源流［M］. 北京：商务印书馆，1957.

［52］郑伟. 吴方言比较韵母研究［M］. 北京：商务印书馆，2013.

［53］郑张尚芳. 温州方言志［M］. 北京：中华书局，2008.

从“猓猡译语”看乾隆西南官话知庄章组分合[①]

聂鹏　孔祥卿[②]

摘　要　“猓猡译语”是清代乾隆年间编纂的彝汉对音系列辞书。根据书中对音规律可知彼时西南官话知庄章组分合情况：章组、知庄$_{二}$（梗摄除外）和庄$_{三}$止摄为一类，对应彝语 tʂ-组；庄$_{三}$（止摄除外）和知庄$_{二}$梗摄为一类，对应彝语 ts-组。知庄章两分格局与

① 本文为国家社科基金青年项目“基于清代译音文献的彝语历时音变研究”(21CYY040)、国家社科基金冷门“绝学”和国别史等研究专项“清代民国中西方珍稀文献中的川西藏缅语资料集成与研究”（19VJX088)、教育部人文社会科学基金青年项目“基于九种‘西番译语’（丁种本）对音文献的清代四川方音研究”(19YJC740084）的阶段性成果。

② 聂鹏，男，河北邯郸人，江西财经大学人文学院副教授、硕士生导师。研究方向为历史语言学、彝缅语族语言文化。

孔祥卿，女，河北辛集人，南开大学文学院教授、博士生导师。研究方向为比较文字学。

“南京型”一致，佐证了西南官话的形成与明代江淮（南京）官话有深刻历史渊源的观点。

关键词 猓猡译语；彝汉对音；乾隆；西南官话；知庄章

一、引言

“猓猡译语”为丁种本“华夷译语”丛书中的一类，是清代乾隆年间由地方政府奉旨采录的彝汉对音系列辞书，成书于1750年前后①。全书共计五册，采用汉字为云贵川交界处五个不同地点的彝语方言词汇注音。根据各译语封面题注及学者考证可知，五册译语采录区域分别为今云南会泽，四川西昌、叙永，贵州威宁、大方[9][18][32]。为便于称说，我们按照五册译语的采录区域及排列顺序依次为其命名，分别称为《会泽译语》《西昌译语》《叙永译语》《威宁译语》《大方译语》②。其中，除《会泽译语》仅收录16个门类、288个词条外，其余四册均收录20个门类、740个词条[5]。各词条均由三部分组成，依次为彝文用字、汉义词项、注音汉字，例如《会泽译语》“天文门”中第一个词条“－天－木”，“”为当地彝文③，“天”表示彝文

① “猓猡译语”至少有三个版本，包括故宫本、河内本、大谷本等。本文使用的译语材料是北京故宫博物院图书馆收藏的故宫本，该版本已由故宫出版社于2018年影印出版。

② 《会泽译语》封面题注“猓猡译语东川府属”，《西昌译语》封面题注“建昌属沙骂梁山各猓猡译语”，《叙永译语》封面题注“永宁属水潦猓猡译语”。《威宁译语》《大方译语》缺少题注，采录区域是学者考证所得。

③ 云贵川三省彝文并未统一，同一词在不同区域对应的彝文字形可能不同，故此处称“当地彝文”。

汉义，“木”记录彝文读音。

丁种本“华夷译语”与甲乙丙三种不同，并非中央专职翻译机构四夷馆（后改称四译馆）在京城撰写，而是由地方督抚奉旨采录[3]。因此，丁种本“华夷译语”中的注音汉字反映的均是采录区域通行的汉语方言，例如其下的“百夷译语”（傣汉对音系列），注音汉字反映的是清代云南官话[26][30]；“庆远译语”（壮汉对音系列），注音汉字反映的是清代广西西南官话和平话[27][31]；“西番译语”（藏汉对音系列），注音汉字反映的是清代四川官话[20][22][34]。“倮㑩译语”同属丁种本，亦由云贵川三省督抚采录，注音汉字反映的自然是区域内通行的西南官话，这一点学者们已达成共识[16][17][23][33]。

关于清代西南官话语音的研究目前主要依据的文献是当时乡绅士人撰写的韵书、韵图，及来华传教士编写的识字课本，对丁种本“华夷译语”的开发尚不充分。本文将根据“倮㑩译语”的彝汉对音规律分析乾隆年间西南官话中知庄章三组字的分合情况，一是帮助我们获取更多有关清代西南官话的语音细节，二是抛砖引玉，吸引更多学者关注此类文献。

二、彝语方言及研究方法说明

“倮㑩译语”中注音汉字对应的彝文读音是开展译音对勘研究的重要依据。由于彝文属于表意体系的音节文字[7]113，同一彝文在不同方言中读音存在一定差异。因此，在开展译音对勘研究前，必须对每册译语所记录的彝语方言做全面细致的语音调查，掌握当地彝语音系构成并确定每个彝文的具体读音，为后期精准锁定对音规律奠定基础。

彝语下分六大方言[2]5，“猓猡译语”涉及的主要是东部方言和北部方言。具体如下（见表1）：

表1 “猓猡译语”对应的彝语方言归属

译语名称	《会泽译语》	《西昌译语》	《叙永译语》	《威宁译语》	《大方译语》
采录区域	今云南会泽	今四川西昌	今四川叙永	今贵州威宁	今贵州大方
彝语方言	东/乌蒙土语	北/圣乍土语	东/扯勒土语	东/乌撒土语	东/水西土语

彝语东部方言内部一致性较强，会泽、叙永、威宁彝语声母均为45个；大方彝语无舌尖后音tʂ-、tʂʰ-、dʐ-、ndʐ-、ʂ-，其余与前三者完全相同。彝语北部方言与东部存在一定差异，西昌彝语声母为43个，与东部相比缺少舌尖后音ʈ-、ʈʰ-、ɖ-、nɖ-、ɳ-，多出舌尖后音ʐ-和清化鼻音m̥-、n̥-①。具体如下（见表2）：

表2 “猓猡译语”涉及的彝语方言声母概况

声母＼区域	彝语东部方言声母（会泽、威宁、叙永、大方）	彝语北部方言声母（西昌）
唇音	p/pʰ/b/mb/m/f/v	p/pʰ/b/mb/m̥/m/f/v
舌尖前音	ts/tsʰ/dz/ndz/s/z	ts/tsʰ/dz/ndz/s/z
舌尖中音	t/tʰ/d/nd/n/ɬ/l	t/tʰ/d/nd/n̥/n/ɬ/l

① 文中涉及的彝语方言语料均为笔者田野调查所得。彝语东部方言各土语间的差异主要表现在韵母上，声母差异较小。

区域 声母	彝语东部方言声母 （会泽、威宁、叙永、大方）	彝语北部方言声母 （西昌）
舌尖后音	ʈʂ/ʈʂʰ/dʐ/ndʐ/ʂ/ʈ/ʈʰ/ɖ/ nɖ/ɳ（大方无前五音）	ʈʂ/ʈʂʰ/dʐ/ndʐ/ʂ/ʐ
舌面前音	ʨ/ʨʰ/ʥ/nʥ/ȵ/ɕ/ʑ	ʨ/ʨʰ/ʥ/nʥ/ȵ/ɕ/ʑ
舌面后音	k/kʰ/g/ŋg/ŋ/x/ɣ	k/kʰ/g/ŋg/ŋ/x/ɣ
喉音	h	h

彝文与汉字均属表意体系的音节文字，加之彝语与汉语的语音系统也存在一定差异，因此，彝汉对音一般只能做到音节整体上的近似。这就迫使我们只能把关注重点放在系统性的音类对应上，而不能被一两个特殊音节束缚。要探讨音类间的系统对应，就必须有足够数量的例证支撑。本文在做译音对勘研究时，会将每册译语中出现的知庄章组注音汉字与其所对应的彝语声母做穷尽性列举、统计，然后逐一归纳两者对音规律。“猓猡译语”注音汉字中精组与知庄章组分明，精组按照洪细分别对彝语舌尖前（ʦ-组）和舌面前（ʨ-组）声母，章组只对舌尖后（ʈʂ-组）声母，知庄组则遵循一定规律与彝语舌尖前和舌尖后声母对音。为了更直观地展现对音规律，本文只列举注音汉字与当地彝语声母的对应情况，每类例字仅举一个完整的词条供读者参考。不可否认，近代以来彝语也存在一定音变，因此在研究中我们也会尽量排除彝语音变带来的干扰，确保分析的科学性与归纳的准确性。

三、彝汉对音反映出的知庄章分合情况

（一）云南《会泽译语》中知庄章组分合情况

《会泽译语》涉及的知庄章组注音汉字共计31个，累计出现57次（见表3）。

表3　《会泽译语》知庄章组对音情况①

汉字分类	对应彝语	出现次数	注音汉字使用情况	注音汉字声母拟测	备　注
知组3字	tʂ	1	智/ tʂʅ^{55} – 露水 – 智	＊tʂ 组	知组梗摄“泽”例外，其余均对 tʂ-组
	tʂ^{h}	2	痴$_{2}$		
	ts^{h}	3	**泽**$_{梗二3}$/ ts^{h}e^{33} – 锡 – 泽	＊ts 组	
庄组8字	tʂ	1	扎/ tʂɑ^{13} – 粥 – 扎	＊tʂ 组均为二等	主元音为-a 的字对 tʂ-组，主元音非低的字对 ts-组
	ʂ	3	沙厦$_{2}$		
	ts	4	助$_{4}$ / tsu^{55} – 官 – 助	＊ts 组三等居多	
	ts^{h}	3	楚初$_{2}$		
	s	9	**生**$_{梗二2}$ 色$_{7}$		

① 表中注音汉字右下角数字表示其出现次数，未标注则为1次。下同。

汉字分类	对应彝语	出现次数	注音汉字使用情况	注音汉字声母拟测	备　注
章组20字	tʂ	3	遮朱珠/ tʂɛ^{33} – 砖 – 遮	* tʂ 组	章组均对彝语舌尖后音
	tʂʰ	3	出扯$_{2}$		
	ʂ	12	述时失书舍舒十施$_{2}$赊$_{3}$		
	dʐ	7	朱整嘱$_{2}$者$_{3}$		
	ndʐ	1	止		
	ɬ	5	书杓$_{2}$勺$_{2}$	暂不讨论	

《会泽译语》中知组共3字，其中梗摄二等“泽”3次对均tsʰ-，应是平舌；其余两字对彝语tʂ-组，应是卷舌。庄组对音呈现一定规律：“扎沙厦”均是二等，对彝语tʂ-组；“助楚初色”均是三等，对彝语ts-组；存在例外，即梗摄“生”，虽为二等，但却对彝语ts-组。彝语清化边音ɬ-在西南官话中无直接对应的音位，“猓猡译语”中有时用知系字与之对音（ ɬu^{55}-毡子－书），有时用见组字（ ɬi^{33}-四－溪），还有时会用来母字（ ɬe^{55}-借－勒），聂鹏认为这一现象可能与其后元音的开合齐撮有关[5]，本文暂不讨论。在排除ɬ-后，章组均对彝语tʂ-组。总的来看，《会泽译语》代表的乾隆时期云南官话中章组和知庄$_{二}$（梗摄除外）应是卷舌，庄$_{三}$及知庄$_{二}$梗摄应是平舌。

此外，需要说明的是，清浊对立在彝语中十分普遍，六大方言均分清浊。从“猓猡译语”的对音来看，乾隆年间西南官话声母已无清浊之分。例如《会泽译语》全清声母字“朱整嘱者”可用来对彝语浊声母 dʐ-。浊音清化是汉语演变的大趋势，也是五册译语共同反映出的问题，因此，我们在为注音汉字拟音时只用清音，后文不再一一解释。

（二）四川《西昌译语》《叙永译语》中知庄章组分合情况

1. 《西昌译语》中知庄章组分合情况

《西昌译语》涉及的知庄章组注音汉字共计 48 个，累计出现 127 次（见表 4）。

表 4 《西昌译语》知庄章组对音情况①

汉字分类	对应彝语	出现次数	注音汉字使用情况	注音汉字声母拟测	备注
知组8字	ʈʂ	1	著/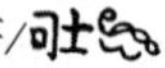 xo^{33} $ʈʂu^{33}$-河洲－贺著	*ʈʂ 组	知组均对彝语舌尖后音
	$ʈʂ^h$	9	池痴$_2$嚯$_3$擢$_3$		
	dʐ	5	卓$_2$著$_3$		
	ndʐ	4	丈咖$_3$		

① 《西昌译语》中有大量加“口”旁的注音汉字，根据聂鹏、孔祥卿（2020）研究，注音汉字加“口”旁最初是用来标记汉语中无法直接、准确对应的彝语音节；不过后来这一做法逐渐“泛化”，“口”旁原有的标记作用也随之弱化，有时只是用来提示读者该字没有词汇意义，仅表音而已。注音汉字音韵地位有多重归属时，参考所对应的彝语韵母进行细化，例如“差”，对彝语 $ts^hɑ^{33}$ 时归入假摄二等，对彝语 $ts^hɿ^{21}$ 时归入止摄三等。

汉字分类	对应彝语	出现次数	注音汉字使用情况	注音汉字声母拟测	备注
庄组11字	tʂ	1	喳/ ɑ^{33} dzɑ^{33} tʂɑ^{33}-阿魏（药材）－阿咱喳	＊tʂ组二等居多	主元音为-a的字对tʂ-组（“师士”例外）；主元音非低的字对ts-组（“差”例外）
	ʂ	13	**师**$_{止三}$**士**$_{止三}$厦砂$_2$沙$_8$		
	tsʰ	2	**差**$_{假二}$初/ mu^{33} tsʰ ɑ^{33}-天晴－抹差	＊ts组三等居多	
	s	9	士所**生**$_{梗二3}$数$_4$		
章组29字	tʂ	10	执硃遮$_2$之$_2$者$_2$珠$_2$/ tʂɯ^{21} zɯ^{33}-碗－执嘁	＊tʂ组	章组均对彝语舌尖后音（“遮”对dʑ-是彝语北部方言音变所致＊ɖ->dʑ-/_V$_{前高}$）
	tʂʰ	2	车啡		
	ʂ	58	时始世树石诗尚属吻上$_2$书$_2$啥$_2$舍$_3$是$_4$赊$_5$殊$_7$施$_{24}$		
	dʐ	7	啫朱枝$_2$遮$_3$		
	ndʐ	3	遮枝$_2$		
	ʐ	1	啦		
	dʑ	1	遮/ gɯ^{33} dʑi^{33}-弱－皆遮		
	ɬ	1	殊	暂不讨论	

《西昌译语》中知组共计8字，均对彝语tʂ-组。庄组则分为两类：一类是“喳厦砂沙”，均是二等，对彝语tʂ-组；另一类是

“初所数”，均是三等，对彝语 ʦ-组。存在例外，即假摄“差”和梗摄“生”虽为二等，但对彝语 ʦ-组；止摄“师”虽为三等，但对彝语 ʈʂ-组；止摄“士”亦为三等，但 1 次对 ʈʂ-组，1 次对 ʦ-组。章组“遮”有 1 次对 ʥ-，其余均对彝语 ʈʂ 组。“遮”对 ʥ-是西昌彝语历时音变所致 ＊ɖ- > ʥ-/＿$V_{前高}$，例如“飞”，西昌读 $ʥi^{33}$，威宁读 $ɖɯ^{21}$；“落”，西昌读 $ʥi^{21}$，威宁读 $ɖʊ^{21}$；“宽”，西昌读 $ʥɿ^{33}$，威宁读 $ɖe^{21}$。“遮”对清代西昌彝语＊ɖ-，亦为舌尖后音。

2. 《叙永译语》中知庄章组分合情况

《叙永译语》涉及的知庄章组注音汉字共计 57 个，累计出现 163 次（见表 5）。

表 5　《叙永译语》知庄章组对音情况

汉字分类	对应彝语	出现次数	注音汉字使用情况	注音汉字声母拟测	备注
知组 13 字	ʈʂ	5	着知直中$_2$/ $ʈʂo^{33}$-再－着	＊ʈʂ 组	知组梗摄“泽择”例外，其余均对 ʈʂ-组
	$ʈʂ^h$	9	彻著痴濯$_2$虿$_2$超$_2$		
	dʐ	9	中着$_3$著$_5$		
	ndʐ	3	卓着$_2$		
	$ʦ^h$	2	泽$_{梗二}$择$_{梗二}$/ $ʦ^h ɯ^{21}$ $ʑi^{13}$ $ɣʊ^{21}$-释迦－泽益鹅	＊ʦ 组	

汉字分类	对应彝语	出现次数	注音汉字使用情况	注音汉字声母拟测	备注
庄组19字	tʂ	2	查渣/ tʂɑ^{33}-绳－查	＊tʂ 组二等居多	主元音为-a的字对tʂ-组（“史”例外）；主元音非低的字对ts-组
	tʂʰ	1	炒		
	ʂ	8	杀山**史**$_{止三2}$沙$_{4}$		
	dʐ	2	渣$_{2}$		
	ndʐ	1	扎		
	tsʰ	5	差初所楚$_{2}$ /  ʔʊ^{33}tsʰɿ^{21}-头发－孤差	＊ts 组三等居多	
	s	31	**省**$_{梗二}$梳所$_{2}$**生**$_{梗二2}$蔬$_{2}$色$_{10}$疎$_{13}$		
	ndz	1	**争**$_{梗二}$		
	ɬ	1	梳	暂不讨论	
章组25字	tʂ	10	脂者至止芝照$_{2}$遮$_{3}$ /  lɑ^{13} tʂɿ^{33}-手指－纳脂	＊tʂ 组	章组均对彝语舌尖后音
	tʂʰ	13	赤杼处蚩车$_{2}$扯$_{2}$出$_{5}$		
	ʂ	45	世舍舒熟书$_{2}$说$_{2}$十$_{2}$杓$_{6}$施$_{7}$赊$_{22}$		
	dʐ	9	遮$_{2}$之$_{2}$者$_{5}$		
	ndʐ	5	止者$_{4}$		
	ɖ	1	者		

《叙永译语》中知组共计 13 字，其中梗摄二等“泽择”均对 ts^h-，应是平舌；余下 11 字均对彝语 tʂ-组，应是卷舌。庄组也分两类：一类是“查渣炒杀山沙扎”，均是二等，对彝语 tʂ-组；另一类是“差初所楚梳蔬色踈”，均是三等，对彝语 ts-组。存在例外，即梗摄“省生争”虽为二等，但对彝语 ts-组；止摄“史”虽为三等，但对彝语 tʂ-组。章组共计 25 字，均对彝语 tʂ-组。“猓猡译语”中一般使用端系字（属塞音）为彝语舌尖后塞音（ʈ-、$ʈ^h$-、ɖ-等）注音，偶尔也用知系字（属塞擦音）注音。这是由于西南官话知系字发音时舌位普遍靠前使得口腔通路变大，气流摩擦较弱，听起来近似塞音的缘故。下文相同情况不再一一解释。

总的来看，《西昌译语》《叙永译语》中知庄章组分合情况十分接近，章组和知庄$_{二}$（梗摄除外）及庄$_{三}$止摄应是卷舌，庄$_{三}$（止摄除外）及知庄$_{二}$梗摄应是平舌①。这反映的应是乾隆年间四川官话知庄章组分合的一般情况。

（三）贵州《威宁译语》《大方译语》中知庄章组分合情况

1. 《威宁译语》中知庄章组分合情况

《威宁译语》涉及的知庄章组注音汉字共计 70 个，累计出现 173 次（见表 6）。

① 假摄二等“差”仅在《西昌译语》中出现一次，其他译语均未出现，存在偶然性，故未列入对音规律。止摄三等“士”对彝语 ʂ -/s-的情况后文解释。

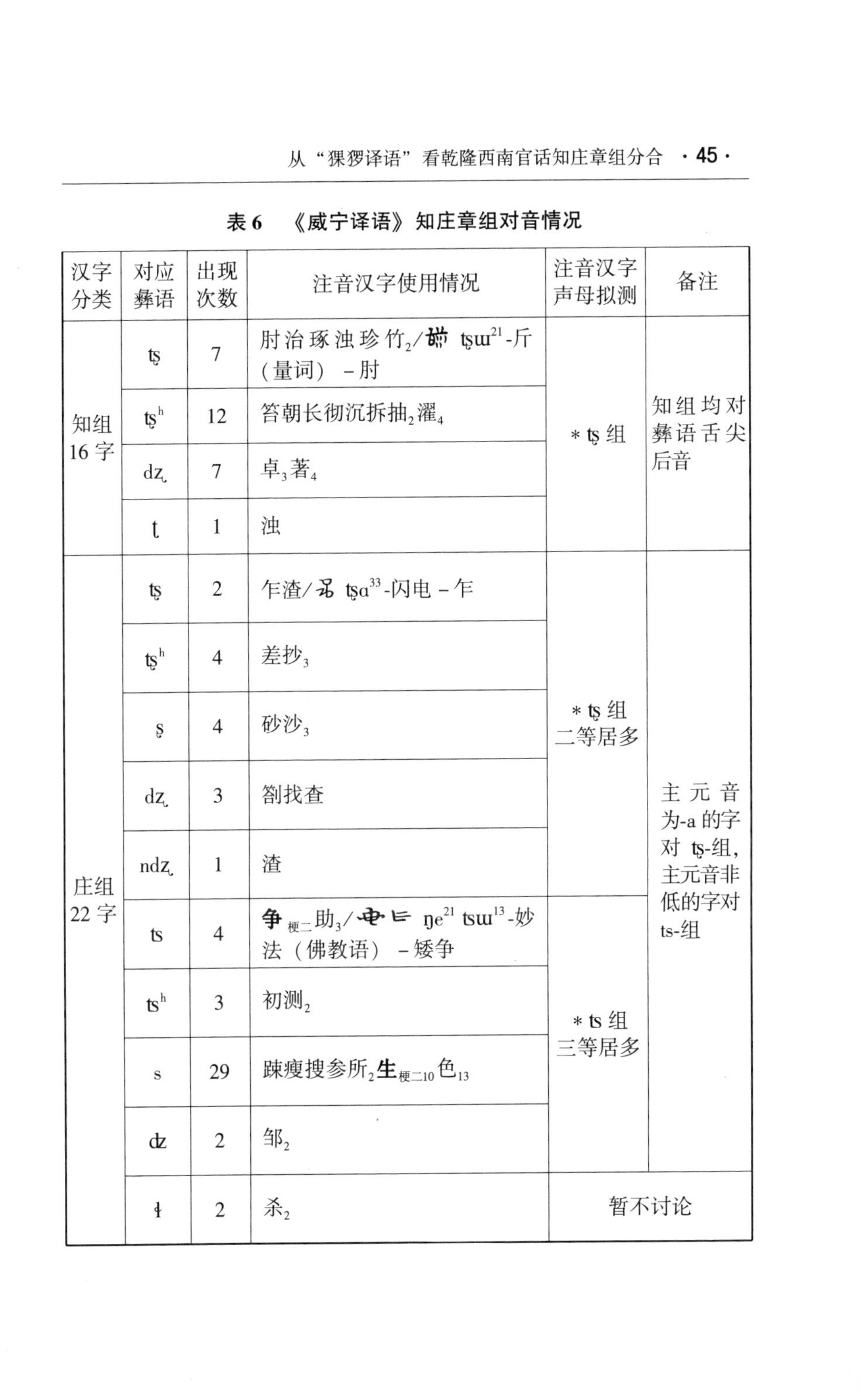

表 6　《威宁译语》知庄章组对音情况

<table>
<tr><th>汉字分类</th><th>对应彝语</th><th>出现次数</th><th>注音汉字使用情况</th><th>注音汉字声母拟测</th><th>备注</th></tr>
<tr><td rowspan="4">知组 16 字</td><td>tʂ</td><td>7</td><td>肘治琢浊珍竹$_2$/[illegible] tʂɯ^{21}-斤（量词）–肘</td><td rowspan="4">＊tʂ 组</td><td rowspan="4">知组均对彝语舌尖后音</td></tr>
<tr><td>tʂ^{h}</td><td>12</td><td>笞朝长彻沉拆抽$_2$濯$_4$</td></tr>
<tr><td>dʐ</td><td>7</td><td>卓$_3$著$_4$</td></tr>
<tr><td>ʈ</td><td>1</td><td>浊</td></tr>
<tr><td rowspan="11">庄组 22 字</td><td>tʂ</td><td>2</td><td>乍渣/[illegible] tʂɑ^{33}-闪电 – 乍</td><td rowspan="5">＊tʂ 组
二等居多</td><td rowspan="10">主元音为-a 的字对 tʂ-组，主元音非低的字对 ts-组</td></tr>
<tr><td>tʂ^{h}</td><td>4</td><td>差抄$_3$</td></tr>
<tr><td>ʂ</td><td>4</td><td>砂沙$_3$</td></tr>
<tr><td>dʐ</td><td>3</td><td>劄找查</td></tr>
<tr><td>ndʐ</td><td>1</td><td>渣</td></tr>
<tr><td>ts</td><td>4</td><td>**争**$_{梗二}$助$_3$/[illegible] ŋe^{21} tsɯ^{13}-妙法（佛教语）–矮争</td><td rowspan="5">＊ts 组
三等居多</td></tr>
<tr><td>ts^{h}</td><td>3</td><td>初测$_2$</td></tr>
<tr><td>s</td><td>29</td><td>踈瘦搜参所$_2$**生**$_{梗二10}$色$_{13}$</td></tr>
<tr><td>dz</td><td>2</td><td>邹$_2$</td></tr>
<tr><td>ɬ</td><td>2</td><td>杀$_2$</td><td colspan="2">暂不讨论</td></tr>
</table>

汉字分类	对应彝语	出现次数	注音汉字使用情况	注音汉字声母拟测	备注
章组32字	tʂ	5	咒诸主珠樟/[illegible] tʂɯ^{13}-乳－咒	＊tʂ 组	章组均对彝语舌尖后音（“出”共出现7次，其中6次对 tʂ-组，1次对 ts-组，从比例看仍应归入 tʂ-组）
	tʂ^h	17	赤常啻扯阐$_2$尺$_3$出$_4$处$_4$		
	ʂ	42	黍树熟暑识舌杓$_2$舒$_2$灼$_2$书$_2$勺$_4$诗$_4$涉$_6$设$_{14}$		
	dʐ	11	遮$_3$者$_3$止$_5$		
	ndʐ	8	招主$_3$止$_4$		
	ʈ^h	3	杵出$_2$		
	ts^h	1	出		
	ɬ	5	熟勺$_4$	暂不讨论	

《威宁译语》中知组共计 16 字，均对彝语 tʂ-组。庄组可分为两类：一类是“乍渣差抄砂沙劄找查”，均是二等，对彝语 tʂ-组；另一类是“助初测踈瘦搜参所邹色”，均是三等，对彝语 ts-组；存在例外，即梗摄“争生”虽为二等，但对彝语 ts-组。章组“出”归入 tʂ-组后，整组均对彝语 tʂ-组。

2.《大方译语》中知庄章组分合情况

大方所属的水西土语无舌尖后音 tʂ-、tʂ^h-、dʐ-、ndʐ-、ʂ-，其他方言读这组音的词在大方彝语中一律归入 ts-、tsh-、dz-、ndz-、s-（＊tʂ-组 > ts-组）。武自立、纪嘉发考察流传在大方的彝文古籍时发现部分彝文在经书中仍会读作舌尖后音[24]8，例如“[illegible]锁”“[illegible]奴”“[illegible]金”等，而其所列彝文在《大方译语》中所对的注音汉字也均属知章组。特别是“[illegible]金”，《大方译语》中出现 11 次，今大方读 se^{33}，会泽、叙永、威宁等彝语东部方言中声母均为 ʂ-，注音汉字为“赊射$_3$舍$_7$”，均系章组字，未出现精组。这表明，乾隆年间大方彝语仍应保留着舌尖后音 tʂ-、$tʂ^h$-、dʐ-、ndʐ-、ʂ-，而注音汉字知章组与精组也有显著区别，否则两者不会对应如此整齐。鉴于此，我们可参考临近的彝语东部方言来判断《大方译语》中的彝文原本属于 ts-组还是 tʂ-组，例如前文的“金”就归入 tʂ-组。按照这一方法，我们对《大方译语》中知庄章组注音汉字的分合进行了统计。

《大方译语》涉及的知庄章组注音汉字共计 71 个，累计出现 211 次（见表 7）。

表 7 《大方译语》知庄章组对音情况

汉字分类	东部彝语	出现次数	注音汉字使用情况	注音汉字声母拟测	备注
知组 16 字	tʂ	5	治致着$_3$/ $tsɿ^{55}$（$tʂʅ^{55}$/$tʂʅ^{55}$/$tʂɯ^{55}$）① -露水 - 治	* tʂ 组	知组梗摄“宅择”例外，其余均对 tʂ-组
	$tʂ^h$	12	朝程虿沉滞痴$_2$耻$_2$濯$_3$		
	dʐ	8	着$_8$		
	ndʐ	4	竹着$_3$		
	ʈ	1	猪		
	$ʈ^h$	7	辄$_2$痴$_2$濯$_3$		
	ɖ	2	着$_2$		
	ts^h	2	**宅**$_{梗二}$**择**$_{梗二}$/ $ts^hɯ^{21}$（ts^he^{21}/$ts^hɯ^{21}$/$ts^hɯ^{21}$）-十 - 宅	* ts 组	

① 括号内依次是会泽、叙永、威宁的彝语读音。下同。

<table>
<tr><th>汉字分类</th><th>东部彝语</th><th>出现次数</th><th>注音汉字使用情况</th><th>注音汉字声母拟测</th><th>备注</th></tr>
<tr><td rowspan="10">庄组
20 字</td><td>ʈʂ</td><td>1</td><td>渣/[illegible] tsɑ^{33} （ʈʂɑ^{33}/ʈʂɑ^{33}/ʈʂɑ^{33}）-绳 – 渣</td><td rowspan="8">*ʈʂ 组
二等居多</td><td rowspan="10">主元音为 -a 的字对 ʈʂ-组（“使”例外）；主元音非低的字对 ts-组</td></tr>
<tr><td>ʈʂʰ</td><td>4</td><td>差抄炒$_2$</td></tr>
<tr><td>dʐ</td><td>1</td><td>抄</td></tr>
<tr><td>ndʐ</td><td>1</td><td>扎</td></tr>
<tr><td>ʂ</td><td>6</td><td>使$_{\text{止三}}$装砂沙$_3$</td></tr>
<tr><td>ʈ</td><td>1</td><td>乍</td></tr>
<tr><td>ɖ</td><td>1</td><td>找</td></tr>
<tr><td>ʈʂʰ</td><td>1</td><td>–</td></tr>
<tr><td>tsʰ</td><td>2</td><td>初$_2$/[illegible] tsʰu^{33}（tsʰu^{33}/tsʰu^{33}/tsʰu^{33}）-盐 – 初</td><td rowspan="2">*ts 组
三等居多</td></tr>
<tr><td>s</td><td>32</td><td>涩参所生$_{\text{梗二}}$省$_{\text{梗二}}$数$_2$疏$_{10}$色$_{15}$</td></tr>
</table>

汉字分类	东部彝语	出现次数	注音汉字使用情况	注音汉字声母拟测	备注
章组35字	tʂ	6	注芝樟硃照$_2$/[illegible] tsu^{33}（tʂo^{33}/tʂu^{33}/tʂu^{33}）-吃－注	*tʂ组	章组均对彝语舌尖后音（“奢舍者”对ɕ-/dʑ-是大方彝语音变所致 *ʂ->ɕ-/__i；“照”共出现3次，其中2次对tʂ-组；“遮”共出现9次，其中8次对tʂ-组，从比例看两字仍应归入tʂ-组）
	tʂ^{h}	10	川出尺枢$_2$扯$_2$齿$_3$		
	dʐ	17	支主至者$_7$遮$_7$		
	ndʐ	8	主遮注$_2$旨$_4$		
	ʂ	49	始诗水恕释赊啥输$_2$是$_3$杓$_4$射$_5$舍$_{14}$施$_{14}$		
	t^{h}	11	处$_{11}$		
	ɖ	3	注只止		
	ɕ	6	奢舍$_5$		
	dʑ	3	者$_3$		
	ts^{h}	1	照		
	z	1	遮		
	ɬ	6	奢勺$_2$杓$_3$	暂不讨论	

《大方译语》中知组共计16字，其中梗摄二等“宅择”对ts^{h}-，其余均对彝语tʂ-组。庄组仍分两类：一类是“渣差抄炒扎

装砂沙乍找”，均是二等，对彝语 tʂ-组；另一类是“初涩参所数疏色”，均是三等，对彝语 ts-组。存在例外，即梗摄“生省”虽为二等，但对彝语 ts-组；止摄“使”虽为三等，但对彝语 tʂ-组。章组“照”出现 3 次，“遮”出现 9 次，均仅有 1 次对 ts-组，从比例看两字仍应归入 tʂ-组。“奢舍者”对 ɕ-/ʥ-是大方彝语历时音变所致 ＊ʂ->ɕ-/__i，例如“[illegible]长（短）”，大方读 ɕie^{33}，威宁读 ʂe^{13}；“[illegible]升子（量具）”，大方读 ɕie^{33}，威宁读 ʂɿ^{13}；“[illegible]花费”，大方读 ɕie^{33}，威宁读 ʂe^{13}。同理，ʥ-来自＊dʐ->ʥ-/__i。“奢舍者”对清代大方彝语＊ʂ-/＊dʐ-，亦为舌尖后音。

总的来看，《威宁译语》《大方译语》中知庄章组分合情况也十分接近，章组和知庄$_{二}$（梗摄除外）及庄$_{三}$止摄应是卷舌，庄$_{三}$（止摄除外）及知庄$_{二}$梗摄应是平舌。这反映的应是乾隆年间贵州官话知庄章组分合的一般情况。

综上，通过分析五册译语的彝汉对音规律，我们可以清楚地看到乾隆年间西南官话知庄章组基本分合情况：章组、知庄$_{二}$（梗摄除外）和庄$_{三}$止摄为一类，对应彝语 tʂ-组，应是卷舌；庄$_{三}$（止摄除外）和知庄$_{二}$梗摄为一类，对应彝语 ts-组，应是平舌。

四　知庄章分合与西南官话溯源

古知庄章声母的演变在汉语方言研究中受到普遍关注，三者分合不仅反映当代汉语方音声母特点，也在一定程度上关系到不同方言间的历史来源问题[4][19]。代西南官话中，最常见的是知庄章合流，读舌尖前音 ts-组，贵州、四川多数县市有这种读音[10]269。“猓猡译语”彝汉对音来看，乾隆年间西南官话知庄章呈两分格局且高度统一，这应该不是偶然。据《清实录》卷四〇〇记载，乾隆十五年（1750）、十六年（1751）四川总督策楞和云南巡抚爱必达先后上呈了两省督办采编的译语，这其中就包括《会泽译语》《西昌译语》《叙永译语》。贵州虽无奏章可查，但也应是在此前后上呈了《威宁译语》《大方译语》。由此可以判断，“猓猡译语”是三省各司其责、独立采录而成，因此译写者绝非一人①。然而五册译语反映出的知庄章分合情况却高度一致，这充分说明当时云贵川通行的西南官话具有很强的内部一致性，同时也表明覆盖云贵川三省的西南官话应在乾隆之前已经形成。

一般认为，西南官话和江淮（南京）官话存在一定历史渊源。刘晓梅、李如龙认为“西南官话是江淮官话在西南地区的延伸，是移民所致”[12]16；曹树基[1]306-309、李兆同[11]、岩田礼[35]也认为江淮移民、屯军对云南、贵州官话的形成至关重要。牟成刚[14]、曾晓渝[29]则从现代昆明话与南京话知庄章组分合情况入手尝试寻找语音学证据以佐证上述观点。不过，由于此前材料受限，前辈学者均未能从早期西南官话与江淮（南京）官话语音共性视角探讨这一问题。本文得益于“猓猡译语”的发掘利用，可在一定程度上弥补这一不足。熊正辉根据现代汉语方言中知庄章组字的读音差异，把官话区分 ts-、tʂ-的方言归纳为三种类型：（1）济南型，全读卷舌声母；（2）昌徐型，大多读平舌，知章组三等部分

① 五册译语均未交代译写者信息，聂鹏（2020）认为《会泽译语》译写者可能是昆明人；松川节、聂鸿音（2015）及聂鹏、孔祥卿（2020）均认为《西昌译语》译写者应是凉山当地人，但在具体是彝人还是汉人上有分歧。

卷舌；（3）南京型，章组和知庄组二等（梗摄除外）读卷舌，庄组三等（止摄和宕摄除外）读平舌[25]。从前文彝汉对音来看，乾隆年间西南官话知庄章组分合情况与“南京型”相吻合。明末江淮（南京）官话可参考金尼阁（Nicolas Trigault）于天启六年（1626）所著《西儒耳目资》[8][13][21][28]，书中知庄章组字的分类及读音与“猓猡译语”反映的情况极为相似（见表8）。

表8　“猓猡译语”与《西儒耳目资》知庄章组读音对比①

<table>
<tr><th>文献
分类</th><th colspan="2">“猓猡译语”西南官话
清乾隆十五年（1750）前后</th><th colspan="2">《西儒耳目资》江淮（南京）
官话明天启六年（1626）</th></tr>
<tr><td rowspan="2">知组</td><td colspan="2">珍卓池朝沉程……＝ʈʂ-组</td><td colspan="2">珍卓池朝沉程……＝ch-组（＊ʈʂ-组）</td></tr>
<tr><td colspan="2">泽择宅（梗摄）＝＊tsʰ-</td><td colspan="2">泽择宅（梗摄）＝ʰʂ-（＊tsʰ-）</td></tr>
<tr><td rowspan="4">庄组</td><td>查找抄炒杀山……＝ʈʂ-组</td><td rowspan="2">二等</td><td>查找抄炒杀山……＝ch-组（＊ʈʂ-组）</td><td rowspan="2">二等</td></tr>
<tr><td>生省争（梗摄）＝ts-组</td><td>生省争（梗摄）＝ç-组（＊ts-组）</td></tr>
<tr><td>助邹初测瘦梳……＝ts-组</td><td rowspan="2">三等</td><td>助邹初测瘦梳……＝ç-组（＊ts-组）</td><td rowspan="2">三等</td></tr>
<tr><td>师史使（止摄）＝ʂ-、
士（止摄）＝ʂ-/s-</td><td>师史使士（止摄）＝x-/s-（＊ʂ-文/＊s-白）②</td></tr>
<tr><td>章组</td><td colspan="2">樟诸扯阐识树……＝ʈʂ-组</td><td colspan="2">樟诸扯阐识树……＝ch-组（＊ʈʂ-组）</td></tr>
</table>

① “猓猡译语”栏下仅列举部分代表字。《西儒耳目资》参考1957年文字改革出版社版本，其中ç-、ç-、ch-、x-、s-为金氏注音符号，括号内为曾晓渝（1991）拟音。

② 《西儒耳目资》中“师”出现2次，声母1次为x-（＊ʂ-），1次为零声母；“士”“史”各出现3次，声母均是2次为x-（＊ʂ-），1次为s-（＊s-）；“使”出现4次，声母x-（＊ʂ-）、s-（＊s-）各2次。

从表8看，“猓猡译语”中知庄章组分合情况与《西儒耳目资》近乎相同，《西儒耳目资》中庄组三等止摄字存在异读，这应是文白差异所致[6]。江淮（南京）官话通过移民、屯军传入西南时可能也包含文白两种读音，不过，“猓猡译语”的译写者身为官派文人在注音时首先考虑的应是汉字文读。因此，庄组三等止摄字多对彝语 ʂ-组，但也不可避免地要受到白读影响，个别字（例如“士”）出现两读也不足为奇。两类文献中知庄章组分合情况的高度一致性也进一步确认了西南官话和江淮（南京）官话的历史渊源。

参考文献：

［1］曹树基. 中国移民史（第五卷）［M］. 福州：福建人民出版社，1997.

［2］陈士林，边仕民，李秀清. 彝语简志［M］. 北京：民族出版社，1985.

［3］春花，李英，郭金芳. 清乾隆年编《华夷译语》述论［J］. 故宫学刊，2018（1）.

［4］高晓虹，钱曾怡. 官话方言古知庄章声母的读音类型［C］//语言学论丛（第四十六辑）. 北京：商务印书馆，2012（2）.

［5］故宫博物院编. 故宫博物院藏乾隆年编·华夷译语（第五卷、第六卷）［M］. 北京：故宫出版社，2018.

［6］郭书林.《西儒耳目资》异读研究［D］. 北京：北京语言大学，2006.

［7］黄建明. 彝文文字学［M］. 北京：民族出版社，2003.

［8］金尼阁. 西儒耳目资［M］. 北京：文字改革出版社，1957.

［9］孔祥卿.《猓猡译语》的版本与校勘［J］. 民族语文，2016（2）.

［10］李蓝. 西南官话［C］//汉语官话方言研究. 济南：齐鲁书

社，2010.

［11］李兆同. 云南方言的形成［J］. 思想战线，1999（1）.

［12］刘晓梅，李如龙. 官话方言特征词研究［C］//汉语方言特征词研究. 厦门：厦门大学出版社，2002.

［13］鲁国尧. 明代官话及其基础方言问题——读《利玛窦中国札记》［J］. 南京大学学报，1985（4）.

［14］牟成刚. 中古精知庄章组声母在西南官话中的演变［J］. 文山学院学报，2013（1）.

［15］聂鹏.《永宁属水潦猓猡译语》校释［J］. 民族语文，2018（3）.

［16］聂鹏. 东川府属《猓猡译语》考论［J］. 中国文字研究，2020（2）.

［17］聂鹏，孔祥卿. 大谷大学藏《猓猡译语》译者身份考——兼与松川节、聂鸿音先生商榷［J］. 文献，2020（5）.

［18］聂鹏，孔祥卿，文智. 故宫藏第四本《猓猡译语》基础方言考证［J］. 民族翻译，2019（2）.

［19］桑宇红. 中古知庄章三组声母在近代汉语的演变［D］. 南京：南京大学，2004.

［20］施向东.《西番译语》藏汉对音中的一些问题［J］. 南开语言学刊，2016（2）.

［21］孙宜志. 从知庄章的分合看《西儒耳目资》音系的性质［J］. 中国语文，2010（5）.

［22］王振.《多续译语》藏汉对音与清前期四川方音［J］. 方言，2021（2）.

［23］闻宥. 倮㑩译语考［J］. 华西协合大学中国文化研究所集刊，1940（1）.

［24］武自立，纪嘉发编著. 汉彝简明词典［M］. 成都：四川民族出

版社，2011.

［25］熊正辉. 官话区方言分 ts tʂ 的类型［J］. 方言，1990（1）.

［26］章富刚. 从 A 调分类看《车里译语》的基础方言［J］. 民族语文，2018（5）.

［27］张文萱.《广西庆远土司译语》所反映的壮语汉语声调探讨［J］. 南开语言学刊，2016（2）.

［28］曾晓渝. 试论《西儒耳目资》的语音基础及明代官话的标准音［J］. 西南师范大学学报，1991（1）.

［29］曾晓渝. 云南官话知庄章声母读音类型辨释［J］. 云南师范大学学报，2014（5）.

［30］曾晓渝. 基于《百夷译语》的傣语汉语历史语音探讨［J］. 民族语文，2015（3）.

［31］曾晓渝.《广西庆远土司译语》壮汉对音研究［J］. 民族语文，2017（1）.

［32］曾晓渝，孔祥卿，朗杰扎西，等. “华夷译语”里汉藏语言对音材料的对音关系探析［J］. 中国民族语言学报，2017（1）.

［33］［日］松川节，聂鸿音. 大谷大學所藏《猓玀譯語》述略［C］//《華夷譯語（西番譯語四種 猓玀譯語一種）》影印と研究. 东京：松香堂，2015.

［34］［日］西田龙雄，孙宏开. 白馬譯語の研究［M］. 东京：松香堂，1990.

［35］［日］岩田礼. 中日沿海河川地形语言分布特征比较研究（试论）［C］//从北方到南方（第三届中国地理语言学国际学术研讨会论文）. 北京：科学出版社，2016.

东旺藏语的差比句[①]

次林央珍[②]

摘　要　文章首次对东旺藏语差比句进行专题研究。东旺藏语差比句的基本结构形式为“比较基准 + 比较标记 + 比较结果”，但不固定，语序较为灵活，不同句式当中语序可能会有不同的变化。差比句的部分结构要素出现隐含、省略、移位等现象。此外，东旺藏语差比句还具有出现双重比较标记的特征，比较标记都来源于古藏语的一些格助词。

关键词　东旺藏语；差比句；结构形式；比较标记

① 本文是国家社会科学基金项目“滇西北藏语方言语法接触研究”（22CYY045）、云南师范大学博士科研启动项目“东旺藏语语法研究”（2021SK023）的阶段性成果。

② 次林央珍，女，藏族，云南香格里拉人，文学博士，云南师范大学文学院讲师。研究方向为汉藏语系语言比较研究。

差比句是指两个或两个以上有某种联系的不同对象之间或同一个对象的不同方面（如不同属性、不同时间或不同场合等）在程度、数量、性状等方面存在差异，且由相关的比较参项构成一定格式的句子。类型学对各语言差比句的研究尤为关注。差比的实现方法在不同语言中存在差异。

东旺藏语是指云南省迪庆藏族自治州香格里拉市东旺乡的藏族所使用的土语，按照目前较为通用的方言划分法，应属于藏语康方言。相对于汉语而言，少数民族语言的差比句研究还较为薄弱，目前未见对东旺藏语差比句的专题研究成果。本文在第一手语料的基础上，以东旺藏语为研究对象，试图从东旺藏语差比句的结构形式、结构要素的出现情况、差比标记的来源等方面对其进行分析，以期为 SOV 型语言差比句研究提供参考。

一、东旺藏语差比句的结构形式

东旺藏语作为 OV 型语言，其差比句的语序符合 OV（宾动）型语言的共性："基准—比较标记—形容词"/"基准—形容词"。但是，共性只是基于典型语序，因为东旺藏语差比句的比较主体和比较基准在句中的位置较为灵活，不固定。差比句中出现频率最高且最重要的基本要素包括比较主体、比较基准、比较标记和比较结果，以下主要从这四个基本要素的句法位置来探讨东旺藏语差比句的语序类型和结构形式。根据差比实现的不同句式，又可分为肯定式差比句的结构形式、否定式差比句的结构形式和疑问式差比句的结构形式等三种差比句式类型。

（一）肯定式差比句的结构形式

肯定式差比句的典型结构形式为：只用标记 ji 时，主体位于基准之前；只用标记 bɛ 或 ji 和 bɛ 叠加使用时，基准位于主体之前。如下：

1. 主体 + 基准 + 标记 ji + 结果

在这类结构中，比较主体位于句首，比较结果位于句尾，比较基准携比较标记位于句中，比较标记作为联系项位于比较基准与比较结果之间符合联系项居中原则。例如：

（1） ma^{35} ji tʂa^{41} ŋẽ^{35} dʑɛ ji tʰõ^{35} rɛ.
妈妈 的 头发 我 的 比格 短 句尾_叙实
妈妈的头发比我的短。

（2） ndə^{55} tə^{55} ji tsɿ^{24}ka^{54} bõ^{35} nõ.
这 那 比格 一点 粗 句尾
这个比那个粗一点。

2. 基准 + 标记 bɛ/ji bɛ + 主体 + 结果

在这类结构中，比较基准携比较标记位于句首，比较结果位于句尾，比较主体位于句中。例如：

（1） dz ẽ^{35} jɛ^{24} tɕɔ^{54} ɕʰi^{55} bɛ kʰu^{55} ŋɛ̃^{35} nõ.
吹牛 泛动 助 你 比格 他 厉害 句尾
吹牛他比你厉害。

（2） ndə^{55} ji pɛ tə^{55} tsɿ^{24}ka^{54} bõ^{35} nõ.
这 比格 比格 那 一点 粗 句尾
那个比这个粗一点。

可见，无论哪种结构模式，比较标记始终后置于比较基准，比较结果位置固定位于句末，比较主体与比较基准位置可互换。

上述两种结构是东旺藏语差比句的典型模式，即在日常交流中出现频率最高且语感上最为顺畅的结构模式。由于差比格助词 ji 和 bɛ 只用来标记比较基准，所以比较主体与比较基准的易位不影响基本句义。当然，如果句子没有携带显性的话题标记，那么位于句首的比较对象（主体或基准）往往是说话者所要强调的部分，这体现了东旺藏语作为话题型语言的特点。

（二）否定式差比句的结构形式

刘丹青[3]认为，一个肯定差比句式在形式方面可能对应于两种不同的否定句，一种是在肯定式上加否定词（单纯否定式），另一种则可能使用不同的比较标记和句法结构（变异否定式）。刘丹青[4]还指出，句子的否定是对句子所表达命题的否定，“否定成分”是对命题行使否定作用的算子。东旺藏语差比句的否定形式属于单纯否定式。否定词的位置可分为三种：一是在比较结果前加否定词；二是在句尾助词前加否定词；三是否定词直接位于句尾。否定词作为否定算子，其辖域因句法位置的不同而不同。前者否定算子作用于比较结果，否定辖域只包括谓语，属于部分否定；后两者作用于全句，属于小句否定。

1. 主体 + 基准 + 标记 + 否定词 + 结果

在这类结构模式中，比较结果位于句末，否定词位于比较结果前，否定的范围只是充当比较结果的性质形容词。例如：

（1）ʈʂ̥ə^{55} ʂ̥ʅ^{41} tsʰɿ^{55}r ẽ^{41} ji rə^{55} mə^{24} ʐa^{24} nõ.
扎史 次仁 比格 （话题）不 胖 句尾
扎史不比次仁胖。

（2）tə^{55} a^{24}ka^{54} ji ŋguə^{55} ŋ ẽ^{35} ji pɛ mə^{24}
那 小孩 的 头 我（属格） 比格 比格 不

tɕʰõ⁵⁵ nõ.

小 句尾

那小孩的头不比我的小。

2. 主体＋基准＋标记＋结果＋否定词＋句尾词

在这类结构模式中，否定词位于比较结果后，句尾词之前，该处的句尾词是由判断动词或存在动词虚化而来作为表示叙实语气的句尾助词。该否定算子的辖域为整个小句。例如：

（1）a²⁴wu⁵⁵ a²⁴ʐi⁵⁵ ji pɛ rə⁵⁵ ja²⁴ mə²⁴ nõ⁵⁵.

哥哥 姐姐 比格 比格（话题）好 不 句尾_叙实

哥哥没有比姐姐好。

（2）ʈʂə⁵⁵ ʂʅ⁴¹ jʰu⁵⁵ ŋẽ³⁵ ji tɕʰi⁵⁵ mə²⁴ rɛ⁵⁴.

扎史 年龄 我 比格 大 不 句尾_叙实

扎史年龄不比我大。

3. 主体＋基准＋标记＋结果＋否定词

在这类结构模式中，否定词位于比较结果之后，即在句子末尾，否定辖域为整个小句。这里的否定词 pɛ̃⁴¹ 自身携带一种测度、推测的意义，表示“不会”／“不会吧”，因此其后不能再加表示叙实的句尾助词。这也是此类结构与以上两种结构在语义上的根本差异。例如：

（1）ndɔ²⁴ dɛ²⁴ ȵə⁵⁵ ȵi³⁵ dɛ²⁴ ȵə⁵⁵ ji rə⁵⁵

坐 着（名化） 睡 着（名化）比格（话题）

pʰã⁴¹ pɛ̃⁴¹.

差 不会

坐着的不会比睡着的差。

（2）ŋa^{35} ɬə^{55}mə^{41} ji pɛ rə^{55} ʑa^{24} pɛ̃^{41}.

我 拉姆 比格 比格（话题） 胖 不会

我不会比拉姆胖。

（三）疑问式差比句的结构形式

这里的疑问式指差比句的一般疑问句，即是非问形式。东旺藏语的是非问句多用 a^{55}提问，在差比句的是非问形式中 a^{55}有两个句法位置：一种位于比较结果前，另一种位于比较结果后。疑问词 a^{55}的句法位置与句尾助词表示的示证意义或叙实语气有关。

1. 主体＋基准＋标记＋疑问词＋结果

在此类结构中，疑问词位于表示比较结果的形容词之前，疑问辖域只是比较结果，多用于表达亲见示证的句子，或用于问者当面对被问者提出疑问的交际语境中。例如：

（1）ŋẽ^{35} kui^{35} a^{24}ʐi^{55} dʑɛ ji a^{55} dã^{41} nõ?

我$_{(属格)}$ 衣服 姐姐 的 比格 疑问 漂亮 句尾_$_{叙实、亲见}$

我的衣服比姐姐的漂亮吗？

（2）ɕ^{h}ɣ^{24} ndʐʅ^{55} tɕɔ^{54} ŋẽ^{35} ji a^{55} ɳdʑu^{54}?

你 走 助词_$_{得}$ 我 比格 疑问 快

你走得比我快吗？

如上，例（1）的句尾助词 nõ 在疑问式差比句中用来叙述亲见的事实，也就是说提出此疑问的前提条件是被问者对此事是亲见或亲知的；例（2）是“我”当面对“你”提出疑问，因此不用加表达示证或叙实的句尾助词。

2. 主体＋基准＋标记＋结果＋疑问词

此类结构中，疑问词表示比较结果的形容词后，疑问辖域为整个小句。疑问词后可以出现表示叙述事实的句尾助词，当比较主体或比较基准为疑问事件的当事人时不加句尾助词。例如：

（1）ku^{55}ku^{55} ʂ^{h}õ^{35} pə^{24} ʂ^{h}õ^{55} ji la ʂõ^{24} a^{55} rɛ^{41}？
羊肚菌 松茸 比格 还 好吃 疑助 句尾_叙实
羊肚菌比松茸还要好吃（是）吗？

（2）k^{h}u^{55} tɕ^{h}ə^{55} ɕi^{54} dʑɔ^{24} tɕɔ^{54} ɕ^{h}i^{55} ji ŋɛ̃^{35} a^{55}
他 游泳 助词_得 你 比格 厉害 疑助
rɛ^{41}？
句尾_叙实
他游泳比你厉害（是）吗？

（3）k^{h}u^{55} ji pɛ ɕ^{h}ɣ^{24} ŋɛ̃^{35} jɛ̃^{41}？
他 比格 比格 你 厉害 疑问
你比他厉害吗？

如上，例（1）（2）的句尾助词 rɛ^{41} 是由判断动词虚化而来，即便发生虚化，在疑问式差比句中也还保持一定的实义，也可以把问句译为“……是吗？”；例（3）是直接当面对“你”对提出的疑问，因此不用加表叙实的句尾助词。

二、东旺藏语差比句结构要素的隐含、省略和移位

东旺藏语差比句的结构要素主要有：比较主体（SJ）、比较基准（ST）、比较本体（O）、比较标记（M）、比较结果（R）、比较视点（P）、比较专项（I）等七项。例如：

k^{h}u^{55} ta^{41} ɕa^{41} tɕɔ ȵdʑu^{24} ʐɛ̃^{55} nə^{25} ȵi^{55} bɛ
他 马 骑 助词_得 速度 去年 比助
O P I ST M

ndə^{24}ʑi^{54}　ŋɛ̃^{35}　nõ.

今年　厉害　句尾$_{-亲知}$

SJ　R

他骑马的速度今年比去年厉害。

在语言交流中，差比句的结构要素并非都需如此齐全，也可以根据不同的交际需要选择不同的结构要素，形成不同的结构形式。这些基本要素有的用实词表示，有的用短语或名物化结构表示。各结构要素能发生隐含、省略或移位现象，主要受语义和认知的影响及制约。以下分别具体叙述。

（一）比较主体的隐含和省略

在对同一对象的不同方面进行比较时，比较主体有时可以隐含。比较主体的隐含包括以下三种类型：即时隐含，指比较主体是表示当前时间的名词，即说话人当时所处的时间点；即地隐含，指比较主体是表示当时所处场所的名词，即说话者当时所处的地点；近指隐含，比较主体是表示近指的指示代词。例如：

（1）tʂə^{55} ʂʅ^{41} nə^{24}ȵi^{55}　ji　pɛ　ʑa^{35} nõ^{41}.

扎史　去年　比格 比格 胖 句尾

扎史比去年胖。

（2）nõ^{24}ȵi^{55}　ji　rə^{55}　ɕ^{h}a^{54} nõ.

里面 比格（话题）冷 句尾

（3）k^{h}ə^{55}mə^{41} t^{h}ɔ^{54}　dʑɛ　ji　ja^{24}　nõ.

之前　次　的　比格　好　句尾

比前次的好。

以上三个句子的比较主体都没有显现，是以隐含的方式存在。如果要补出来，例（1）的比较主体为与“去年”相对的

“今年”；例（2）的比较主体是与“里面”相对的“外面”；例（3）的比较主体是与“前次”相对的“这次”。

另外，在对不同对象的同一方面或同一种事物进行比较时，有时可以省略比较主体中的某些成分，被省略的部分一般为名词短语的中心语，属于比较基准中的已知信息。例如：

（1）ŋẽ^{35}　dʑɛ^{41}　ç^{h}i$^{\cdot 55}$　zʅ^{24}ɡi$^{\cdot 55}$　ji　t^{h}ɔ^{54}　nõ.
我$_{(属格)}$　的　你$_{(属格)}$　书本　比格　厚　句尾$_{-叙实、感知示证}$
我的（书本）比你的书本厚。

（2）a^{24}nõ^{54}　nuo^{24}sõ^{55}　nə^{24}ɡõ^{55}　ji　ʂ̥õ^{24}　nõ.
今晚　昨晚　晚餐　比格　好吃　句尾
今晚（晚餐）比昨晚晚餐好吃。

如上两句真正进行比较的关键并不是表层的句法形式，而是句法结构中被省略的语义要素。例（1）（2）分别被省略的是作为比较主体的名词短语“我的书本”和“今晚晚餐”的中心语“书本”和“晚餐”，是因为它们在比较基准“你的书本”和“昨晚晚餐”中属于已知信息。比较主体和比较基准的语义相关性是具有可比性且得以比较的关键因素，因此有些部分即便被省略对话双方也能明白其义。由于这种表达更加经济、高效，因而在话语交际中使用的频率更高。

（二）比较基准的省略和移位

比较基准是比较得以进行的参照点，在句中必须出现，属差比句的必有要素。因此，这里所说的“省略”，严格地说是比较基准中某些成分的省略。主要有三种情况：一是名词短语的中心语省略；二是主谓短语的谓语省略；三是主谓短语的主语省略。例如：

（1）ŋə^{24}ȵi^{54} ɕə^{55} ɕ^{h}ə^{24}ȵi^{54} dʑɛ ji tɕ^{h}i:^{55} rɛ.

我家 狗 你家 的 比格 大 句尾

我家狗比你家的（狗）大。

（2）ɕ^{h}ɣ^{24} sɛ̃^{35} tɕ^{h}a^{41} tɕɔ^{54} k^{h}u^{55} ji ŋɛ̃^{35} nõ^{41}.

你 饭 吃 助词$_{\text{得}}$ 他 比格 厉害 句尾

你吃饭比他（吃饭）厉害。

（3）k^{h}u^{55} ts^{h}ʅ^{24}ma^{55} tɕ^{h}a^{41} sɛ̃^{35} tɕ^{h}a^{41} ji pɛ mõ^{35} nõ.

他 菜 吃 饭 吃 比格 比格 多 句尾

他吃菜比（他）吃饭多。

以上三句的比较基准都有被省略的部分：例（1）被省略的是名词短语“你家的狗”的中心语“狗”，是因为它在比较主体“我家狗”中属于已知信息；例（2）被省略的是主谓短语“他吃饭”的谓语“吃饭”，是因为它在比较主体“你吃饭”中属于已知信息；例（3）被省略的是主谓短语“他吃饭”的主语“他”，因为它在比较主体“他吃菜”中属于已知信息。可见，比较基准中能被省略的部分必须是比较主体中的已知信息，即便被省略，对话双方也能从比较主体中明确得知被省略的语义成分。

除了省略，比较基准还可以移位。东旺藏语差比句中，比较基准和比较标记都是必有要素，且比较标记固定位于比较基准之后，标明其前面的成分是比较基准。由于有比较标记的彰显作用，比较基准可以移位，其句法位置比较灵活。例如：

（1）ɕ^{h}ɣ^{24} k^{h}u^{55} ji ʑa^{35} nõ^{41}.

你 他 比格 胖 句尾

你比他胖。

（2）k^hu^{55}　ji　$ç^hɣ^{24}$　$ʑa^{35}$ nõ.

他　比格　你　胖 句尾

你比他胖。

上例（1）（2）的句法结构差异在于比较基准的位置不同，即例（1）的比较基准 k^hu^{55} “他” 位于比较主体之后，而在（2）中移位至比较主体之前，但基本语义保持不变。由于差比格助词只用来标记比较基准，所以它是随着比较基准移位。

（三）比较专项的隐含

比较专项是与比较结果相对应的某种属性，之所以能隐含，是因为很多时候能够通过比较对象（比较主体与比较基准）与比较结果之间的语义关系体现出来。通常一个独立的性质形容词往往有若干义项，一个独立的名词也包含了各种不同的属性。但当它们处于某一个构式之中时，其体现出来的义项或属性就必然要受到这个构式的结构形式及其他结构要素的制约。例如："高" 有 "距离高"、"地位高"、"分数高"、"水平高" 等多种义项，但在 "这里的楼层很高" 这个句子里，只表达 "距离高" 这个义项。名词所指称的事物体现出的是哪一方面的属性，同样要受到构式的制约。如 "衣服" 有若干属性，包括长度、颜色、材质等，但在 "我的衣服很长" 这个具体的构式里，只体现 "长度" 这一属性。

差比句的结构形式和结构要素对形容词的义项及名词的属性都有制约作用。以下对东旺藏语差比句的结构形式和结构要素如何制约比较对象和比较结果之间的匹配关系进行分析。例如：

（1）$a^{24}ba^{55}$　ji　pɛ　$pə^{55}$　t^hu^{41}　$nõ^{41}$.

爸爸　比格　比格　儿子　高　句尾

儿子比爸爸高。

（2）a^{24}ba^{55} ji pɛ pə^{55} ku^{24}sa^{55} t^{h}u^{55} nõ.

爸爸 比格 比格 儿子 地位 高 句尾

儿子比爸爸地位高。

例（1）（2）的比较对象是“爸爸”（比较基准）和“儿子”（比较主体），比较结果是性质形容词“高”，所比较的属性和形容词义项可以有多方面。在例（1）这个差比句构式中，两者的对应只能默认为一种：比较对象在“身高”方面的属性与形容词“高”表示“从下向上距离大”的义项。这种对应关系在长期的语言使用中不断固化，并逐渐形成一种认知模式，一旦形成这种认知模式后，性质形容词所体现出的属性就能弥补名词属性的缺省，以避免造成交际障碍。因此，例（1）中的比较点“身高”在这个构式中可以隐含而不影响语义的表达。如果比较对象的属性与比较结果之间在语义上不能形成一种自然的匹配关系，则比较专项不能隐含，如以上例（2），出现了比较专项“地位”。

比较对象与比较结果之间在语义上的匹配关系还表现在，同一个性质形容词可以根据不同的比较对象确定不同的属性。例如：

（1）a^{24}ba^{55} ma^{35} ji pɛ tɕ^{h}iː^{55} rɛ.

爸爸 妈妈 比格 比格 大 句尾

爸爸比妈妈高。

（2）nə^{55} ɕ^{h}õ^{54} tə^{55} ji pɛ tɕ^{h}iː^{55} nõ.

这 房子 那 比格 比格 大 句尾

这房子比那（房子）大。

以上两例的比较结果都是性质形容词 $tɕ^{h}i^{55}$ “大”，但因比较对象不同，$tɕ^{h}i^{55}$ “大” 的义项也不同。在例（1）中，比较对象是“爸爸”和“妈妈”，两者处于差比句这个构式中，与“大”对应的属性，即比较专项只能是“年龄”；例（2）的比较对象是“这房子”和“那房子”，在这个构式中，与“大”对应的属性，即比较专项只能是“面积”。由于比较对象与比较结果之间在语义上存在对应关系，比较专项即便隐含，交际双方也可以明了。

三、东旺藏语差比标记的来源

比较标记是差比句的形式标记，是不可或缺且最能体现差比句特点的成分。东旺藏语差比句的比较标记由差比格助词 bɛ 和 ji 充当。那么 bɛ 和 ji 的来源是什么？它们作为比较标记的用法是对古藏语的继承，还是东旺藏语自身的创新？针对这两个问题，可以通过考察 bɛ 和 ji 在古藏语（藏文）及现代各藏语方言中的表现形式，且通过它们之间的比较来寻找一些线索。

（一）bɛ 的来源

古藏语比较句的比较标记主要由从由格助词 nas 和 las 充当，其中 nas 只表示同类比较，而作为差比标记的是 las。从各大藏文文献来看，古藏语中的差比标记除了 las，实则还有一个 bas。bas 的地位不亚于 las，但不知何故，以往的传统藏文文法基本只注意到 las，而对 bas 鲜少提及。邵明园[6]结合敦煌古藏文首次详细探讨了 bas，认为它存在词汇动词 1 “作、放、置” >词汇动词 2 “比较” >差比格助词的语法化路径，且此语法化在吐蕃古藏文时代就已完成。从一系列的证据链来看，此推论是具有可信度的。

由此看来，东旺藏语的差比标记 bɛ 是沿用了古藏语的差比标记 bas，其中韵尾 s 脱落是古今藏语演变的常见现象。另外，东旺藏语出现了 bɛ 和 pɛ 时常混用的现象，笔者认为 pɛ 是 bɛ 浊音清化的结果，由于未完全清化，很多时候在语感上会出现 bɛ 和 pɛ 两者皆可的现象。据已有材料显示，现代藏语方言差比标记采用 bas 的，除了东旺藏语，还有云南中甸藏语、四川乡城藏语、西藏昌都藏语等各个隶属于藏语康方言的土语中，不见于安多方言和卫藏方言中。当然，这还有待日后进一步全面调查。

（二）ji 的来源

差比标记 ji 的来源有两种可能：施事格助词和领属格助词。从古至今，藏语施事格助词和领属格助词的关系都很紧密。从语音形式上看，古藏语的施格仅比属格多一个韵尾-s，即施格形式：gis、kyis、gyis、vis、yis；属格形式：gi、kyi、gyi、vi、yi，还有它们在句中的添接法及分布上呈现出的互补状态也都相同。到了现代东旺藏语，施格和属格都只沿用了其中一个变体，即 yis/ yi，由于施格的韵尾-s 脱落，它们的形式变得完全一样，都为 ji。据传统藏文文法研究，古藏语的施格和属格都未见有表示比较的功能。因此，我们认为 ji 作为差比标记的用法是现代藏语方言的创新和发展。但这到底是施格的功能创新还是属格的功能创新，过去有学者，如胡坦[2]、格桑居冕、格桑央京[1]等认为来自施格，但他们只是一语带过，并未对其进行说明、分析或论证，因此这问题仍然未解。本文认为差比标记 ji 来源于属格，是因为由名词短语构成的比较对象的中心语的省略，导致了 ji

在语义和功能上的转移。以下具体分析。

在上文论述中我们已经介绍了比较基准中某些成分的省略情况。接下来再看一些例子。如以下例（1），比较对象为“他的脸”和“我的脸”，在句法上省略由名词短语构成的比较基准的中心语 dõ^{41}“脸”之后的语义是“他的脸比我的大”，这时候不能省略中心语前的属格，因为省略属格后句子语义就变成“他的脸比我大”，完全颠覆及违背了此差比句的本意和比较内容。另外，上文论述中我们也说过比较标记是东旺藏语差比句最不可或缺的基本要素，不能省略或隐含。

再看例（1），句法中只出现了一个 ji，那么它到底是表示“的”的属格，还是表示“比”的差比标记，在母语人的语感中这两者是没有办法完全割开的，只能说这时候 ji 在功能和语义上出现了模棱两可的现象，即既有表示比较的功能，也可以把它当作属格来看待。可见，这是一种属格助词和比较标记合二为一的句法结构。同时，在日常交际中，东旺藏语类似例（1）的句子也可以用如下例（2）的句子来表达，语义无任何差异。正是因为 ji 出现了模棱两可的现象，所以其后还可以加一个比较标记 pɛ 来进行补充。从而当比较基准为不表达领属关系且无须携带属格助词的对象时，ji 就完全变成了比较标记，如以下例（3）。由此，造成了东旺藏语差比句出现双重比较标记的现象，如例（4）。例如：

（1）k^{h}u^{55}　ji　dõ^{41}　ŋẽ^{35}　__ji__　tɕ^{h}iː^{55}　nõ.
　　他　的　脸　我　的/比　大　句尾
　　他的脸比我的（脸）大。

（2） k^hu^{55} ji $dõ^{41}$ $ŋẽ^{35}$ ji pɛ $tɕ^hi^{55}$ nõ.
他 的脸 我 的/比 比 大 句尾
他的脸比我的（脸）大。

（3） $ɕə^{55}$ p^ha^{54} ji su^{55} j^ha^{41} rɛ.
狗 猪 比 养 容易 句尾_叙实
狗比猪好养。

（4） $a^{24}ʐi^{55}$ $a^{24}wu^{55}$ ji pɛ $ʑa^{24}$ nõ.
姐姐 哥哥 比 比 胖 句尾_叙实、感知示证
姐姐比哥哥胖。

四、东旺藏语差比句的类型学特征

Greenberg 基于 30 种语言得出的 45 条蕴含共性中第 22 条指出："当差比句的唯一语序或语序之一是'基准—比较标记—形容词'的话，该语言为后置词语言；如果唯一语序是'形容词—比较标记—基准'的话，除了偶然出现的情况外，绝大多数是前置词语言。"Dryer 只考虑形容词和比较基准这两个参项，指出 OV 型语言基本上都取"基准＋形容词"的语序[3]。东旺藏语属于 SOV 型语言，其差比句有"比较主体＋比较基准＋比较标记＋形容词"和"比较基准＋比较标记＋比较主体＋形容词"两种高频模式，其中"比较主体＋比较基准＋比较标记＋形容词"为典型模式，比较标记和形容词的配位格局反映了 SOV 型语言对应后置助词型比较标记，符合上述蕴含共性。东旺藏语差比句在类型和语法手段上表现出倾向性共性，符合 Greenberg（1963）和 Dryer（1992）提出的语言共性原则，即后置助词满

足"联系项居中原则"[5]。这是由于 OV 型语序是宾语在动词之前，不利于产生"介宾"结构，只能形成"比较基准 + 比较标记"的结构，从而产生了显性的比较标记。PHam Stassen 在为 WALS "世界语言结构地图集"撰写的世界语言比较结构的文章中，调查分析了世界范围内 167 种语言差比结构的情况。他按差比标记的来源把差比句分为四类：位置型、超越型、关联型、小品词型。东旺藏语的差比标记 bɛ 可以当作是以上所说的小品词型，但 ji 来源于属格，应该被当作属格型，并不在上述四种类型中，可以说是比较独特的类型。另外，在现有的其他藏语方言材料中，未见有 bɛ 和 ji 在一个句子中叠加使用形成双重标记的现象。因此，发现东旺藏语差比句的独特性及整个藏语差比标记的多样性，可以深化对人类语言差比标记共性的认识。

五、结语

总的来说，东旺藏语的差比句主要有以下几个特征：1. 差比标记不可或缺，只用来标记比较基准。2. 不同的差比格助词可以叠加使用，构成具有双重标记的差比句式。3. 不同标记的差比句，其语序和结构模式的倾向性不同。4. 比较结果的语义指向一定是比较主体。5. 差比标记的来源为古藏语的格助词，是否能转用为差比标记与结构要素的省略有关。差比句是语言中较有特色的句式之一，也是跨语言普遍可见的句式，其语序和构成要素是类型学研究的重要参项，在类型学视野下研究东旺藏语的差比句更有意义。

参考文献：

[1] 格桑居冕，格桑央京. 藏语方言概论 [M]，北京：民族出版社，2002.

[2] 胡坦. 论藏语比较句 [J]. 民族语文，1985 (5).

[3] 刘丹青. 差比句调查框架与研究思路 [C] //现代语言学理论与中国少数民族语言研究. 北京：民族出版社，2003.

[4] 刘丹青. 语法调查研究手册 [M]. 上海：上海教育出版社，2006.

[5] 刘丹青. 语序类型学与介词理论 [M]. 北京：商务印书馆，2004.

[6] 邵明园. 藏语差比格助词 bas 溯源 [J]. 语言学论丛，2015 (2).

绵虒羌语中汉语借词的研究①

高韬　陈泓妃②

摘　要　绵虒羌语借用汉语词汇后，其语音系统受到的最大影响是增加了声母［f］和［x］，以及大量的鼻韵尾韵母。在借用途径上，除了借用汉语普通话，更多地从邻近的都江堰方言借入。这些不同来源的借词，在绵虒羌语中表现出了不同的变化形式，包括声母的丢失、发音部位和发音特征的变化。韵母的变化表现为音位的增加、简化和局部调整。绵虒羌语中汉语借词声调与都江堰方言具有对应关系，53 调只出现在汉语借词中。

---

① 本文为教育部人文社科青年基金项目“南部羌语篇章衔接手段研究”（19YJC740010）、四川省社会科学“十四五”规划 2022 年度项目“基于汉语和嘉绒语的绵虒羌峰羌语接触研究”（SC22C080）的阶段性研究成果。

② 高韬，女，四川资阳人，博士，成都大学文学与新闻传播学院讲师。主要研究方向为少数民族语言、语言接触研究。

陈泓妃，女，四川绵阳人，硕士，成都大学人事处科员。主要从事社会语言学研究。

关键词 羌语；借词；语言接触

一、引言

绵虒镇隶属于四川省阿坝藏族羌族自治州，地处汶川县西南部，东与都江堰市接壤，东南与映秀镇毗邻，西南接草坡乡，西与理县相连，北临克枯乡，西北与威州镇交界[1] 5297、5298，行政区域面积776.2平方千米[2]513。这样的地理位置决定了当地羌语与汉语必然发生深度的接触。羌族双语制的形成，应该追溯到西汉时期[4]55。因此，绵虒地区日常生活中的交际语言存在比较复杂的情况，大致有三种情况：（1）在羌族聚居区，中老年人基本使用绵虒羌语进行交流。（2）羌族与汉族的日常交往都使用四川方言进行交流。（3）当地政府、机关等单位使用四川方言，各级学校的教育语言都是汉语普通话。

借用是指母语通过第二语言从目标语言中借代语言成分。绵虒羌语的借词，又可以区分为借自汉语普通话和借自四川方言①两种情况。我们总共调查了3383个词的说法。分为九类：名词、动词、形容词、数词、量词、代词、副词、连词、介词。副词、连词和介词是直接纳入到句子中进行调查，没有作为一个单独的词在词表中进行调查。所以除去副词、连词和介词这三类，剩下的六类词共计有3290个。后文所讨论的词全部都在这3290个词的范围之内。

在长期的羌、汉接触中，汉语对绵虒羌语的语音系统造成了

① 根据调查，主要是借入邻近的都江堰方言。

影响。绵虒羌语有33个辅音：p、p^{h}、b、f、m、t、t^{h}、d、ʦ、ʦ^{h}、ʣ、s、z、n、l、ʈʂ、ʈʂ^{h}、dʐ、ʂ、ʐ、tɕ、tɕ^{h}、dʑ、ɕ、k、k^{h}、g、x、ŋ、q、q^{h}、χ、ʁ，其中/f/与/x/只出现在汉语借词中。绵虒羌语有7个单元音和3个卷舌元音：i、y、u、e、o、ə、a、e^{ɹ}、a^{ɹ}、ɚ；10个二合元音和3个三合元音：ai、ei、əu、ie、ia、io、ue、ua、ye、ya、iau、iəu、uei；9个鼻元音：ən、in、uən、oŋ、aŋ、an、ian、uan、yan。根据闻宥、傅懋勣的记录来看，当时汶川境内的羌语只存在-in、-oŋ两个鼻韵尾[7]77、79，而现在扩大到了9个。绵虒羌语一共有四个声调：55、31、53、213，其中53调只出现在汉语借词中。

二、绵虒羌语中汉语借词的方式

（一）音译词

绵虒羌语借用汉语时，有时采用全借用的手段，即将整个汉语词汇的音节形式全部借入①，如“蚂蚁”，都江堰 ma^{53} i^{53} ʦə^{31}（蚂蚁子），绵虒 ma^{31} i^{31} ʦə^{31}（蚂蚁子）；“拐棍”，都江堰 ʦ^{h}u^{53} lu^{213} kuən^{213}（杆路棍），绵虒 ʦ^{h}u^{31} lu^{31} kuən^{55}（杆路棍）。此外，更多的是在音译的基础上对借入的汉语词汇的语音进行改造，例如，“辣椒”，都江堰 xai^{53} tɕau^{35}（海椒），绵虒 xe^{31} tɕo^{31}（海椒）；“柜”，都江堰 kuei^{213}，绵虒 kue^{31}；“百姓”，都江堰 pe^{33} ɕin^{213}，绵虒 pe^{31} ɕe^{55}”。

① 由于羌语借入声调的时候调值并不稳定，我们这里所说的全借用的形式不包括声调。

(二) 合璧词

即“羌语素 + 汉语素”的方式。如“生气”，都江堰 ku^{53} tɕ^{h}i^{213}[8]6409，绵虒 te^{31} tɕ^{h}i^{31}；“依靠”，都江堰 i^{35} k^{h}au^{213}，绵虒 se^{31}k^{h}o^{53}。

三、绵虒羌语中汉语借词的层级

绵虒羌语的汉语借词存在两个层次：一是借自四川方言①，一是汉语普通话。如“蜡烛”，都江堰方言为 y^{31} tso^{33}，绵虒的 le^{55}tʂue^{31} 当来自汉语普通话，因为都江堰方言的“烛”的声母为 ts，普通话为 tʂ。“扁”“反$_{(衣服穿反了)}$”来自都江堰方言的 pia^{53} 和 tau$_{倒}^{213}$。从调查情况看，借自都江堰方言的词汇的层级大多早于借自普通话的词汇。

表 1 绵虒羌语与汉语普通话、都江堰方言的对照表

例词	汉语普通话	都江堰方言	绵虒
蜡烛	tʂu^{35}	y^{31} tso^{33}	tʂue^{31}
凳子$_{(方的或圆的)}$	təŋ^{51} tsə	pḁn^{31} tən^{213}	pan^{31} tən^{55}
木板	mu^{51} pan^{214}	pan^{53} tsə$_{板子}^{53}$	pan^{31} tsə$_{板子}^{31}$
扁	piɛn^{213}	pia^{53}	pia^{53}
反$_{(衣服穿反了)}$	fan^{214}	tau$_{倒}^{213}$	tau$_{倒}^{213}$
野蛮	ie^{214} man^{35}	xuən$_{横}^{31}$	xuən^{31} t^{h}a^{55}
管$_{(自己管自己)}$	kuan^{214}	ku$_{顾}^{213}$	ku^{31} t^{h}a$_{顾}^{31}$

① 根据笔者调查，绵虒羌语中大部分借词借自都江堰方言，还有一部分借词借自成都方言。

根据表1，“凳子”“木板”“扁”“反”“野蛮”和“管”都是借自都江堰方言，不是借自汉语普通话。而新借词（包括文化、科技等新词汇）绝大部分都是借自汉语普通话。鉴于新借词占有很大的比例，因此，在统计绵虒羌语的借词时，只统计常用语中的借词，不统计这些新借词。绵虒羌语的361个常用借词中，来自都江堰方言的借词共计178个，占所有借词总数的49.3%。而其他的借词分别来自四川方言和汉语普通话。可见，绵虒羌语中的汉语借词，很大程度上来自都江堰方言。

四、绵虒羌语中汉语借词的变化情况

借词的整合是指词汇借用经常要适应于受语的语音、形态和句法特征，最终变成与本土的词汇没有差别[11]173。绵虒羌语中，汉语借词的整合是指汉语借词适应羌语的音位（phonetics）和音位结构（phonotactics）做出的调整。在语音层面，绵虒羌语改变了汉语借词的音节结构（syllable structure），产生了新的音位变体和形态音位规则，增加了音位对立。

（一）汉语借词声母的变化

汉语词汇进入绵虒羌语后，根据自身的语音系统，对声母进行适当的调整。这些调整包括声母的丢失、声母发音部位、发音特征等的变化。

1. 声母的丢失。如“估计”，都江堰 ŋan^{31}，绵虒借为 an^{31} tʰa^{55}。声母 ŋ-丢失。

2. 发音部位的改变。如“商量”，都江堰 saŋ^{35} niaŋ^{31}，绵虒借为 ɕa^{31} lia^{31}。“缺缺”，都江堰 tɕʰye^{31}，绵虒借为 ʦʰue^{31} ʦʰue^{31}。

声母 s 变为 ɕ，tɕ^{h} 变为 ʦ^{h}。

3. 增加“送气”的区别特征。如“碗架”，借自四川方言的 uan^{53}tɕa^{213}，绵虒借为 uan^{31}tɕ^{h}a^{55}。tɕa 变为 tɕ^{h}a。

（二）汉语借词韵母的变化

绵虒羌语对汉语的借词进行整合时，会根据羌语的音位（phonetics）和音位结构（phonotactics）对韵母做出调整。这些调整涉及以下几类情况。

1. 增音

语言接触中时有发生语音特征增加的现象[12]87。绵虒羌语在借用过程中，也出现了增音现象，如 sa^{31}ko$^{31}_{(结束)}$，绵虒羌语读为 sua^{31}ke^{31}，前一音节增加了过渡音-u-。

2. 韵母的消变

韵母的消变是指汉语借词进入绵虒羌语后韵母音素出现了简化、丢失的情况。主要有以下几类，如：

（1）双元音简化为单元音

1）**-au→-o**，如“桃子”，都江堰 t^{h}**au**^{31}ʦə^{53}，绵虒 t**o**^{55}ʦə^{31}；“草鞋”，都江堰 ʦ^{h}au^{53}xai^{31}，绵虒 ʦ^{h}**o**^{31}xe^{55}；“爆竹”，都江堰 xo^{53}p^{h}**au**$^{213}_{火炮}$，绵虒 p^{h}**o**^{31}tɕ^{h}a$^{55}_{炮架}$。

2）**-ai→-e**，四川方言的-ai 韵借入到绵虒羌语后，-ai 大量地变为了-e，如“辣椒”，都江堰 x**ai**^{53}tɕau^{35}，绵虒 x**e**^{31}tɕo^{31}；“摆$_{(故事)}$”，都江堰 p**ai**^{53}，绵虒 p**e**^{31}t^{h}a^{55}。语音变化条件：[ai]→[e]/{x、t^{h}、p^{h}、k、k^{h}、ʦ^{h}、tʂ、k、n_ _ _}，并且数量很多。

（2）三元音简化为双元音

1）**-uei→-ue**，都江堰方言的-uei 韵借入到绵虒羌语后，部分-uei 变为了-ue。语音变化条件：[uei→[ue]/{k、t、t^{h}、ϕ_}。

此类数量较少，只有“柜、推、褪、围、退、对”等几个字，如“柜子”，都江堰 $kuei^{213}$ $tsə^{53}$，绵虒 kue^{31}；“包围”，都江堰 pau^{35} uei^{31}，绵虒 ue^{31} ue^{55} te^{31} pu^{213}。

2）**-uai→-ue**，都江堰方言的-uai 韵借入后变为-ue，我们只发现了“快”：“凉快” $liaŋ^{31}$ k^hue^{55}，“勤快” $tɕ^hin^{31}$ k^hue^{55}。这一类变化与-ai→-e 的变化可以看作是一致的。

以上变化在其他语言接触的结果中也有类似的音变现象，如汉语复元音韵母与倒话复元音韵母的对应关系：ɑo（au）→ɔ：好 $xɔ^3$，桃 t’ $ɔ^2$，熬 $ŋɔ^2$；ai→ɛ：爱 $ŋɜ^4$，戴 $tɛ^4$，晒 $ʂɛ^4$；uai→uɛ：快 k’$uɛ^4$，坏 $xuɛ^4$，外 $wuɛ^4$[9]43。倒话借用汉语后韵母的这类语音对应特征与绵虒羌语借用汉语后韵母的对应特征具有一致性，差异仅仅只是在元音发音上舌位高低的不同，变化途径是一致的。而倒话属于汉语与藏语深度接触后形成的一种语言，绵虒羌语借词的这种韵母变化也是当地羌语与汉语接触后所形成的，他们都是语言接触的结果。

值得注意的是，“小气” $ɕau^{53}$ $tɕ^hi^{213}$ 借入后不变，仍然保持 au 韵，韵母没有变为 o，在绵虒读为 **$ɕau^{31}$** $tɕ^hi^{55}$。与“辣椒（海椒）”相比，都江堰方言读为 xai^{53} **$tɕau^{35}$**，借入之后读为 xe^{31} $tɕo^{31}$。就声母而言，ɕ、tɕ 都属于舌面音，不具备 au 变为 o 的音变条件。因此，可能的解释是“小气”是属于比较晚近的借词。另外，都江堰方言的-uai 借入后变为-ue 的只找到汉语的一个音节“快”，如“凉快” $liaŋ^{31}$ k^hue^{55}、“勤快” $tɕ^hin^{31}$ k^hue^{55}。音节“快”在这两个词中是两个不同的语素，但借入羌语后的变化却是相同的，可见，借词的语音变化不受源语言语义的影响。

（3）鼻韵尾的消减

绵虒羌语在借用汉语鼻韵尾词语时，不少词的鼻音韵尾-n、-ŋ都消失了。

①鼻音韵尾-n 消失

-n 的变化主要有-in→-e；-ən→-e；-uən→-uei 三种情况。鼻音韵尾-n 脱落时，主要元音发生变化，如 pe^{31} **$ɕin^{213}$**“百姓”，绵虒羌语读 pe^{31}**$ɕe^{55}$**，发生了-in→-e 的变化。这种变化可能是在前鼻音韵尾-n 消失后，主要元音-i 低化造成的音变。这类变化表示为-in＞－i＞－e。“本”，借入之后读为 pe^{31}，而都江堰方言读为 $pən^{53}$，即-ən 变为了-e，这类变化表示为-ən＞－ə＞－e。从都江堰方言借来的“浑 $xuən^{31}$”绵虒读 $xuei^{31}$，即 uən→uei，这类变化表示为-uən＞－uei。此外，我们在蒲溪羌语中也找到了同样的例子，“电灯” tian**te**、“板凳” pan**te** 两例[3]294、296，其中“灯”和“凳”的元音都由四川方言的 ən 变成了单元音 e，这和绵虒羌语的情况是一致的。

②鼻音韵尾-ŋ 消失

1）鼻音韵尾-ŋ 变为-n，表示为：-ŋ ＞-n。如-uaŋ →-uan“蚂蝗”，都江堰 $ma^{53}xuaŋ^{31}$，绵虒 $ma^{53}xuan^{31}$。

2）鼻音韵尾-ŋ 直接脱落。例如：-aŋ→-a “商量”，都江堰 **$saŋ^{35}$**$liaŋ^{31}$，绵虒**$ɕa^{31}$**lia^{31}；“便宜”（相因），都江堰**$ɕaŋ^{35}$**in^{35}，绵虒是**$ɕa^{31}$**i^{55}；-iaŋ→-ia “杨柳”，都江堰**$iaŋ^{31}$**$liəu^{53}$，绵虒借为**ia^{55}** $liəu^{31}$；-uaŋ→-ua “床”，都江堰 $tsʰuaŋ^{31}$，绵虒 $tsʰua^{55}$。

3）鼻音韵尾-ŋ 脱落后，主要元音双元音化，如-oŋ→-o→-əu，“灯笼”都江堰 $tən^{35}loŋ^{31}$，绵虒 $te^{31}ləu^{55}$。

西南官话的鼻音韵尾有四种类型：（1）完整鼻音型；（2）

作势鼻音型；（3）元音鼻化型；（4）纯元音型[6]87、88。绵虒羌语借词在鼻音韵尾弱化的演变链条＊ŋ＞n＞^{n}＞˜＞ø 中，可能存在借入层次的情况，这个变化与四川方言中的鼻音的弱化存在对应关系：“蚂蟥”“灯”等第一类的变化只完成了第一阶段的变化，而“商量”“杨柳”“床”等第二类已经发展到了第五阶段。

但是，“笼”变化为-əu 韵，与流摄字合流，应是受到都江堰方言读音的影响。这组音的变化，可能是绵虒羌语在借用过程中的“反推”造成的。因为中古的流摄字在都江堰方言中，有一部分字读为鼻音韵尾-oŋ，如“某”moŋ^{53}“否”foŋ^{53}“皱”tsoŋ^{213}[6]83。

此外，“疯”和量词“封”的变化有些特殊。这两个词在都江堰都读 foŋ^{35}，而绵虒羌语分别读 fu^{31}和 fu^{55}，韵母都由-oŋ 变为了-u。蒲溪羌语中也有这样的变化，如“赤裸裸”四川方言读为 kuaŋ^{55}**toŋ^{53}toŋ^{53}**，蒲溪羌语读为 kuaŋ**tutu** 光胴胴[3]293。根据-oŋ 的借用变化规则，“疯”“封”和“胴”的韵母应变为 əu，但是并没有这样的变化发生。这组音的变化，可能也是绵虒羌语在借用过程中的“反推”造成的。因为中古流摄在都江堰方言中大部分读为-əu 或-iəu，一部分唇音字读-u，如“浮”fu^{31}，而还有一部分字读为鼻音韵尾-oŋ。而-oŋ 在都江堰方言中又与-əŋ 是相混的，在发音机理上-u 和-ŋ 的第一、第二共振峰比较接近[6]85，因此绵虒羌语在借用时，混淆二者的可能性是存在的。

3. 韵母的局部调整

韵母的局部调整与音位的调整是一致的，主要有以下几种情况：

（1）都江堰方言的 ə 韵在绵虒羌语中变为-e，如“吃亏”

在绵虒读音为 $tʂ^he^{31}k^huei^{31}$，“巴适”读音为 $pa^{31}se^{55}$。借入绵虒后，前化为-e。

（2）双元音中的主要元音央化。主要是：-au→-əu。“石槽”，都江堰 $ts^hau^{31}ts^hau^{35}$，绵虒 $pia^{55}ts^həu^{31}$(猪槽)。

（3）双音节中主要元音高化。主要是：-uai →-uei。“歪(嘴歪)”，都江堰 uai^{35}，绵虒 $uei^{55}t^ha^{55}$。

4. 汉语借词中入声字韵母的变化

表 2　绵虒羌语中汉语入声字借词的读音

例词	都江堰方言	绵虒
撮箕(撮土的簸箕)	$ts^ho^{33}tɕi^{35}$	$ts^hue^{31}tɕi^{31}$
桌(一桌菜)	tso^{33}	（a^{31}） $tʂue^{31}$
烛	tso^{33}	$tʂue^{31}$
竹竿	$tso^{33}ke^{r35}s$	$tso^{31}ke^{r31}$
匹(一匹布)	p^hi^{33}	（a^{31}） p^hie^{31}

都江堰方言中的“撮”“桌”“烛”“竹”韵母都是 o，但绵虒羌语中，“撮”“桌”“烛”借入后韵母都变为了 ue，而“竹”借入后，韵母没有变化，仍然读为 o。首先，“撮”的韵母读为 ue 是由借入的时间层次造成的。山摄末韵合口入声字从中古到今在西南官话中的演变为：＊uɑt > uɑ > ue > o[6]152。据此，我们可以推测“撮”借入绵虒时，当时在都江堰方言中读音可能为＊-ue，现在发展为了-o。而“桌”“烛”借入后韵母读为 ue 可能是“类推”造成的，因为“桌”“烛”在四川官话中没有找到读为 ue 韵的例子。而“竹竿”的“竹”借入绵虒羌语时，直

接借用为 tso^{33}，没有类推为 tsue^{33}。这个推测也可以从绵虒羌语的“竹子”“竹扫帚”等词都是使用羌语自己的语素看出来，“竹竿”是晚期借用都江堰方言的读音而来的。

绵虒羌语中“匹”的读音 p^{h}ie^{31} 与都江堰方言的 p^{h}i^{33}[5]43 也不同，这种差异是由于都江堰方言的“匹”受汉语普通话的影响发生了从 p^{h}ie^{33} 到 p^{h}i^{31} 的变化，而绵虒羌语保持原来借入都江堰方言的旧有的读音。从 1900 年 Grainger（钟秀芝）出版的 *Western Mandarin, or the Spoken Language of Western China*（《西蜀方言》）中“匹”就已经读 p^{h}i [10]61 来分析，其借入的时间已经很久了。

5. 汉语借词韵母的改造具有时间性

绵虒羌语的借词存在以下两种变化链条：（1）uən→uei；（2）uei→ue。“浑”与“横”（野蛮）在都江堰方言中本应该同音，读作 xuən^{31}。但是，“浑”借入之后读为 xuei^{31}。那么，为什么同样来自都江堰方言的“横$_{野蛮}$”没有发生同样的音变，仍然读 xuən^{31}t^{h}a^{55}？与此同时，在 uei→ue 的变化中，“推”和量词“对”的读音也没有发生变化，分别读为 t^{h}uei^{31} 和 tuei^{55}。由此可知，绵虒羌语的这两条链条存在时间性。当“横”借入时，uən→uei 的变化链条可能已经停止，同样，当“推”和量词“对”进入时，uei→ue 的变化链条也已经停止。

此外，一些汉语词汇借入羌语后，声母和韵母都发生了变化，这种变化比较少见，是一种综合式的。如“糊涂”由 fu^{31} t^{h}u^{31} 变为 xo^{31} to^{31}。

（三）汉语借词声调的变化

根据孙越川（2008）的调查，都江堰方言有五个声调[5]9：

阴平 35，阳平 31，上声 53，去声 213，入声 033。绵虒羌语的声调具有游移的特征，主要表现为本族语的声调调值不稳定，同一个词在词汇系统和句子系统中可以呈现为不同的调值，这可能是由于羌语本身是没有声调的，而声调是后起的语音特征。所以借词的声调在借入后也呈现出不稳定的特征。都江堰的 35、31、53、213 和 033 调借入绵虒羌语后，大致形成了以下对应关系：

（1）都江堰的 35、213、31 调的对应一部分借词中的 55 调，如：

35→55：河边 xo^{31}**pin^{35}**$_{\text{都江堰}}$/ʦue^{31}**pin^{55}pin^{55}**$_{\text{绵虒}}$

213→55：刺**tsə^{213}**$_{\text{都江堰}}$/**ʦə^{55}**$_{\text{绵虒}}$

31→55：杨柳**iaŋ^{31}**liəu$^{53}_{\text{都江堰}}$/**ia^{55}**liəu$^{31}_{\text{绵虒}}$

（2）都江堰的 53、35、33 调对应借词中的 31 调，如：

53→31：杨柳 iaŋ^{31}**liəu^{53}**$_{\text{都江堰}}$/ ia^{55}**liəu^{31}**$_{\text{绵虒}}$

35→31：被子$_{\text{（铺盖）}}$**p^{h}u^{35}**kai$^{213}_{\text{都江堰}}$/**p^{h}u^{31}**ke$^{55}_{\text{绵虒}}$

33→31：桌 tso$^{33}_{\text{都江堰}}$/tʂue$^{31}_{\text{绵虒}}$

（3）都江堰的 53 调只出现在汉语借词中，这是由语言接触带来的调值的增加，如：

in^{55}**tau^{53}**阴到$_{\text{偷偷}}$　te^{31}**təu^{53}**发抖　y^{31}me^{31}**kan^{53}kan^{53}**玉米杆杆　i^{31}**k^{h}o^{53}**靠

五、小结

在汉语与绵虒羌语接触中，绵虒羌语通过汉语借词，给其自身的语音系统带去了一定的影响。最大的影响是增加了音位/x/和/f/，以及大量的鼻韵尾韵母。具体语音变化上，主要表现为声母和韵母的改造，声母的改造主要体现为发音特征的变化。韵母的改造包括增音、韵母的简化和韵母的局部调整。同时，汉语的声调类型促成了绵虒羌语声调类型的确立，53 调是语言接触产生的新调值。

借用途径上，既借用汉语普通话，更多地从邻近的都江堰方言中借入。不同来源的借词，在绵虒羌语中的变化形式不同，语音变化规律存在差异。绵虒羌语汉语借词的一些变化与语言区域的变化一致，一些是由不完全习得而产生的借用音变。如“糊涂”借自四川方言的 $fu^{31}t^{h}u^{31}$ 后变化为 $xo^{31}to^{31}$。这个“涂”和“突”的音变存在关系。在中古音中，“突”是定母、入声没韵，在都江堰方言中有 $t^{h}u^{31}$ 和 $t^{h}o^{33}$ 文、白两读，文读形式与“涂”相同，羌语借入“糊涂”时，由于不完全习得，混淆了这两个层次，造成发生音变为 $t^{h}o^{33}$，又改变送气特征，变化为 to^{31}。至于“糊”的音变，当属于受到“涂”的-o 的逆同化造成的音变。

参考文献：

［1］国家统计局农村社会经济调查司编．中国县域统计年鉴·2020（乡镇卷）［M］．北京：中国统计出版社，2021．

［2］黄明全本卷主编；李立国总主编；中华人民共和国民政部编．中华人民共和国政区大典·四川省卷［M］．北京：中国社会出版社，2016．

［3］黄成龙．蒲溪羌语研究［M］．北京：民族出版社，2006．

［4］孙宏开．论羌族双语制——兼谈汉语对羌语的影响［J］．民族语文，1988（4）。

［5］孙越川．都江堰方言语音研究［D］．浙江：浙江大学人，2008．

［6］孙越川．四川西南官话语音研究［M］．北京：电子工业出版社，2016．

[7] 闻宥，傅懋勣. 汶川萝卜寨羌语音系 [J]，中国文化研究所集刊，1943 (3).

[8] 许宝华，宫田一郎. 汉语方言大词典 [M]. 北京：中华书局，1994.

[9] 意西微萨·阿错.《倒话研究》[M]. 北京：民族出版社，2004.

[10] 钟秀芝编著. 西蜀方言 [M]. 上海：上海大学出版社，2017.

[11] Raymond Hickey. *The handbook of language contact.* Wiley-Blackwell, 2010.

[12] Sarah G. Thomason. *Language contact: an introduction*. Edinburgh University Press Ltd, 2001.

平武白马语的体助词 de³¹①

冯诗涵②

摘　要　根据笔者调查的第一手语言材料，平武白马语的句末体助词 de³¹以标记进行情状为典型用法。此外，de³¹还标记惯常情状、静态情状、格言情状等多种情状类型。在藏缅语中，进行情状、惯常情状等共用一个语法标记是一种比较常见的语言现象。

关键词　白马语；体助词；情状；进行体；惯常体

引　言

Comrie 将体（aspect）定义为观察一个情状（situation）内

① 本文为基金项目中国语言资源保护工程“濒危语言调查项目管理”（YB1925B001）的阶段性成果。

② 冯诗涵，女，四川阆中人，文学博士，贵州大学外国语学院讲师。研究方向为民族语和汉语方言研究。

部时间结构的不同方式[2]3。若将情状作为一个不可分析的整体呈现，从外部观察情状而不明确指称内部的时间结构，即为完整体；从内部观察一种情状，明确指称该情状的内部时间结构即为非完整体。非完整体二分为惯常体（habitual）和持续体（continuous），持续体又进一步分为非进行体（nonprogressive）和进行体（progressive）①[2]25。Smith 认为体指涉句子的时间信息和视点，并将体分为视点体（viewpoint aspect）和情状体（situation aspect）。视点体以特定的视角或焦点来呈现情状，包括完整体（perfective viewpoint）、非完整体（imperfective viewpoint）和中性体（neutral viewpoint）。情状体根据句子所谈论的事件或者状态的时间属性间接地进行分类，包括状态（states）、活动（activity）、完成（accomplishment）、一次性（semelfactives）、达成（achievement）五种情状类型。一个句子的体意义是视点体和情状体这两种独立的体交互作用的结果。同一种情状类型可以由不同的视点呈现，这依赖于说话人的主观选择[9]2-6。

根据跨语言的研究，一个体标记有时会指示多种情状。Bybee et al. 指出进行体语素可以逐渐发展成为现在时或者非完整体，而发展的关键一步即是进行体能够表达惯常意义[1]141。在藏缅语中，进行体标记表达多种情状也不少见。仓洛语进行体助动词也可以表示经常处于某种状态[12]65-67。羌语时体范畴中的进行体"既可表示在一个时点内正在进行，也可表示在一个较

① 不过，Comrie 对"体"的经典定义和分类也受到争议。例如 Bybee et al. 指出 Comrie 所画树状结构中的"持续体"并未出现在跨语言研究的数据中[1]193。

长的时段内经常进行”[5][6]140。藏语拉萨话持续体除了表示正在进行的动作，还可以表示某段时间内持续的动作，即持续的事件、状态、习惯、一些普遍性的陈述、一定时期的能力[7]。汉藏混合语水磨房话的进行体标记表达正在进行的动作行为，也可以表达惯常性的动作行为。而影响水磨房话语法系统的康方言安南话的进行体标记则和表示状态持续的持续体同形[13]。

本文以在平武县白马藏族乡伊瓦岱惹村调查的例句和语篇故事为语料，观察动词类型和说话人的主观视点对平武白马语体的影响，描写平武白马语句末体助词 de^{31} 所标记的多种情状类型①。基于 de^{31} 以标记“正在进行的情状”为典型用法，本文暂将 de^{31} 记作进行体助词。

一、de^{31} 标记“动作正在发生”

西田龙雄、孙宏开[11]229，黄布凡、张明慧[4]，孙宏开等[8]81指出 de^{31} 是白马语的进行体助词，标记动作正在发生②。根据笔者调查的第一手语料，在平武白马语中，位于小句句末的体助词 de^{31} 主要标记“正在进行的动作”。例如：

① 根据 Comrie（1976）的定义，“情状（situation）”既可以指称“变化过程”或“状态”，也可以指称“事件”。

② 西田龙雄、孙宏开将白马语的进行体助词记作 $dɐ^{35}$，黄布凡、张明慧记作 da^{21}，孙宏开等记作 $dɐ^{35}$，魏琳记作 $dɛ^{35}$。

（1） a. ȵa^{31}ȵəu^{35} ʂu^{31}de^{31}.

孩子爬 PROG[①]

孩子在爬（行）。

b. ndo^{341}ȵa^{31}ȵəu^{35}ne^{31} ȵɛ^{341}ʐo^{35} kɛ^{31} ʂu^{31} de^{31}.

昨天孩子 T 床 上面 爬 PROG

昨天孩子在床上爬（行）。

（2） a. tsə^{31}sei^{53} kɛ^{31} tho^{31}kɛ^{53}zə^{31} de^{31}.

舞台 上面（唱）歌做 PROG

舞台上唱着歌。

b. no^{31}uɛ^{35} ti^{35} tʂhɛ^{31}, tsə^{31}sei^{53}kɛ^{31} tho^{31}kɛ^{53}zə^{31} de^{31}.

明天 这 时候 舞台 上面（唱）歌 做 PROG

明天这时候，舞台上正在唱歌。

de^{31}标记“体”，而不标记“时”。“进行中”的动作行为可能发生在说话时间前（过去），也可能和说话时间同时发生（现在），也可能发生在说话时间后（将来）。在例（1）中，de^{31}标记施事论元 ȵa^{31}ȵəu^{35}“孩子”正在实施 ʂu^{31}“爬（行）”的动作行为。例（1a）没有时间标记，所以 ʂu^{31}“爬（行）”可能发生在“过去”“现在”“将来”等任意的时间点；而例（1b）句首有时间名词 ndo^{341}“昨天”，指示动作 ʂu^{31}“爬（行）”发生在过去。例（2）中的 de^{31}标记 tho^{31}kɛ^{53} zə^{31}“唱歌”这一事件正在发生。例（2a）没有时间指示，de^{31}只标记 tho^{31}kɛ^{53} zə^{31}

① 本文缩略语及符号意义如下：1SG：first-person singular（第一人称单数）；3SG：third-person singular（第三人称单数）；CMPL：completive（结果体）；CONV：converb（副动词）；EXI：exist（存在）；NEG：negative（否定）；PFT：perfect（完成体）；PROG：progressive（进行体）T：theme（客体）；*：不合法。

“唱歌”正在发生，但不指示具体发生的时间段；而例（2b）则以明确的时间短语 no^{31} uɛ^{35} ti^{35} ʈʂhɛ^{31}“明天这时候”指示 tho^{31} kɛ^{53} zə^{31}“唱歌”这一动作行为发生在明天。

二、de^{31}标记惯常情状

（一）高频事件

Comrie 指出任何可以在时间中充分延展或者可以在一段时间内重复足够多次数的情状都可以表示惯常体。惯常情状不是“某个时刻的偶然属性”，而是“整个时段的典型特征（characteristic feature）”[2]27-28。魏琳指出在甘肃文县白马语中，dɛ^{35}为惯常体标记[10]149。在平武白马语中，de^{31}也可以标记一段时间内的高频事件。例如：

（3）khun^{35} ȵi^{53} ʑi^{31} kɛ^{53} ŋɑ^{35} ɕi^{31} de^{31}.
3SG 每天 我 送 PROG
他每天送我。

（4）aʔ^{35} ma^{53} ʑi^{31} kɛ^{53} ʑin^{341} ki^{53} zə^{31} de^{31}.
妈妈 每天 事 做 PROG
妈妈每天都在干活。

（5）khun^{35} ȵi^{53} ɕi^{31} ɕi^{53} ko^{35} ʑi^{31} kɛ^{53} ŋo^{53} de^{31}.
3SG 小时候 每天 哭 PROG
他小时候经常哭。

（6）a. na^{31} na^{53} ʂhan^{53} ki^{31} tɕhɛ^{31}.
这里 地震 PFT
这里摇过地震。

b. na³¹na⁵³ʐi³¹kɛ⁵³ ʂhə n⁵³ki³¹de³¹.
这里 每天 地震 PROG
这里经常地震。

例（3）和例（4）中均有指示事件频率的时间名词 ʐi³¹kɛ⁵³"每天"，意味着两个小句所表达的事件是经常发生的事件，句末体助词 de³¹标记惯常意义。例（3）的事件 ŋɑ³⁵ ɕi³¹ "送我"和例（4）ʐin³⁴¹ki⁵³zə³¹ "做事情"可以是过去每天发生的事件，也可以是现在每天发生的事件，即是说 de³¹标记体，不标记时。例（5）既有ɕi³¹ɕi⁵³ko³⁵ "小时候"指示事件发生的时间段，也有 ʐi³¹kɛ⁵³ "每天"指示事件发生的频率，那么小句的动词 ŋo⁵³ "哭"则是发生在过去的高频动作，句末使用体助词 de³¹。例（6a）的句末体助词为过去完成体 tɕhɛ³¹，指示事件发生时间为过去，并已经完成；例（6b）有一个表示时间频率的 ʐi³¹kɛ⁵³ "每天（经常）"，则该句中的 ʂhan⁵³ki³¹ "地震"是一个高频事件，因此句末体助词为 de³¹。

（二）短时间内多次发生的动作

高频事件和反复情状都是一段时间内重复出现的情状。在一些语言中，反复情状中的动词通常具有［＋瞬间］［＋终结］的语义特征，高频事件中的动词通常具有［＋持续］特征，并使用不同的语法标记来编码这两类情状；但在另一些语言中，这两类情状使用同一种语法标记。平武白马语标记高频事件的 de³¹也可以标记反复情状。例如：

（7）khun³⁵ȵi⁵³ʐy³⁵pa⁵³mə³¹ tʂe³⁵ ȵi³¹ zə³¹ de³¹.
3SG 咳嗽 NEG 停 CONV 做 PROG
他不停地咳嗽。

（8）khun^{35} ȵ̥i^{53} mə^{31} ʈʂe^{35} ȵ̥i^{31} gɑ^{35} de^{31}.
3SG NEG 停 CONV 笑 PROG
他不停地笑。

例（7）中的 ʑy^{35} pa^{53} "咳嗽" 是一个典型的瞬间动词。通常来说，它既不能跟进行体助词共现，也不能跟惯常体助词共现。如果瞬间动词出现在进行情状或者惯常情状中，说明这一瞬间动作在极短时间内重复多次，以至不区分每次动作之间的时间间隔。极短时间内多次重复的瞬间动作就构成了一个具有时间延展的进行情状或者惯常情状。一次"笑"跟一次"咳嗽"一样，是一个瞬间完成的动作。当谓语动词为 gɑ^{35} "笑" 和 ʑy^{35} pa^{53} "咳嗽" 的小句句末体助词是 de^{31} 时，即意味着小句谓语是多次重复的瞬间动作，而不是一次动作，如例（7）和例（8）。

综上，句末体助词 de^{31} 既可以标记高频事件，如例（3）、例（4）、例（5）、例（6）；也可以标记短时间内多次发生的动作，如例（7）、例（8）。无论是高频事件还是短时间内多次重复的动作均属于惯常情状。

三、de^{31} 标记静态情状

de^{31} 通常还用在静态句句末，标记一定时间段内存在的临时的静态情状，长时间存在的一种静态属性，动作结束后持续的状态或者结果。

（一）临时的静态情状

（9）ŋɑ^{35} ʈʂo^{35} de^{31}.
1SG 胀 PROG

我胀了。

（10） mi^{341}mi^{53} mə^{53}rə^{31} ndʑo^{35} de^{31}

花 红变 PROG

花（正）变红。

（11） tɕhɛ^{31}no^{35}ȵɛ^{53}mɑ^{35}mbi^{31}， ȵa^{35}ndʑɑ^{53} de^{31}.

屋里 火 NEG CMPL，一点 冷 PROG

屋里没点火，有点冷。

例（9）、例（10）、例（11）的谓语 ʈʂo^{35}“胀”、mə^{53}rə^{31}“红”、ndʑɑ^{53}“冷”都是形容词，标记临时的静态状态。例（9）中的状态 ʈʂo^{35}“胀”是在一定条件下产生的、在一段时间内会消失的临时状态；例（10）中的 mə^{53}rə^{31}“红”是变化中的一个短暂状态；例（11）中的 ndʑɑ^{53}也是在一定条件下产生的状态，改变条件状态也会随之消失。

（二）静态属性

（12） nda^{31}ua^{35}tɕhɑŋ^{35}pɑ^{31}ndo^{31}ko^{53}ŋə^{24}mɑn^{35}tse^{53}gɑ^{35} de^{31}.

寨子 男青年 这些娥蛮早 喜欢 PROG

寨子的男青年都喜欢娥蛮早。

（13） khun^{35}ȵi^{53}tɕhɛ^{31}no^{35}khun^{35}ȵi^{53}kuɛ^{35} de^{31}.

3SG 屋里 3SG 当家 PROG

他的屋里他当家。

（14） to^{31}pu^{53}sɑ^{35}tsɑ^{53}gə^{31}so^{341}khɑ^{341}mbo^{53}de^{31}.

白马 这里 冬天 雪 飞 PROG

白马冬天会下雪。

（15） to^{31}pu^{53}ȵi^{35}ti^{35}tɛ^{31}ndzə^{53} re^{31}tsɿ^{31} de^{31}.

白马 人 它 T 海子 是 说 PROG

白马人说它是海子。

跟例（9）、例（10）、例（11）相比，例（12）—例（15）的一组例句倾向于表示长时间存在的静态属性。心理动词 gɑ^{35}“喜欢”表示一种心理状态，在例（12）中，这种心理状态是长期存在的一种事实；例（13）指示一种主观形成的、长期存在的稳定关系；例（14）中的 gə^{31} so^{341} khɑ^{341} mbo^{53}“冬天飞雪”是每一年冬天都会出现的物理现象，出现的次数多了被该族群编码为一种客观规律。例（15）的功能是命名，指示一种约定俗成的关系。

在前提条件改变或者条件取消的情况下，临时存在的静态状态会消失，如例（9）—例（11）；但是静态属性表示一种恒常的性质或者关系，不会或者不易被取消（或改变），如例（12）—例（15）。

（三）标记动作结束后状态的延续

有时候 de^{31}还可以用在表示存在义 no^{31}之后，表示动作结束后状态的延展与持续。例如：

（16）khun^{35} ȵ̥iː^{53} tho^{31} huɑ^{53} tɛ^{31} tɕo^{42} pa^{53} kɛ^{31} zɛ^{53} za^{53} no^{31} de^{31}.
3SG 图画 T 墙 上 钉 放置 EXI PROG
他把画钉在了墙上。

（17）khun^{35} ȵ̥iː^{53} zɛ^{31} riː^{341} tɛ^{31} ʂhɛ^{341} kɛ^{31} zɛ^{53} za^{53} no^{31} de^{31}.
3SG 钉 T 树 上 钉放置 EXI PROG
他把钉子钉在了树上。

（18）tsə^{35} tsʅ^{31} kɛ^{31} ka^{31} ʑiː^{341} mɑ^{31} kɛ^{53} ʐa^{53} no^{31} de^{31}.
桌子 上 碗 很多 放置 EXI PROG
桌子上摆着很多碗。

（19） khun^{35} ȵi^{53} tɕhɛ^{31} no^{35} ʈʂho^{341} tsə^{35} tsɿ^{31} so^{53} ʐa^{53} no^{31} de^{31}.
3SG 家里 酒 桌子 三 放置 EXIPROG
他家里摆了三桌酒。

在平武白马语里，no^{31}是一个负载多种语法意义的形式。它既可以表示方位“在……里面”，也是一个意义为“有”的存在动词，还是一个表示“存在”义的助词。例（16）—例（19）中的 no^{31}是表示“存在”意义的助词，这一组例句中 no^{31}可以直接煞尾，de^{31}可以省略，de^{31}的隐现虽然不影响这组例句的合法性，但对句义有影响。在例（16）、例（17）中，zɛ^{53}“钉”是一个不可持续的动作行为，动作结束后，所产生的结果状态是持续存在的，除非施加额外的动力加以改变。在例（18）和例（19）中，ʐɑ^{53}“摆”是一个有内在时间结点的动作，但是 ʐa^{53}“摆”这一动作结束以后，会留下一个持续存在的结果 ka^{31} ʑi^{341} mɑ^{31} kɛ^{53}“很多碗”和 ʈʂho^{341} tsə^{35} tsɿ^{31} so^{53}“三桌子酒”。因此，例（17）、例（18）、例（19）以 no^{31}标记“结果”的存在，以 de^{31}标记“结果”的持续。

综上，句末体助词 de^{31}可以标记临时存在的静态情状，可以标记静态属性，还可以标记动作的结果状态。范晓蕾在讨论汉语方言的惯常范畴时，也将“静态性质”看作惯常范畴的下位意义，表达“主体恒常的静态属性，它既指涉一个长久持续存在的状态——这无关乎大量反复出现的事件，也是将该状态断定为主体的特性”[3]。事实上，临时存在的静态状态和动作的结果状态也可以看作一段时间内的惯常现象；静态属性也可以看作长期存在的惯常现象。这三种静态情状，平武白马语均用句末体助词 de^{31}进行标记。

四、标记格言情状

格言情状（gnomic situations）通常标记客观存在的事实或者规律。这类情状可能是生物固有的行为，也可能是物理现象；可能是静态状态，也可能是动态活动。但由于是描述客观存在的情状，因此这类情状通常没有时间限制，也不能被取消。例如：

（20）nɑ^{35}no^{31} ɕa^{53} mbo^{53} ʂhe^{341} de^{31}.
山上　鸡　飞　会 PROG
野鸡会飞。

（21）a^{35}li^{53} ɕyɛ^{35}zo^{35} ndʐa^{53} de^{31}.
猫　老鼠 捉　吃 PROG
猫捉老鼠吃。

（22）kuɛ^{31} ʐu^{35} ɕa^{53} tɛ^{31} ʑi^{31}kɛ^{53}tɕa^{35} de^{31}.
院子里　鸡　T　每天　叫　PROG
院子里的公鸡每天都打鸣。

（23）no^{35}no^{31}mo^{31} ka^{31}ma^{53}tɛ^{31}le^{35}gə^{31}le^{35}dʐu^{35}de^{31}.
天　星星　T 一闪一闪　跳 PROG
天上的星星一闪一闪的。

例（20）、例（21）的谓语描述主语名词固有的行为功能。例如 mbo^{53}“飞”是 nɑ^{35}no^{31} ɕa^{53}“野鸡”的一种先天性本能行为；ɕyɛ^{35}zo^{35}“捉老鼠”是 a^{35}li^{53}“猫”通过模仿习得的生物习惯，不过在平武白马藏族的认知中，“猫捉老鼠”跟“野鸡飞”都属于生物的本能行为。例（22）中的 tɕa^{35}“叫（打鸣）”是 ɕa^{53}“鸡”的本能行为，同时小句中还有 ʑi^{31}kɛ^{53}“每天”来标记该类事件的高频属性。例（23）则描述了一种客观存在的高频物理现象。无论是生物的先天性行为还是客观存在的物理现象，都是一种恒常的、没有时间限制、一般不可以被取消的格言情状，平武白马语以句末体助词 de31 对格言情状进行标记。

五、结语

根据本文的第一手语言材料，可以看出平武白马语的体助词 de31 不仅仅标记“正在进行的动作”，还可以标记以下几种情状类型：一是经常发生的事件，包括一段时间内的高频事件（小句动词为持续动词）和短时间内反复发生的瞬时情状（小句动词为瞬时动词）。二是静态情状，包括可以被取消的临时状态、静态属性和动作结束后延续的结果状态。三是客观存在的格言情状。

参考文献：

[1] Bybee J, Revere P, William P. *The Evolution of Grammar: Tense, Aspect, and Modality in the Languages of the World* [M]. Chicago & London: The university of Chicago Press, 1994.

[2] Comrie B. *Aspect* [M]. Cambridge and New York: Cambridge University Press, 1976.

[3] 范晓蕾. 基于汉语方言的惯常范畴研究[J]. 当代语言学, 2017 (4).

[4] 黄布凡, 张明慧. 白马话支属问题研究 [J]. 中国藏学, 1995 (2).

[5] 黄布凡. 羌语的体范畴 [J]. 民族语文, 2000 (2).

[6] 黄布凡, 周发成. 羌语研究 [M]. 成都: 四川人民出版社, 2006.

[7] 江荻. 藏语拉萨话的体貌、示证和自我中心范畴 [J]. 语言科

学，2005（1）.

［8］孙宏开，齐卡佳，刘光坤．白马语研究［M］．北京：民族出版社，2007.

［9］Smith C. *The Parameter of Aspect. 2nd edition*［M］. Dordrecht: Kluwer Academic publishers，1997.

［10］魏琳．甘肃文县白马语［M］．北京：商务印书馆，2019.

［11］西田龙雄，孙宏开．白馬譯語の研究：白馬語の構造と系統［M］．京都：松香堂，1990.

［12］张济川．仓洛门巴语简志［M］．北京：民族出版社，1986.

［13］周洋，铃木博之．水磨房话体范畴的混合特征［J］．民族语文，2020（4）.

清代民国四川方志文献中的藏缅语资料概况[①]

王 振[②]

摘 要 清代民国时期四川编修了大量方志，其中有十余部记录了川西藏、羌、彝等少数民族的语言，内容涵盖民族语词语、民族语歌谣、民族文字以及民族语言文字的使用情况等四个方面，在收词、注音等方面颇具特色。这类文献资料对研究清代民国四川民族语历史面貌和语言演变具有重要的学术价值，值得开展系统整理和深入研究。

关键词 清代民国；四川；地方志；藏缅语

① 本文系国家社科基金冷门“绝学”研究专项“清代民国中西方珍稀文献中的川西藏缅语资料集成与研究”（项目编号19VJX088）的阶段性成果。

② 王振，四川师范大学文学院副教授、硕士生导师，主要从事四川民族语言与汉语方向研究。

“研究历史汉语的唯一路径是文献”[5]，同样我们研究历史上的民族语，也要在一定程度上依赖于文献。虽然与汉语相比，部分民族语言的文献记录数量不多、系统性不强，但如果详加整理、谨慎利用，其仍能为民族语历史研究提供重要参考。

清代民国时期编纂的部分四川地方志①记录了川西少数民族语言。我们系统查阅了《中国地方志集成·四川府县志辑》《四川历代方志集成》《西南稀见方志文献》以及《日本藏巴蜀稀见地方志集成》等大型四川方志汇编，发现直接记录四川藏缅语族语言的地方志 12 种。虽数量不多，但其价值不容忽视。

目前，学界对四川旧志民族语资料的研究很少。聂鸿音曾发表《道光〈石泉县志〉中的羌语词》一文，解读了县志中用汉字音译的羌语词，并且总结了道光年间羌语的音系特点，是基于四川旧志资料开展民族语研究的代表之作[2]。但除此之外，学界对四川旧志中的民族语资料几无关注，相关整理和研究工作尚待开展。

一、四川旧志藏缅语资料的分布

记录了少数民族语言的 12 种四川旧志中，时间最早的是乾隆十三年（1748）《保县志》，最晚的是民国三十三年（1944）《汶川县志》，涉及藏语、嘉绒语、羌语、彝语等多种藏缅语族

① 为行文简洁，后文将清代民国时期编纂的四川地方志称为“四川旧志”。

的语言，其中记录彝语的方志数量最多。详见下表①。

表1 四川旧志藏缅语资料的分布

方志名称	版本信息	卷篇与页码	所记语言
乾隆《保县志》	《阿坝州文库》整理本，四川民族出版社，2013	卷八《边防志·夷习》，第144页	嘉绒语
嘉庆《清溪县志》	《四川历代方志集成》第三辑第18册，据嘉庆五年（1800）刻本影印	卷四《土司类·人民志·方言》，第112－113页	彝语
嘉庆《马边厅志略》	《中国地方志集成·四川府县志辑》第69册②，据嘉庆十二年（1807）刻本影印	卷六《夷民志·夷语》，第589页	彝语
乾隆《金川锁记》	民国二十五年（1936）商务印书馆《丛书集成初编》本	卷三《夷字》卷六《夷语》，第31、60页	嘉绒语
道光《石泉县志》	《中国地方志集成·四川府县志辑》第23册，据道光十四年（1834）刻本影印	卷二《舆地志·风俗》附“番译”，第222－223页	羌语
道光《绥靖屯志》	《中国地方志集成·四川府县志辑》第69册，据道光五年（1825）刻本影印	卷十《杂识》，第577－578页	藏语
咸丰《冕宁县志》	《四川历代方志集成》第一辑第6册，据咸丰七年（1857）刻本影印	卷九《风俗志·夷俗·称谓》，第448页；卷末《夷歌志》，第507－508页	彝语 纳木依语

① 资料出处优先选择新近出版的《四川历代方志集成》，其次选用《中国地方志集成·四川府县志辑》或者其他整理本。表中的页码，指的是我们所看到的版本中的页码。

② 《四川历代方志集成》第三辑第18册中收录有该志，但是原文“夷语”一页缺失。

方志名称	版本信息	卷篇与页码	所记语言
光绪《越嶲厅全志》	《四川历代方志集成》第一辑第8册，据光绪三十二年(1906)铅印本影印	卷十二《夷俗志》附译夷言，第423－425页	彝语
宣统《昭觉县志》	《四川历代方志集成》第一辑第8册，据民国九年(1920)铅印本影印	卷三《人事·风俗》，第707页	彝语
民国《峨边县志》	《中国地方志集成·四川府县志辑》第69册，据民国四年(1915)铅印本影印	卷四《边荒志·夷字》，第380－381页	彝语
民国《西昌县志》	《中国地方志集成·四川府县志辑》第69册，据民国三十一年(1942)铅印本影印	卷十二《夷族志》，第270－272页	彝语
民国《汶川县志》	《四川历代方志集成》二辑第3册，据民国三十三年(1944)铅印本影印	卷五《风土·附语言》，第131页	羌语 嘉绒语

二、四川旧志藏缅语资料的内容及其编排方式

从内容上看，地方志记录民族语资料一般以记录词语为主，兼及其他。大致可分四类：民族语词语、民族语歌谣、民族文字以及民族语言文字的使用情况。

（一）民族语词语

每种收录民族语资料的方志中，或多或少都有汉语和民族语对译的词语。收词最多的是《越嶲厅全志》，共收录彝语词语（包括短语和句子）411个，最少的是《金川锁记》，收录嘉绒

语词4个。所收词语，基本都是常用词，一般按照义类排列，词义相近的排在一起。例如民国《汶川县志》记录了80个嘉绒语词，虽未直接分门别类，但词语排列也有基本的原则与内在逻辑，大致按照“自然、人伦、动物、金属、饮食、建筑、职务、地名、数量”的意义类型依次排列。有些县志直接归纳出明确的门类，例如《越嶲厅全志》中有“天文、地理、地名、人类、月数、天数、银、钱、饮食、衣服、植物、动物、器具、亲戚、礼节”共15个门类，《清溪县志》则把105个彝语词分为“天、地、人、物”四个门类。

地方志中翻译的民族语词一般为“天、地、风、雨”之类的基本词汇，还有其他常用词语和专有名词，包括地名、动植物名等，具有鲜明的地域特色。《越嶲厅全志》收录大小地名近60个，例如：中所坝、干河坝、邓家坝、白家河坝、张家湾、姚家湾、干龙潭、阿布塘、柏香坪、马蝗沟、老鸦沟、大鱼洞、小鱼洞、瓦岩、钓口岩，等等。嘉庆《马边厅志略》有“吃酒、吃茶”等体现四川方言特点的短语，还有“包谷［苞谷］、黄豆”等当地代表性的农作物。《汶川县志》中有“玉麦、荞子”——当地首要和次要的粮食作物，还有“成都、灌县、汶川、威州、茂州、雁门、过街楼、青坡”等地名。

地方志收录的除了词和短语，也包括少量句子，一般都是日常交际用语。例如《汶川县志》中的“你贵姓（特得格勒老/贵该代你姓）”[①]“你到哪里去（该贵干）”“吃早饭了么（沙格舍南奴呵）”“吃午饭了么（冷左南奴呵）”“吃晚饭了么（南不里

① 括号中为方志原文中的汉字译音，下同。

南奴呵）”。《越嶲厅全志》中还有简单的对话，以下略举数例：

你那日来的？（里咜铁锅拉）我昨日来的。（阿力的黑拉）

你来谓甚事？（里希时拉）我来走亲戚。（吉希都格）

你来好几日了？（里拉咜力立及）我来四五日了。（阿拉呷力哀力及）

我去做饭你吃。（阿咱摸里邹）我吃饭了，不销。（咱阿邹阿作）

你家父母康健乎？（你阿博阿木美美）沾天之祐还好。（莫迷拖时美）

你家有好多牛羊？（你依锅叻欲哓力博）有四五十个。（呷兹哀兹足）

发财要读书写字。（苏呷特依玉特依咘）读书戴顶子做官。（特依玉顶子的息婆摸）做官要管民管兵。（息婆摸磋居摸居）行走那里骑马坐轿。（客姑依莫兹轿子立）家都有名声。（慈家阿呷黑巫）弟兄亦得沾光。（歪巫依衣以密的）

（二）民族语歌谣

除了少数民族语言中词语的记录之外，部分方志中还记录了少数民族的歌谣，歌词本身也属于语言资料。道光《绥靖屯志 · 杂识》中记录了藏族歌谣：

又云蛮俗跳歌队之戏，男女牵手而歌。歌曰：“咦嗗阿恩吞博嗤哑啭叭力那甘错力那甘错嗤哑咄么甘错勒末甘错勒末咀哑咦嗗札得吞博札得吞博嗤哑啭叭札甲革博札甲革博嗤哑咄么休卓勒末休卓勒末咀哑咦嗗甲中葛末甲中葛末嗤哑啭叭爬汤渴恶爬汤渴恶嗤哑咄么布当擦约布当擦约咀哑。”

按：阿恩，天也。呑博，高也。力，日也。那，月也。甘错，星宿也。勒末，来也。札得，石山也。札甲，鹰也。革博，雕也。休卓，飞也。甲中葛末，百姓人家也。爬汤渴恶，父母也。布当擦约，儿女也。因戏为译之曰：维天盖高，日月昭昭，星光有曜。维山盖高，有鹰有雕，飞止于巢。民庶斯处，曰父曰母，爰及儿女。

这里不仅用汉字音译了藏族歌谣，而且加按语注明了里面一些译音词的具体含义，并且对整首歌谣进行了翻译。这类资料用汉字音译藏语歌词，可以开展藏汉对音和语音史研究。例如上述《绥靖屯志》中“力，日也。那，月也”——以来母字“力”音译藏语 nyi（日）、以泥母字“那”音译藏语 zla（月），说明音译汉字中的泥来母字已经混淆①，而“札得，石山也。札甲，鹰也”，以“札得”音译 brag ri（石山）、“札甲”音译 brag bya（鹰），说明藏文 br-当时可能读为卷舌塞擦音[7]。

咸丰《冕宁县志·夷歌》中收录了西番、猓猡、獏梭歌谣数首，并指明歌谣演唱的场合及其大意。兹举西番歌谣两首：

嘘咖吗叱哟叱，哟车呷格哟结叱。此平常酒宴之歌，言己唱客也唱，人家虽唱却在自家热闹。

热窝咱波吧勺，叠咧嘆喳曲吖。嗟著撒嘆嗟著，结纳嗞吧遐著。此饮会行走所唱，似有喜意。上二句言东西过汉来此坝子，来坐有名声。下二句未详其意。

① 泥来母相混是西南官话的典型特点。这则材料转引自《乍丫日程锁记》，该书作者李元，生活在清代乾隆、嘉庆年间，湖北京山人（湖北京山话今属西南官话），可见清代乾嘉时期即存在鼻边音相混的方音现象。

（三）民族文字

民国《西昌县志》、民国《峨边县志》、宣统《昭觉县志稿》中都有对彝文的记录。道光《绥靖屯志·杂识》中记录了部分藏区所使用的一种藏文的地方变体，当地称之为“黑字”。屯志列出其字形，给以汉字注音，并且借用汉语音韵学中的相关术语来描述藏文字母的读音：

> 童蒙学识字，先教三十字母，熟其笔画，加以变化，千万字可通矣。其字母曰：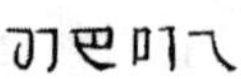，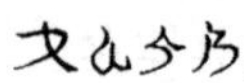，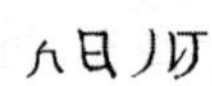，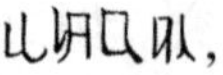，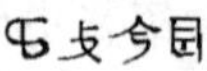，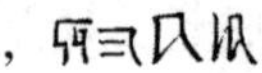，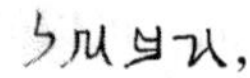，。今试译之：音葛，即见母正音；音渴，即溪母正音；音葛，即郡母正音；音柄，即疑母正音；音甲，即见母副音；音恰，即溪母副音；音桀，即郡母副音；音捻，即泥母副音……

（四）民族语言文字的使用情况

除了上述民族语词语、歌谣、文字之外，个别方志中还有对民族语言文字的介绍性说明，这有助于我们了解当时民族语言文字的特点及其使用情况。

乾隆《金川锁记》卷三《夷字》中记录了藏文的书写方式——“写字用竹筳削尖蘸墨汁写，犹有古人漆书遗意。字形如蛇蚓，变化不一。留心数年，竟不能识一字。细看似有行、楷之分，其横写、倒读，则在清书回字之间”，说明了嘉绒藏区金川一带藏文的书写工具、字形特点、行款排列等。《金川锁记》卷三《夷语》还记录了当时藏族的语言使用情况：“非通事译字不能解。官其地数年，始得十通一二。其头人中常往京师朝觐者，语言清丽，全似燕音，几不复知为土著。”这是强调金川藏族语言与汉语差异很大，当地汉族官员全然难解；同时指出，头人常去京师朝觐，汉语能力较强，能够流利使用汉语官话——此类介绍，虽非实际语料，但对了解当时的民众语言文字使用情况具有参考价值。

民国《西昌县志·夷族志》简要说明了猁苏族（今称“里汝/栗苏/吕苏”）的语言文字情况：“与倮夷、西番不同，汉人鲜通其语者，而猁苏则悉通汉语。语言之外，无文字也。”猁苏应指凉山一带的里汝藏族，里汝语是尔苏语的一个方言。虽然县志未提供直接的里汝语料，但是在“夷族志”中的“猁苏语言”一节，说明了该族全通汉语的情况，可见早在清代民国时期，里汝人就已经是双语或多语人了。此外，县志中说“与倮夷、西番不同，汉人鲜通其语者”，据此推测当时汉族人或有通彝语和西番语的，但均不通里汝语。虽只寥寥数语，却道明了当时西昌一带的语言使用情况。

道光《绥靖屯志》卷十《杂识》有对藏语的介绍：“蛮语多倒置。一为贡，二为夺。呼一两曰竦贡，二两曰竦夺。一钱曰硕贡，二钱曰硕夺。一分曰敢麻贡，二分曰敢麻夺。是两、钱、分之数在上而一、二之数在下也。其译汉语亦然——饭吃，酒喝，银钱一个，有东西一个，找语皆颠倒。”这其实是对藏汉语法的比较，“倒置”即言藏语语序与汉语相反。“一两、一钱、一分”等数量结构，汉语中数词在前、量词在后，而藏语相反。“其译汉语亦然”则表明藏族母语者在习得和使用汉语的时候，也会受到母语的负迁移，仿照其母语的语序规则，把动宾、定中结构说成宾语在前、动词在后或中心语在前、定语在后的语序，反映了藏族同胞汉语习得中的母语负迁移现象。

《绥靖屯志》卷十《杂识》也有关于藏文的记录："蛮书皆佛经也，字同唐古忒①。别有文移私书，谓之黑字。形象不同，声音训诂如一。"这说明藏区中佛经普遍使用"唐古忒"藏文即藏文正字，但是公私文书日常用字还有与藏文正字不同的一种书写体系，称为"黑字"，这应是藏文的地方变体，为了解当时藏族文字使用情况提供重要线索。

三、四川旧志藏缅语资料的记录方式

总体而言，旧志记录民族语，都会使用汉字给民族语注音。四川旧志译音用字主要有以下三种情况。

第一，直接使用常用汉字注音。这是最为常见的注音方式，不再举例。

第二，创制特殊的注音汉字，一般是加口旁。这种注音方式早在隋唐之际音译梵文佛经时就已经出现，例如梵文颤舌辅音或颤舌元音用"来母字加'口'旁来比况"[4]。四川旧志用来音译民族语的汉字中，也不乏此类用例：《冕宁县志》音译彝语"祖父"为"阿噗"；《越嶲厅全志》音译彝语"九月壬戌"为"哓而姑咘"，音译"领架"为"叻呷子"。口旁字的创制和使用，为注音提供了一定的方便，但也有不合理之处。有些注音使用口旁并无实际意义，例如《冕宁县志》"祖父－阿噗-$a^{34}phu^{33}$"，《越嶲厅全志》"白云－木哈阿呥-$mu^{33}hɔ^{55}a^{34}tɕhu^{33}$"，这里使用不加口旁的"普、曲"来注音也是可以的；有的使用口旁反而造成注音不确，

① 唐古忒：清代文献中对青藏地区及当地藏族的称谓。

例如《越嶲厅全志》词条“锡－咄-$tʂho^{55}$”中“咄”应读“出”，《清溪县志》词条“豹－咱-$zɿ^{55}$”，其中“咱”当读“自”，从注音的角度看，这里的口旁是冗余的部件。“噌、哋、咄、咱”中的“口”也许只是作为注音用字的特定部件，用来标记注音汉字的特殊性质与功能——加上口旁使得一个普通汉字不再表意而成为一个单纯的注音符号①。

第三，使用拼切的方式。除了使用单纯的汉字注音之外，《汶川县志》在记录嘉绒语时还存在一种特殊的“拼切”注音方式，即通过两个字相拼合来记录一个音。例如“主人或我们的：衣不呵；上司或土司：你呀尔不呵；漂亮：耿切儿；衙门：你呀尔沙；饭：歹日阿；酒：起也；早：大阿乃”。县志原文自注：“加黑线者须拼切。”

根据我们的初步观察，《汶川县志》中拼切可能是上字记录声母、下字记录韵母，原理类似反切，例如“饭”在嘉绒语中的音是tə za，县志“日阿”记录的音应该正是za，“日”在四川话中读ze，采用“日阿”拼合［ze + a = za］的方式进行记录；也可能是通过拼切记录一个复杂音节，例如“漂亮：耿切儿”，清代乾隆年间《嘉绒译语》中藏文注音是“ki mkhyar”，推测“耿切儿”记录的音大概是kə-mtɕhɛr，“切儿”下划线拼切，表示其记录的是一个音节，“儿”是辅音韵尾②。民国《汶川县志》在记录嘉绒语音时使用“拼切”注音法，虽未必全然准确，

① 四川一些少数民族人士自发编写的母语资料中也存在用汉字加口旁的方式给母语注音的情况[3]。

② 这种情况比较少，更多的是直接用汉字记录韵尾而不加拼切的下划线。《汶川县志》拼切法的具体情况还值得进一步研究。

但这是四川旧志音译民族语实践中的一大突破，是注音方式上的重要创新。

此外，方志中的民族语注音，基本上是一个音节用一个汉字记录，尤其是彝语的材料，对应较为整齐。嘉绒语音节结构跟汉语不同，有复辅音或者比较丰富的辅音韵尾，这种情况下如果仍用一个汉字记录一个音节，则复辅音或者辅音尾可能无法表现出来，因此方志中也存在用多个汉字记录一个民族语音节的情况。例如《汶川县志》“油－麻尔㑚-mar na”，用“尔”记录韵尾 r。还有汉字注音中音节重组的现象。例如乾隆《保县志》用前字的鼻音尾来记录后字的鼻冠音，“汉官－更助”一词的实际读音 kə mdzu，之所以用“更”记录 kə 是为了照顾后音节的读音，因为汉字音系中并没有前置鼻辅音，所以只能把后音节的鼻冠音记录为前一音节的鼻音韵尾。如此处理，即考虑到了汉字的音节限制，也提高了注音的准确性①。

四、四川旧志藏缅语资料的语言学价值及其局限

从数量上看，四川方志中的民族语资料并不丰富，但对语言学研究而言，仍是有其学术价值的，主要体现在以下三个方面。

第一，是研究清代民国时期四川民族语的重要文献。

了解当下民族语的面貌和特点，基本的方式是开展田野调查，获取民族语资料，从而进行相关研究。认识清代民国时期的

① 清代《嘉绒译语》中有“官：ki mdzu-更据”，其处理方法与《保县志》是一样的。

四川民族语，我们无法通过调查获得第一手的资料，主要是两种方式：一是在现代民族语资料的基础上运用历史语言学的方法开展研究，二是参考当时记录民族语的文献材料——地方志正是记录旧时民族语资料的重要文献来源。通过地方志的记录，我们可以推知“清代四川石泉县羌语辅音声母按发音部位至少可分为双唇、舌尖前、舌尖中、舌尖后、舌面、舌根、小舌7组，声母按发音方法可分为塞音、塞擦音、擦音、鼻音、边音、半元音6组，辅音声母有送气不送气和清浊的对立，有复辅音声母”等等[2]，可以发现民国时期汶川嘉绒语中存在-r韵尾①。而且《石泉县志》对当时羌语的方言差异也有所记录：“河东曰歇伯，河西曰齐伯，皆手也。河东曰协廓，河西曰蜀，皆足也。”

第二，为认识清代民国时期四川少数民族语言文字使用情况提供参考。

方志在记录少数民族词语的同时，也可能有对语言文字使用情况的描述，也有对文字书写工具、行款的记录。部分方志中录有藏文、彝文，对了解当时民族文字的特点也是有益的。

如前文所述，根据道光《绥靖屯志》的记载，藏族人能够使用汉语，但是所说为“藏式汉语”——“蛮语多倒置……其译汉语亦然——饭吃，酒喝，银钱一个，有东西一个”，说明藏语母语者使用的汉语，语序上受到了藏语的影响，现在川西藏区依然存在此类现象。文字方面，乾隆《金川锁记》、道光《绥靖屯志》都说明清代存在藏文的地方变体。

就彝文而言，根据方志资料可知，清末民国时期彝文有不同

① “清油：麦儿那”“油：麻尔躲”，均以“儿/尔”记录-r韵尾。

的书写形式——民国《峨边县志》中的彝文是横向的，而宣统《昭觉县志稿》、民国《西昌县志》中记录的彝文是竖直、纵向的字形，这与中华人民共和国成立后规范彝文基本一致。

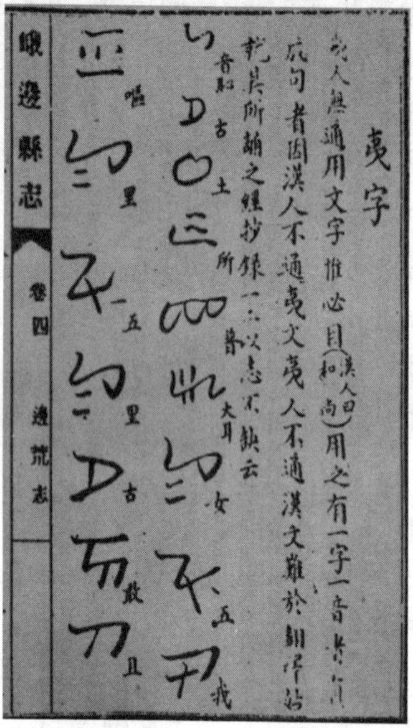

《峨边县志》中的横向彝文

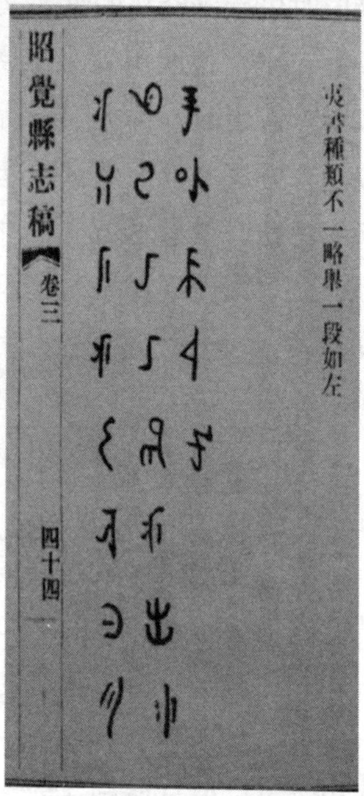

《昭觉县志稿》中的纵向彝文

第三，为研究少数民族语音历史演变提供参考。

方志资料辑录了清代民国时期的民族语，将方志记载与其他文献以及现代语言材料进行比较，便可以发现民族语语音演变的一些线索和规律。兹举一例说明。《汶川县志》记录的羌语“五”的读音“尾”，而原始拟音是 * ʁua[8]253，现代羌语中绵虒话读为 ʁua^{31}，萝卜寨、龙溪话读音是 ʁue^{31}[1]141，说明该词的主元音早期是 a，后来高化为 e，而从县志的记录看，这种 a > e 的高化在民国时期就已经出现了。

四川旧志藏缅语资料也有其局限性，主要体现在以下三个方面。

第一，数量不够丰富。

清代民国四川方志主要记录了藏语、羌语、彝语和嘉绒语，但是资料数量并不丰富。一是记录民族语的方志数量少，仅有 12 部；二是这 12 部方志中记录的民族语资料并不多，多则三四百个词语，少的则只有几个词语。因此，我们要据此系统了解当时民族语的全貌是不可能的，只能在整理和分析的基础上，了解民族语的某些方面的特点，知道某些词语在当时的大致说法。

第二，注音不甚精确。

用汉字记录民族语音存在客观上的困难，汉字的读音系统跟民族语的语音系统有明显差异，民族语中的有些音汉语中没有，因此用汉字是无法准确记录的[6]。当然，这是用汉字音译的民族语材料的共有局限。此外，四川方志在注音的时候，还存在口旁冗余的现象，影响了注音的准确性。编者可能给注音汉字增加口旁，以标示其注音功能，但是增加口旁可能形成新字而改变原字读音，而导致注音不准。

第三，编校或有失误。

材料在编校过程中可能存在翻译不当、排列错位之类的问题，给文献解读和分析带来了一些障碍。以《清溪县志》为例："野鸡－哈子"，对应的彝语 ha^{33}ʦʅ^{33}指麻雀或鸟类统称，彝语"野鸡"一般称作 ʂu^{33}；"发－子不"，对应的彝语 tsʅ^{33}pu^{33}多指胡须，彝语"头发"一般称作 ɔ^{33}ȵe^{33}。《越嶲厅全志》中有

“南方－咘箕、西方－衣巫”，这里“西方”与“南方”注音的顺序弄反了，应该是“南方－衣巫、西方－咘箕”①。因此在使用此类材料的时候，需要做好资料整理和校勘工作。

对于上述问题，我们也应该客观辩证地看待和处理。注音方面，虽然“地方志的编纂者大都没有深研过汉语音韵学，因此他们对外民族语言的音译远不如僧侣笔下的梵汉对音严密”，但是“我们还是不得不在最大程度上相信他们对自然语音的感知能力，并从那些并不精密的译音中抽绎出一些大致的规律”[2]，以展现当年民族语言的面貌。因此，这类资料仍值得深入挖掘、系统整理和科学利用，促进少数民族语言文献及相关民族语言的研究。

参考文献：

［1］高韬．语言接触视野下的南部羌语比较研究［D］．成都：西南交通大学，2018．

［2］聂鸿音．道光《石泉县志》中的羌语词［J］．民族语文，2000（1）．

［3］齐卡佳，韩正康，王德和．吴万才手稿多续话语料集初探［C］//汉藏语学报（第11期）．北京：商务印书馆，2019．

［4］孙伯君．“华夷译语”汉字注音法考源［J］．北方民族大学学报，2020（2）．

［5］汪启明，孙泽仙．如何做好断代汉语方言史研究［N］．光明日报，2020－6－24（16）．

［6］王振．《嘉绒译语》中的嘉绒话音系及其注音特点［J］．西藏研究，2020（1）．

① 本文彝语、彝文相关内容得到了江西财经大学聂鹏老师的指教，谨致谢忱。

［7］王振．清代《绥靖屯志》中的藏语资料及新见藏文“黑字”考论［J］．中国藏学，2021（4）．

［8］*Jonathan Paul Evans. Introduction to Qiang Lexicon and Phonology：Synchrony and Diachrony*［M］．东京：株式会社平文社，2001．

基于 CiteSpace 的中国境内侗台语研究可视化分析[①]

龙　丹　卢一舟[②]

摘　要　本文利用可视化软件 CiteSpace，分析 1978 年至 2020 年以侗台语为研究主题的相关文献，生成相应的科学知识图谱。通过分析研究作者、研究机构、高被引文献以及关键词等内容，厘清侗台语的研究现状，并对侗台语的研究热点、研究前沿以及潜在动力机制进行探讨。

关键词　侗台语；CiteSpace；可视化分析

① 本文为教育部人文社会科学研究规划基金一般项目“类型学视阈下汉语动植物类核心词的研究”（21YJA740021）、中南大学研究生教育教学改革研究项目（2020JGB022）、湖南省学位与研究生教育改革研究项目（2020JGYB034）、2021 年中南大学课程思政建设研究项目“《古代汉语（一）》课程思政教学改革研究与实践”的阶段性成果。

② 龙丹，女，博士，中南大学文学与新闻传播学院副教授。主要研究方向为汉语词汇史、比较语言学。

卢一舟，中南大学文学与新闻传播学院语言学及应用语言学方向研究生。

侗台语族，又被称为壮侗语族，属于汉藏语系的分支。侗台语族使用人口较多，在中国境内，主要分布在广西、广东、海南、云南、贵州、湖南等地。根据语言关系的亲疏，《中国的语言》[1]一书将侗台语族分为台语支、侗水语支、黎语支、仡央语支四个语支。侗台语族既包括台语诸语言，也包括侗水等语言。台语群可以分出壮语群和西南语群两个次语群。壮语群包括广西大部分地区、贵州南部地区以及云南东南部所使用的许多方言。西南语群主要分布在境外，包括分布在泰国的泰语、老挝的老挝语，还包括云南南部的傣伪语，及使用于缅甸与云南西部的堪梯语和掸语等语言。侗水语群主要在贵州东南部和广西北部使用，可以再划分为侗语、水语、莫语和佯横语四个次群。

一、研究方法和数据来源

（一）研究工具

CiteSpace 是由陈超美教授研发的一款信息可视化软件，这款软件的独到之处在于能够生成图谱，直观地展示出文献蕴含的文字信息[2]。软件通过数据处理，展现出所研究的学科或知识域在一定时期内的研究热点、研究前沿及变化趋势。本文试图利用 CiteSpace 分析侗台语研究领域的作者、机构，分析重点关键词，探索侗台语的研究热点，同时生成关键词时区图谱，观察我国侗台语研究相关的发展脉络。

（二）数据来源

本文以中国知网为数据获取平台，以中国期刊数据库、中国博士论文数据库、中国硕士数据库为数据源，以“侗台语”为搜索主题，将搜索的时间范围设置为1978－2020年，经过对重复文献的剔除和筛选，最终选取了499篇文献，其中包含433篇文章和66篇硕博论文。将数据导入到CiteSpace软件里进行转换，在主界面设置时间跨度为1978年到2020年，时间区为1年，时间切片阈值为50，即选取频次最高的50个关键词分析，其他的参数设置保持不变。

二、侗台语研究现状

（一）总体概况

在一定意义上来说，文献的年发文量能够反映该领域的发展速度和发展程度。图1展示了侗台语研究领域40多年来的发文情况，从图中可以看出，侗台语研究文献数量总体呈现出稳中有进的变化趋势。1978－1988年为起步萌芽期，关于侗台语的研究还处于初始阶段，10年间共发表63篇相关文献，这个阶段的文献探索了侗台语语族中语音的塞擦音声调、韵、韵尾及语法中词性等问题。1989－2009年为理论探索时期，侗台语相关文章研究数量呈波浪状变化，发文量高峰、低谷相交替。1989－1999年处于快速发展阶段，发文量迅速上升，学界对于侗台语的相关问题的探讨逐步增加，研究内容涉及具体语群之间的比较及系属问题、侗台语的溯源、语言底层等问题，2000－2009年发文量呈现出波浪式起伏，文章涉及稻作、那圈文化、神话研究等内容。2010－2020年发文量呈现出先升后降的发展状态，2010－2015发文量平稳上升，在2015年侗台语研究文章达到峰值，相关文献共31篇，2016－2020年发文量有所波动下降。总体而言，近年来，关于侗台语的研究在内容上有了更为深入的考察，研究角度也呈现出多维化的趋势。

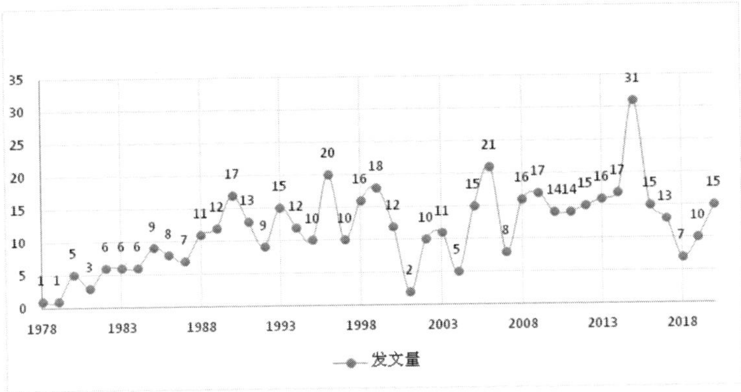

图 1　1978 –2020 侗台语论文发表量

(二) 期刊来源

侗台语的 499 篇文章共发表在 657 种不同的期刊上，其中《民族语文》的发文量最多，占了总数的 17.6%，其次是《广西民族研究》及《贵州民族研究》，分别占 11.6% 和 7.7%。《民族语文》创刊于 1979 年，是中国社会科学院民族学与人类学研究所主办的中国民族语言学权威刊物，是国内外唯一的专门刊发汉藏语系语言、阿尔泰语语系语言、南亚语系语言、南岛语系语言、汉语与中国少数民族语言关系等研究成果的中国人文社会科学核心期刊。在《民族语文》中，更多的关注于具体民族语言、语言同源关系、词汇语源考察等问题，如探讨仡佬语的系属、岭南民族源流研究、海南谟话的归属等等。

《广西民族研究》及《贵州民族研究》上侗台语相关文章发文量较多，这与侗台语的地理分布有一定关系，侗台语主要分布在广西、贵州两省，涉及西南地区的少数民族研究。发表在《贵州民族研究》的文章主要是对语言之间的关系进行比较，如《侗台语关系》《侗语与阿眉斯语》《汉台语关系研究综述》《侗族与仡佬族语音关系——兼谈侗族与仡佬族历史关系》等等，而在《广西民族研究》更多关乎民族文化的文学类、民族学类的文章，关于稻作文化、梯田文化的考察，对创世神话的溯源分析等，如汉藏语言与《山海经》的若干怪兽名称考释、盘古神话来源等等问题。

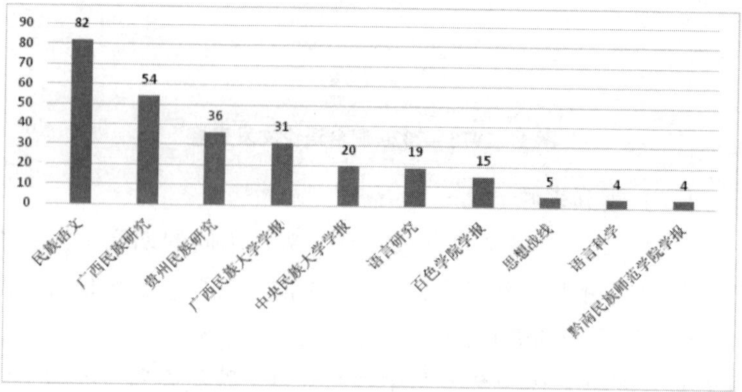

图 2　期刊来源图

（三）研究机构和研究作者

在 Citespace 主界面将时间范围设置为 1978 年至 2020 年，时间切片设定为 1 年，在配置区选择合作网络分析的作者合作分析，时间切片的阈值定为 50，其他的数值默认不改变，生成作者合作网络图谱（图 3）。图中节点大小代表发文机构的发文量的多少，节点大表明发文量多，节点小则表明发文量少，节点之间存在连线则说明作者间存在科学合作[3]。

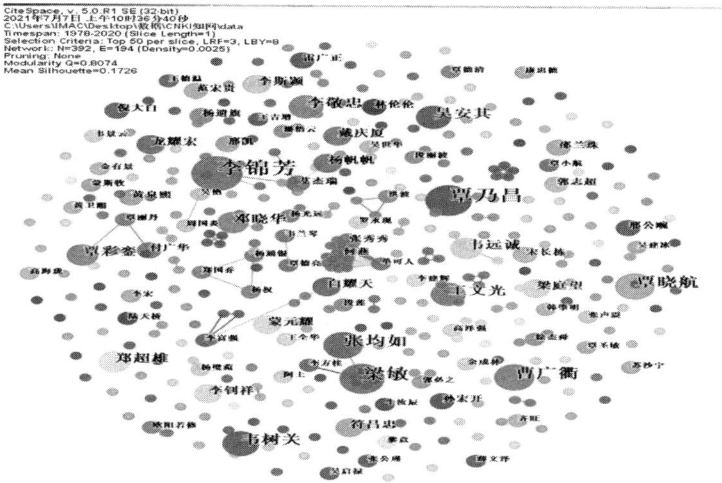

图 3　作者发文量及合作网络图谱

所下载的侗台语文章中，研究作者共 392 人，作者间合作 194 次，发文量较多的作者分别是李锦芳（17 篇）、覃乃昌（12 篇）、梁敏（11 篇）、覃晓航（8 篇）、张均如（8 篇）、曹广衢（8 篇）、李敬忠（8 篇）、韦树关（7 篇）、王文光（6 篇）、吴安其（6 篇）。这些研究者较为深入地研究侗台语，属于该领域的领军人物。合作图谱中节点间的连线较少，说明侗台语研究作者多是独立发文。连线间的作者包含机构间的同事关系，李富强、白耀天、覃彩銮、覃丽丹、付广华同属广西民族问题研究中心研究员，段丽波、龙晓燕同为云南大学教授，合作中也存在国际间的合作研究，如李方桂教授与国际侗台语专家艾杰瑞之间的合作。他们从不同角度出发，分析侗台语的语源、对具体语言进行比较，具有较为深远的现实意义。

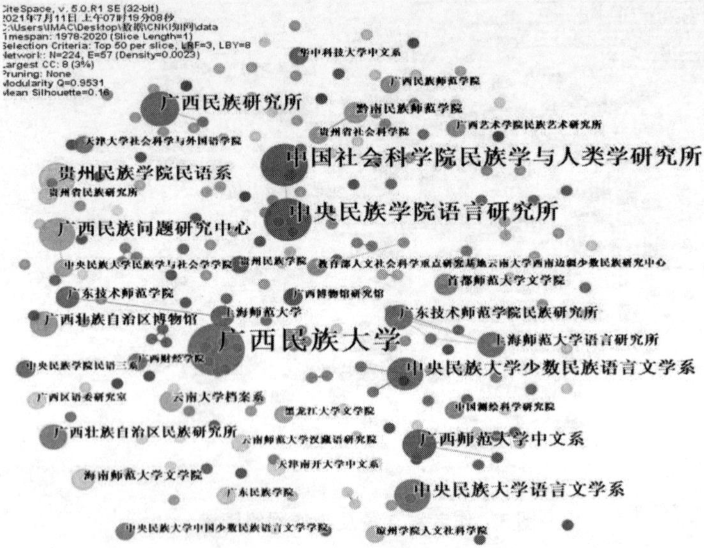

图4　研究机构发文量、合作网络图谱

在图4中，N＝224，代表有224所研究侗台语的机构，E＝57，意味着下载的文献中57所机构存在合作。侗台语研究发文量较多的机构分别是：广西民族大学（25篇）、中央民族学院语言研究所（16篇）、中国社会科学院民族学与人类学研究所（14篇）、广西民族研究所（12篇）、贵州民族学院民语系（7篇）、中央民族大学少数民族语言文学系（7篇）、广西民族问题研究中心（7篇）、广西师范大学中文系（6篇）。广西地区从事侗台语研究地机构占比较大，这与其得天独厚的地理位置有一定关联。

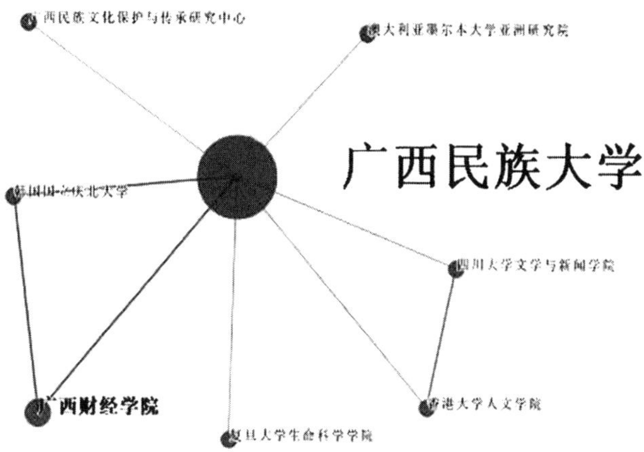

图 5　广西民族大学合作网络图谱

广西民族大学作为我国侗台语研究的主要阵地，与其他机构在该领域存在着较为密切的合作，与国内外高校内外联通。国内与四川大学、香港大学、复旦大学、广西民族文化保护和传承研究中心以及广西财经学院联合发文，国际上与澳大利亚墨尔本大学亚洲研究院、韩国国立庆北大学曾存在过合作。通过分析作者以及机构合作图谱可以发现，关于侗台语研究作者和机构未形成大规模研究网络，作者及机构间的合作仍有待提升。

(四) 高被引文献分析

高被引文献指发表的论文被他人作为参考文献多次引用，这在一定程度上表明文献具有较高质量水平，能为相关研究提供一等意义的参考价值。通过分析侗台语的高被引文献，能够准确了解侗台语的研究内容，挖掘出侗台语的主要研究方向。

表 1　高被引文献表

题名	作者	来源	年/期	下载	被引
从语言地理学和历史语言学试论亚洲栽培稻的起源和传布	游汝杰	中央民族学院学报	1980/3/1	777	69
广西平话对当地壮侗语族语言的影响	张均如	民族语文	1988/3/1	753	67
“那”文化圈论	覃乃昌	广西民族研究	1999/4/1	979	65
壮侗语族量词的产生和发展	梁敏	民族语文	1983/3/1	927	56
关于东南方言的“底层”研究	李如龙	民族语文	2005/5/1	1387	47
壮侗语族塞擦音的产生和发展	张均如	民族语文	1983/1/1	662	47
现代汉语和台语里的助词“了”和“着”（上）	邢公畹	民族语文	1979/2/1	693	44
《红楼梦》姨类称谓的语义类型研究	刘丹青	中国语文	1997/4/1	1561	39
客家话跟苗瑶壮侗语的关系问题	邓晓华	民族语文	1999/3/1	874	38
中国的语言和方言	李方桂 梁敏	民族译丛	1980/1/1	985	38

这十篇高被引文献发表时间主要集中于 1990 年前后，其中有 7 篇发表在期刊《民族语文》上，对侗台语的语音、词汇、语法三方面都有涉及，以词汇的研究居多。张均如的《壮侗语族塞擦音的产生和发展》[4]，描述了侗台语塞擦音的发展演变过程，根据原始侗台语下各语支塞擦音从无到有的演变，提出了本

民族塞擦音声母产生和发展于各语支分离之后的观点。在《现代汉语和台语的助词"了"和"着"》[5]一文中，作者通过比照分析侗台语族与现代汉语方言中带助词"了"和"着"的词组，探讨助词"了"和"着"的语法功能，得出汉语和台语源于同一共同语的观点。邓晓华的《客家话跟苗瑶侗台话的关系问题》[6]列出客家话近百个与苗瑶、侗台有渊源的词，并论证客家话是北方人南迁至客赣与当地土语融合而成。梁敏的《侗台语族量词的产生和发展》[7]介绍了侗台语族量词的产生方式、产生时间，在不同语言中的发展变化以及最新的发展趋势 。李方桂、梁敏《中国的语言和方言》[8]一文将中国仍在使用的语言进行了具体划分，分出三大语系七大语族，并列出已消亡的吐鲁番语、西夏语。在语群之下列出该语群与其他群的区别特征，分析不同语系在词的形式，如元音和辅音、声调系统等方面语音问题，并对一般句法结构的语法成分做出分析。

刘丹青的《〈红楼梦〉姨类称谓的语义类型研究》[9]，立意新颖。作者从语言来源的角度分析《红楼梦》，发现《红楼梦》的姨类称谓并未反映北京话的特点，部分反映南京方言的特征，在此基础上进行跨方言的比较，指出汉语南方方言的姨类姑类称谓语义类型接近百越侗台语特点，并在最后做出假设南方的姑姨长幼之分的类推是受到侗台语的影响。张均如的《广西平话对当地壮侗语族语言的影响》[10]，通过田野调查广西境内少数民族，论证出古平话作为广西各民族的交际用语曾发挥的巨大作用。游汝杰的《从语言地理学与历史语言学试论亚洲栽培稻的起源和分布》[11]，利用语言地理学和历史语言学的方法，从"稻""田"的语音比较、"那"字地名的探究，对南方方言词称“稻”词比较和稻的传播分布，探究得出栽培稻的起源应为侗台语族的原始家园。《关于东南方言的“底层”研究》[12]一文，作者李如龙发现东南方言部分词能在侗台语中找出读音相近的说法，通过若干基础核心词汇及古音论证，得出东南方言受到侗台语的影响，这种影响带来的底层现象形成于上古到中古前后。

三、侗台语的研究热点以及前沿问题

（一）关键词共现分析

关键词简要凝练地概括出文章的核心内容，通过分析共现关键词，能够快速掌握该领域的研究主题。在同一篇文章中出现的关键词，在图谱中则会表现为互相连接，因而每两个共现的关键词之间就会有一条连线。当一个关键词与其他关键词有多条连线时，则说明它有重要的意义。

图中高频关键词包括：“侗台语”“侗水语支”“同源词”“布依语”“稻作文化”“汉藏语系”“台语支”“《越人歌》”“汉语借词”等等。反映出侗台语的研究点重在探究侗台语的源流、侗台语的基本要素和民族文化的问题上，在探究源流时通常会涉及“同源词”“南方方言”“汉语借词”“《越人歌》”，各民族间的往来沟通，推动语言接触，促进语言历史的不断发展，因而民族语言词汇的构成会包含一些与其他民族有渊源的“同源词”，根据同源词的类型可以划分出“语族同源词”“语支同源词”“台汉同源词”。关键词“塞音韵尾”“复辅音”“声母系统”“中古音”“《广韵》”“声调系统”“关系词”等等，反映出侗台语重在探讨语音问题。千古名曲《越人歌》与侗族语言具有相似的音义、语言结构、记音方式，因而在探究《越人歌》的来源、侗族族源方面相关问题时，引起众多学者的重视发文。

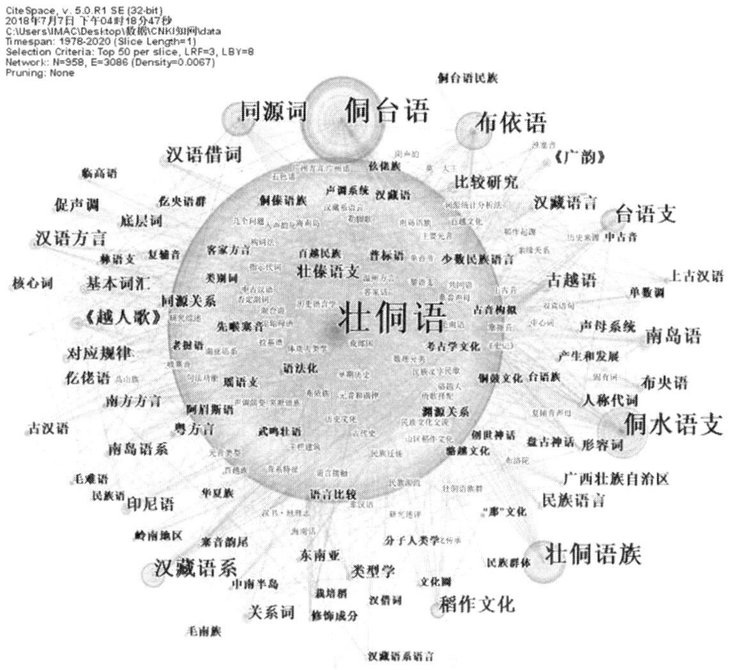

图 6　关键词共现图谱

（二）关键词演变路径分析

分析 CiteSpace 生成的关键词时区图谱，能清晰地观察出侗台语研究角度的发展演变路径，反映出侗台语各阶段的研究主题及研究趋势。结合高频关键词，根据关键词时区图演进路径，可以将侗台语研究分成两个阶段。

图 7　关键词时区图谱

1978－1999 年侗台语注重对语言内部及语言间对比研究，主要讨论汉语和侗台语族下各语支的接触，语言之间的特点比较、相互影响。在 1978 年，出现研究侗台语的相关文章，1982－2000 年间，高频关键词为“《越人歌》”“同源词”“布依语”“古越语”“印尼语”“南岛语”“声母系统”“塞音韵尾”“汉语借词”“临高话”等等。主要讨论广西境内相关民族语之间的同源和接触关系，汉语与广西境内民族语之间的关系。《越人歌》是进行侗台语语言比较、语系研究的合适材料，越人歌中大多数词语与壮语相同，更有部分词的词义能参考侗台语族的语言进行推断。研究者同时提出《越人歌》使用的语言是古越语的结论。因而成为探讨转壮侗语的重要语料。“汉语借词”在壮侗语研究前期也广受关注，曹广衢曾两度对该问题进行发文探讨，他从现代汉语方言中找出对应的壮侗语的古汉语借词，将现代汉语方言与壮侗语的古汉借词相互印证，又对借词词义进行了分析。侗台语语言的语音特点也备受学者的重视，在前二十年，学者对侗台语与汉语的词序、声母、韵母、声调系统、历史演变及构词都进行了深入的讨论。2000 - 2020 年，关键词的数量较前二十年有所下降，主要关键词包括“稻作文化”“语言比较”“类型学”“文化圈”“那文化”“语法化”“文化传承”。随着传统文化热度的不断提高，越来越多学者开始关注少数民族文化，语言研究者也试图从文化的角度分析语言词汇，学者往往采用语言地理学和历史语言学的研究方法，通过共时的词汇比较探究历时的社会发展变化，论证侗台语诸民族共同的稻作文化。

（三）突现词分析研究前沿

利用 CiteSpace 对侗台语关键词的突现性进行分析，能够了解到 1978 年—2020 年时间段内侗台语的前沿问题。在图谱中，红色标记段表明研究前沿所出现和持续的年份，strength 表示研究的强度，关键词频率高，则研究强度的突现值高，在研究前沿问题中则更为关键。

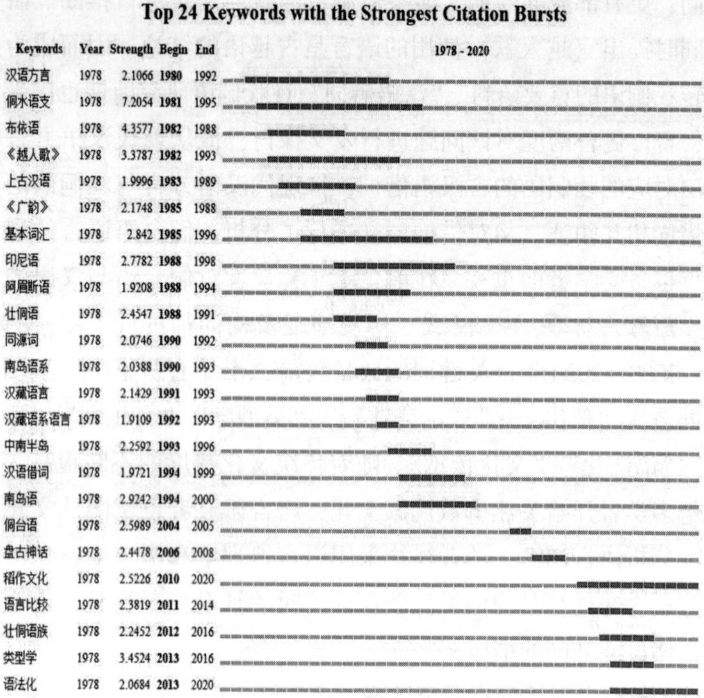

图 8　关键词突现图

1978－2020 年共包括 24 个突现关键词，2010－2020 年的研究前沿为稻作文化。相关文章主要采用历史比较的方法对稻作文化的源起及传播进行考证，同时比较分析语族、语支内部的部分词语，文章常从词语语音的角度着手，但缺乏对词义的考察，对具体稻作生产相关的词汇并未充分描写。2013－2020 年的研究前沿为侗台语中的语法化问题，语法化是语法演变的途径，也是语言学研究的热点问题。侗台语族的语法化现象在近年来引起了学者的关注，但研究仍处于初始阶段，发文量为数不多，主要是关于壮语、布依语的研究，随着研究者的深入探讨，侗台语的语法化现象将得到充分挖掘。

四、结语

本文使用 CiteSpace 对知网侗台语相关 499 篇文章进行可视化分析，通过对研究作者、机构、研究的热点及趋势进行分析，得到以下结论：

（1）我国 40 多年来侗台语领域的研究，总体呈现稳中有进的趋势。在侗台语研究领域，李锦芳、覃乃昌为高频作者，张均如、李方桂、梁敏合作较为密切，覃彩銮、覃丽丹、付广华合作发文的频次较高，广西民族大学、中央民族大学、中国社科院少数民族研究所为高频机构，广西民族大学与其他机构的学术合作较为密切。整体来说，侗台语作者合作网络表现出整体分散、部分集中的局面，不利于我国侗台语研究领域经验的交流分享。应该大力鼓励和支持学界跨机构间的合作，促进学术交流探讨。

（2）侗台语的研究热点，主要是对侗台语内部语支的语音、词汇、语法进行比较，对侗台语声韵调的历史演变，方言的侗台语语言底层探析方面进行研究。侗台语当下的研究前沿，多是探讨着稻作文化及语法化等相关问题，该类研究通常采用历史比较法的研究方法。

总体而言，我国在侗台语领域的研究已经取得了较为丰硕的成果，但研究的广度及深度还有待提升，在未来的研究中，可以聚焦侗台语的汉语借词的词义和语法意义关研究，做到多角度分析侗台语研究。

参考文献：

[1] 孙宏开，胡增益，黄行. 中国的语言 [M]. 北京：商务印刷书馆，2006 (08)：1076-1078.

[2] 刘则渊，陈悦，侯海燕. 科学知识图谱方法与应用 [M]. 北京：人民出版社，2008 (08)：12.

[3] 李杰，陈超美. CiteSpace：科技文本挖掘及可视化 [M]. 北京：首都经济贸易大学出版社，2017 (08)：121-122.

[4] 张均如. 壮侗语族塞擦音的产生和发展 [J]. 民族语文，1983 (01)：19-29.

[5] 邢公畹. 现代汉语和台语里的助词"了"和"着"（上） [J]. 民族语文，1979 (02)：84-98.

[6] 邓晓华. 客家话跟苗瑶侗台语的关系问题 [J]. 民族语文，1999 (03)：42-49.

[7] 梁敏. 侗台语族量词的产生和发展 [J]. 民族语文，1983 (03)：8-16.

[8] 李方桂，梁敏. 中国的语言和方言 [J]. 民族译丛，1980 (01)：1-7.

[9] 刘丹青.《红楼梦》姨类称谓的语义类型研究 [J]. 中国语文，1997 (04)：268-276.

[10] 张均如. 广西平话对当地壮侗语族语言的影响 [J]. 民族语文，1988 (03)：51-56.

[11] 游汝杰. 从语言地理学和历史语言学试论亚洲栽培稻的起源和传布 [J]. 中央民族学院学报，1980 (03)：6-17.

[12] 李如龙. 关于东南方言的"底层"研究 [J]. 民族语文，2005 (05)：1-15.

晚清南京官话音系的罗马字拼写系统比较分析[①]

刘春陶 刘紫珺[②]

摘 要 西人著作《南京官话》《官音罗马字韵府》和《官话类编》是反映晚清官话语音系统的代表性作品，其各自采用的拼写方案不尽相同。对相同音系在不同文献中的拼写系统进行比较分析，易于发现不同拼写法的特点和优劣，同时反映了外国人学习汉语关注的重点和学习规律，对重新认识著作记录的语音性质亦具有启示意义。

关键词 《南京官话》;《官音罗马字韵府》;《官话类编》; 拼写法

① 本文得到2021年国际中文教育研究课题青年项目（21YH44D）资助。

② 刘春陶，女，天津人，南开大学汉语言文化学院副教授，博士，研究方向为汉语方言学、音韵学。刘紫珺，女，土家族，湖南沅陵人，南开大学汉语言文化学院硕士研究生，现任北京师范大学天津生态城附属学校教师。

一、引言

明清时期，随着西方传教士的到来，产生了不少官话课本、字典等汉语教学类著作，编著这些著作的主要目的多在于传教和方便教士们在中国的日常生活。本文选取《官话类编》（1900）[1]、《官音罗马字韵府》（1904）[2]和《南京官话》（1907）[3]作为主要研究对象。这三部著作均出现于19世纪末20世纪初，序言内容反映出其记录的均为当时的南京官话，描写语言面貌大致相同，但其拼写系统，包括选用的符号以及符号的拼写规则均存在一定差别。用不同符号记录相同的语音系统，反映了作者对于汉语语音认知和处理的差异，因此比较研究也就具有重要意义。我们先来简单地对上述三部著作的已有研究进行一些梳理。

有关《官话类编》的研究在语言本体和教材编写方面都有体现。张美兰（2006）[15]对《官话类编》的词汇进行了专题研究，对比了南北词汇的差异，展现了19世纪末官话词汇面貌。邢公畹（1990）[7]129-134对《官话类编》的全部连锁复句进行了详细分析，展现了清朝末年北京口语里的复句全貌。李蕊（2010）[10]从语音、词汇、语法等方面，对《官话类编》进行综合研究，通过对全书二百篇课文的描写分析，揭示狄考文及《官话类编》对汉语语音、词汇和语法教学以及教材编写等方面的特点和价值。李木谢子（2011）[8]重点分析了《官话类编》的口语性，通过与当代对外汉语口语教材对比，强调了《官话类编》在世界汉语教育史的意义。

《官音罗马字韵府》给研究者的启示则更多是在其联合拼音系

统的特征。张龙平（2007）[14]152-156从史学的角度对中国教育会在官话罗马字拼音系统方面的工作过程进行梳理，主要研究了《官音罗马字韵府》的产生过程及影响。岳岚（2020）[12]介绍了中国教育会专门成立的委员会，及该组织在中国官话区构建的统一的罗马化系统，即联合拼音系统（Union System），统计了联合拼音系统所使用的记音符号，对比了标准拼写、北京语音和汉语拼音，但南京官话等音系还可进一步整理研究。梁楠（2020）[6]结合中古音系分析联合拼音系统的语音性质，比较了北京、南京等九地方言的音系，总结了联合拼音系统的特征和价值。

已有研究对《南京官话》的关注多见于南京方言音系方面。汪莹（2021）[9]7-13将高本汉《中国音韵学研究》第四卷《方言字汇》与同时期赫美玲（K. Hemeling）《南京官话》、赵元任《南京音系》对比，探究了20世纪初南京方言语音的发展变化情况。徐朝东、陈琦（2018）[11]1-5对1907年出版的德国人赫美玲《南京官话》进行系统研究，归纳出《南京官话》所反映的语音系统，着重分析泥来母不分等语音特点。邓兴锋（1994）[4]45-47通过对比赫美玲《南京官话》和赵元任《南京音系》，初步研究了南京方言的音系和音值。

尽管对这三部作品已有较多不同侧重的研究成果，但就语音格局方面的横向对比尚有较大的发掘空间，在官话研究专题下专门针对南京官话语音系统的研究仍不充分，对用于记音的拼写系统更是甚少关注。本文参照赵元任《南京音系》（发表于1929年，本文参考文献使用2015年版）[13]和刘丹青《南京方言词典》（1995）[5]中对南京方言的记录，对比上述三部著作，探究晚清时期南京官话在不同作品中的注音方式差异，并对其特征和性质进行评述。

二、三部著作的罗马字拼写系统简介

（一）《南京官话》及其拼写系统

《南京官话》（*The Nanking Kuanhua*）最初于1902年由清政府总税务司署海关造册处出版，是一部记载南京音系的字典；1907年，由赫美玲修订和增补后在德国哥廷根出版。本文选取的研究材料为1907年修订本的影印版，原书藏于斯坦福大学图书馆。《南京官话》采用威妥玛式拼音记录南京发音，正文包括三个部分：南京官话语音概述、声韵调配合表和南京官话同音字表。《南京官话》记载的是当时知识阶层所使用的方言，未混杂其他阶层，调查对象限于南京城内，语体更接近书面语。

1.《南京官话》的声母系统

《南京官话》同音字表共收录汉字4000余个，赫美玲记音时采用的声母一共有23个（零声母y、w计1个）。表1是《南京官话》中的声母表示法及对应的刘丹青（1995）记录的国际音标。

表1　《南京官话》的声母系统

<table>
<tr><th>《南京官话》</th><th>刘丹青（1995）</th><th>例字</th><th>《南京官话》</th><th>刘丹青（1995）</th><th>例字</th></tr>
<tr><td rowspan="2">p</td><td rowspan="2">p</td><td rowspan="2">巴比</td><td rowspan="2">ch‘</td><td>tʂ‘</td><td>抄茶</td></tr>
<tr><td>tɕ‘</td><td>欺腔</td></tr>
<tr><td>p‘</td><td>p‘</td><td>爬批</td><td>sh</td><td>ʂ</td><td>沙书</td></tr>
</table>

《南京官话》	刘丹青（1995）	例字	《南京官话》	刘丹青（1995）	例字
m	m	妈迷	j	ʐ	然如
f	f	法夫	hs	ɕ	希虚
t	t	达低	ʦ	ʦ	咂跻
t‘	t‘	他梯	tz	ʦ	自字
n	l	拿泥	ʦ‘	ʦ‘	擦妻
l	l	拉离	tz‘	ʦ‘	词次
k	k	嘎姑	s	s	洒西
k‘	k‘	开枯	ss	s	私司
h	x	哈乎	y	y	牙迂
ch	tʂ	渣招	w	w	挖温
	tɕ	鸡家			

为了区分送气音和不送气音，赫美玲采用了送气符号“‘”，一共有六组对应的送气音和不送气音：p 和 p‘、t 和 t‘、k 和k‘、ch 和 ch‘、ʦ 和ʦ‘、tz 和 tz‘。

需要说明的有以下几点：

（1）不送气音 ch 代表了两个音。在洪音韵母 ɑ、o、ê、ih、u 等前，发音为［tʂ］，如“渣 chɑ、桌 cho、遮 chê、知 chih、猪

chu”。在细音韵母前，发音为［tɕ］，如“鸡 chi、居 chü”。

与之相对的送气音 ch‘也代表了［tʂ‘］和［tɕ‘］。洪音前发音为［tʂ‘］，如“叉 ch‘a、戳 ch‘o、车 ch‘ê、嗤 ch‘ih、厨ch‘u”；细音前发音为［tɕ‘］，如“欺 ch‘i、驱 ch‘ü”。

然而，在描述发音的时候，赫美玲认为 ch［tʂ］“在 a、o、ê、u 和 ih 前，ch 的发音与英文单词 jaw、jungle 中 j 的发音相似”。现在看来这种描述似乎不够准确，但是对当时对汉语学习者而言是一种易于理解的类比。

（2）ʦ 和 tz 都表示［ʦ］，ʦ 可以出现在“ên、ü”等元音前，如“增 ʦên、咀 ʦü”。tz 只能和 ǔ 相拼，如“资、滋、咨、孜”等。同理，ʦ‘和 tz‘都表示［ʦ‘］，ʦ‘可与 a、u 等相拼，如“擦、粗”等。tz‘只能和 ǔ 相拼，如tz‘ǔ“疵、雌、词”等。

（3）s 与 ss 发音基本相同，区别在于 ss 只和 ǔ 相拼，如 ssǔ“私、司、饲、师”等。而 s 可以和 a、u、i 等相拼，如“斜 sa、苏 su、西 si”等。

以上两条从声母角度反映记录人对舌尖元音的听觉差别，以现代语音学角度观察，这两类音节的差异在元音而非辅音。

2.《南京官话》的韵母系统

赫美玲在第二章的拼音符号（Diacritic Marks）里说明韵母（Final Sounds）时，共介绍了 40 个韵母，其中开口呼 13 个，齐齿呼 14 个，合口呼 9 个，撮口呼 4 个。具体如表 2 所示。

表 2 《南京官话》的韵母系统

	开口呼	齐齿呼	合口呼	撮口呼
单元音韵母	a 啊	i 衣医	u 污乌	ü 居拘
	o 窝讹	ih 知嗤		
	ê 遮车			
	ǔ 咨司			
	êrh 儿而			
复元音韵母		ia 家霞	ua 花华	
	ai 哀挨	iai 街鞋	uai 揣拽	
	ao 熬遨	iao 苗聊	ui 追危	
	ei 非悲	ieh 爷野		üeh 瘸缺
	ou 鸥欧	iu 羞丢		
		io 学却	uo 说勺	
		ioh（约）		
鼻音尾韵母			un 唇纯	
	an 安昂	in 京斤	uan 纂钻	üen 捐圈
		ien 烟淹		ün 询循
	ên 恩硬	ing 京斤	ung 翁	
	ang 安昂	iang 凉梁	uang 双拴	
	êng 恩硬			
		iung 兄胸		

说明：

（1）根据统计，《南京官话》同音字表里共出现了 39 个韵母，没有韵母 ioh。然而邓兴锋（1994）[4]45－57提到，佐藤昭归纳的《南京官话》中有 ioh，且代表字为“约”。但是，《南京官话》同音字表第 341 条记录的“约”为“yo”。

（2）不区分前后鼻音，如 an 和 ang、ên 和 êng、in 和 ing、uan 和 uang 等发音相同，却仍设置了两个韵母。需要注意的是，uan 和 uang 在 ch、ch‘、sh 和 k、k‘、h 后不区分前后鼻音；但 ts、ts‘、s、j、t、t‘、n、l 等声母只与 uan 相拼，如“纂 tsuan、攒 ts‘uan、算 suan、软 juan、短 tuan、团 t‘uan、暖 nuan、乱 luan”等。

（3）-h 表示该音节发音较短较轻，如 ieh、üeh，例字如“êrh 儿、ieh 爷、üeh 瘸、ih 知”等，但-h 尾的具体音值需要深入系统挖掘，容另文探究，此处不赘。

（4）零声母（以 y、w 表示）在《南京官话》中被描述为不成音节的，发音类似于英语单词 yard 中 y 的发音。然而，在同音字表中“哀”“挨”的拼音不同，分别是“ai”“yai”，似有一定程度的混用，关于零声母 y 的使用可进一步讨论。

3.《南京官话》的声调系统

赫美玲用阿拉伯数字 1、2、3、4、5 分别表示南京话的上平声、下平声、上声、去声、入声，如表 3 所示。

表 3　《南京官话》的声调系统

上平	下平	上声	去声	入声
1	2	3	4	5

在《南京官话》中，声调标写和汉字、拼音是分开的，声调仅在同音字表中用作行标签，标注调类和调次而未注明调值。

（二）《官音罗马字韵府》及其拼写系统

1890年，基督新教的在华传教士们在上海举办了第二次传教士大会，针对在华基督教的教会教育及相关问题，大会成立了“中国教育会”（The Educational Association of China）。1902年5月，教育会第四次会议任命鲍康宁（F. W. Baller）等人成立“官话罗马字委员会”（Mandarin Romanization Committee），专门负责处理统一罗马化拼写的工作。1904年2月，中国教育会编纂的《官音罗马字韵府》（The Standard System of Mandarin Romanization）出版。《官音罗马字韵府》共有两卷，包括引言介绍、语音表、音节表和汉字检索四个部分。原书收藏于加利福尼亚大学图书馆（University of California Library），研究材料是1904年出版的《官音罗马字韵府》影印版，共162页。

《官音罗马字韵府》的语音表中列出了所有声母和韵母组合的标准拼写，以及对应的例字，后依次列有北京、南京、汉口、九江、山东东部、山东中部、四川、陕西、山西九地方言的读音。标准拼写为联合拼音系统，是中国教育会从全国角度出发编写的一部应用于所有官话方言地区的字典。《官音罗马字韵府》问世后，成为中国教育会最为畅销的书籍。

1.《官音罗马字韵府》的声母系统

《官音罗马字韵府》音节表记载了400多个南京音，含零声母在内共有声母22个，如表4所示。

表 4 《官音罗马字韵府》的声母系统

《官音罗马字韵府》	刘丹青（1995）	例字	《官音罗马字韵府》	刘丹青（1995）	例字
b	p	巴比	ch	tʂʻ	茶车
				tɕʻ	气欠
p	pʻ	怕皮	sh	ʂ	沙书
m	m	马米	r	ʐ	染如
				ʂ	绕
f	f	法夫	dz	ts	杂在
d	t	大地	ts	tsʻ	才秋
t	tʻ	他替	s	s	洒西
n	l	那你	sz	s	思
l	l	拉来	ds	tʂʻ	雀（清）
g	k	改告	hs	ɕ	鞋孝
	tɕ	居家			
k	kʻ	开苦	y	y	牙有
h	x	哈乎	w	w	武外
dj	tʂ	乍专			

与其他罗马字系统相比，官话罗马化委员会没有采用送气符号标志，而是用 b、d、g、dj、ds 表示不送气声母，用 p、t、k、ch、ts 表示送气声母。

在参考现代南京方言记载的读音（刘丹青，1995[5]）时，我们发现以下现象：

（1）《官音罗马字韵府》中 g 对应了《南京方言词典》中的两个辅音［k］和［tɕ］。如“居、君、怪、古”在《官音罗马字韵府》中，声母都记作 g，而《南京方言词典》把“居、君”的声母记作［tɕ］，“怪、古”的声母记作［k］。此外，声母 ch 对应了《南京方言词典》中的两个辅音［tʂʻ］和［tɕʻ］。如“揣、春、欠、轻”在《官音罗马字韵府》中，声母都记作 ch，而《南京方言词典》把“揣、春”的声母记作［tʂʻ］，“欠、轻”的声母记作［tɕʻ］。“居”“君”“欠”“轻”均为见组细音字，但书中将其归入了不同的声母，不送气仍归为牙音，送气声母归入齿音，可见当时见组细音字或以发生腭化，西人记录关注音值如实记录，并未从系统上照顾其古音类来源。

（3）《官音罗马字韵府》中 r 对应了《南京方言词典》中的两个辅音［ʐ］和［ʂ］。《官音罗马字韵府》记录的南京方言中 r 声母的字“染、让、绕、惹、日、如、锐、绒、润”等 15 个。在《南京方言词典》中，与《官音罗马字韵府》记录相同的 r 声母字有 10 个，声母均为［ʐ］，只有“绕”的记作［ʂɔo］，声母为［ʂ］。赵元任《南京音系》与《官音罗马字韵府》记录相同的 r 声母字有 13 个，其中“绕”对应的拼音为 rau。

（4）《官音罗马字韵府》中声母为 ds 的有两个字“清［dsing］、雀［dsio］”，《南京方言词典》记载“雀”为“［tʂʻoʔ］”，从“青”得声的字“晴、请、精”分别为“［tsʻin］、［tsʻin］、［tsin］”。而在《南京音系》中，记载为“清［tsing］、雀［tsio］”，声母均为 ts，可以推测《官音》一书反映了当时的南京语音，与现代南京方言有一定差异。

（5）委员会采用 y、w 作为音节首符号，用于 i、w、ṳ起始的音节。

2.《官音罗马字韵府》的韵母系统

根据整理结果，《官音罗马字韵府》中记载的南京音里共有韵母 48 个，开口呼 18 个，齐齿呼 14 个，合口呼 10 个，撮口呼 6 个，如表 5 所示。

表 5 《官音罗马字韵府》的韵母系统

<table>
<tr><th></th><th>开口呼</th><th>齐齿呼</th><th>合口呼</th><th>撮口呼</th></tr>
<tr><td rowspan="5">单元音韵母</td><td>i̤ 知池</td><td>i 衣记</td><td>u 夫乎</td><td>ṳ 居须</td></tr>
<tr><td>aw 茶乍</td><td></td><td></td><td></td></tr>
<tr><td>o 卧著</td><td></td><td></td><td></td></tr>
<tr><td>e 车这</td><td></td><td></td><td></td></tr>
<tr><td>er 儿</td><td></td><td></td><td></td></tr>
<tr><td rowspan="8">复元音韵母</td><td></td><td>iu 有求</td><td>ui 吹追</td><td></td></tr>
<tr><td>ai 爱柴</td><td>iai 楷鞋</td><td>wai 揣怀</td><td>ṳe 月缺</td></tr>
<tr><td>ao 傲潮</td><td>iao 要票</td><td></td><td></td></tr>
<tr><td>ei 非别</td><td>iei 夜歇</td><td>wei 回规</td><td>ṳei 累雪</td></tr>
<tr><td>eei 美陪</td><td>iaw 牙家</td><td>waw 瓦花</td><td></td></tr>
<tr><td>eo 偶抽</td><td>io 约学</td><td>we 拙或</td><td></td></tr>
<tr><td>ou 後掊</td><td></td><td></td><td></td></tr>
<tr><td>eu 豆</td><td>ie 列些</td><td></td><td></td></tr>
</table>

	开口呼	齐齿呼	合口呼	撮口呼
鼻音尾韵母	an 安占	in 心音	wan 川专	ṳn 夋
	en 恩真	ien 限	wen 春吞	ṳin 云训
	ein 天面	iein 欠言		ṳein 原喧
		ing 迎经	ung 绒翁	
	ang 昂昌	iang 羊江	wang 双光	
	eng 哼正			
	ong 红工	iong 用兄		

（1）辅音韵尾有-n、-ng，用以记录前后鼻音尾的差别。

（2）w 既作辅音又作元音，作元音时，如“waw（瓦、花）、wang（双、光）”等。而在韵母表中，可观察到同时存在元音 w 和 u，两者在音节中的分工有所区分，u 用于表示韵腹，w 用于表示介音和韵尾。

（3）“言”在书中记录为“Yein”。

3.《官音罗马字韵府》的声调系统

关于声调标记，委员会在引言中进行了详细的介绍，并且把声调符号标记在音节表中的每一个音节上，如表 6 所示。

表 6　《官音罗马字韵府》的声调系统

上平	下平	上声	去声	入声
	ˉ	ˊ	ˋ	h
fu 夫	fū 符	fú 府	fù 副	fuh 福

在方言读音中，委员会并没有列出音节的声调，仅记录了声

母和韵母，声调符号只用于标准化罗马字拼写的音节上。在第三部分音节表中，关于 fu 的记录如表 7 所示。这样的声调系统仅适合标注“标准语”，对方言复杂的声调格局无法真实展现。

表 7 《官音罗马字韵府》音节表（部分）

fu	敷 俘 夫 扶
fū	凫 孚 夫 扶 芙 符
fú	擨 斧 釜 甫 府 腐 俯
fù	妇 付 副 咐 傅 驸 讣 赴 赋 富
fuh	副
fūh	服 缚 佛 伏 袱 茯 馥 覆 辐 复 腹 蝮 幅 福 蝠
fù	弗 篚 拂

（三）《官话类编》及其拼写系统

1892 年，由传教士狄考文（Calvin Wilson Mateer 1836—1908）编写的《官话类编》（*A course of mandarin lessons*, *based on idiom*）出版。《官话类编》综合了威妥玛式和内地会两种描写官话的语音体系，全书包括引言（Introduction）、课文（Lessons）和附录（Supplement）三大板块。在引言部分，狄考文以列表的形式展示了北京、南京、九江、登州、潍坊、重庆等地方言语音，并且总结了各地方言的主要特点。本文选取的研究材料为 1900 年修订版的影印版，共 430 页，原书藏于加利福尼亚大学图书馆。

1.《官话类编》的声母系统

《官话类编》记录 400 多个南京方言发音，采用的声母共有

19 个，其中包括零声母。具体声母表示法如表 8 所示。

表 8　《官话类编》的声母系统

<table>
<tr><th>《官话类编》</th><th>刘丹青（1995）</th><th>例字</th><th>《官话类编》</th><th>刘丹青（1995）</th><th>例字</th></tr>
<tr><td rowspan="2">p</td><td rowspan="2">p</td><td rowspan="2">拜板</td><td rowspan="2">h</td><td>x</td><td>哈好</td></tr>
<tr><td>ç</td><td>学孝</td></tr>
<tr><td>p‘</td><td>p‘</td><td>派盼</td><td>ch</td><td>tʂ</td><td>占乍</td></tr>
<tr><td>m</td><td>m</td><td>马米</td><td>ch‘</td><td>tʂ‘</td><td>柴昌</td></tr>
<tr><td>f</td><td>f</td><td>法夫</td><td>sh</td><td>ʂ</td><td>双书</td></tr>
<tr><td>t</td><td>t</td><td>大地</td><td>r</td><td>ʐ</td><td>染如</td></tr>
<tr><td>t‘</td><td>t‘</td><td>他替</td><td>ʦ</td><td>ʦ</td><td>在酒</td></tr>
<tr><td>n</td><td>l</td><td>那你</td><td>ʦ‘</td><td>ʦ‘</td><td>才秋</td></tr>
<tr><td>l</td><td>l</td><td>拉李</td><td>s</td><td>s</td><td>赛些</td></tr>
<tr><td rowspan="2">k</td><td>k</td><td>改告</td><td rowspan="2">y</td><td rowspan="2">y</td><td rowspan="2">牙鱼</td></tr>
<tr><td>tɕ</td><td>记家</td></tr>
<tr><td rowspan="2">k‘</td><td>k‘</td><td>开苦</td><td rowspan="2">w</td><td rowspan="2">w</td><td rowspan="2">外温</td></tr>
<tr><td>tɕ‘</td><td>欠轻</td></tr>
</table>

根据表8，可以看到狄考文在编写《官话类编》的时候，采用送气符号“‘”表示送气音：p‘、t‘、k‘、ch‘、ʦ‘，与之对应的不送气音分别是：p、t、k、ch、ʦ。

此外，观察表 7 可知部分声母对应两个辅音发音，其记音原理与前两部相似，在拼写上倾向于使用音位符号以使系统更为简明，且与《官音罗马字韵府》不同的是，《类编》也同时关注了不同声母相同的古音来源，如：

（1）声母 k 对应［k］和［tɕ］，与开口呼、合口呼韵母相拼时，k 的发音为［k］，如“改、告”。与齐齿呼、撮口呼相拼时，k 的发音为［tɕ］，如“记、家”。

（2）声母 k‘对应［k‘］和［tɕ‘］，与开口呼、合口呼韵母相拼时，k‘的发音为［k‘］，如“开、苦”。与齐齿呼、撮口呼相拼时，k‘的发音为［tɕ‘］，如“欠、轻”。

（3）声母 h 对应辅音［x］和［ɕ］，与开口呼、合口呼韵母相拼时，h 的发音为［x］，如“哈、好”。与齐齿呼、撮口呼相拼时，h 的发音为［ɕ］，如“学、孝”。

2.《官话类编》的韵母系统

《官话类编》记录的南京方言语音，共有 60 个韵母，其中开口呼 24 个，齐齿呼 15 个，合口呼 13 个，撮口呼 8 个，如表 9 所示。

表 9　《官话类编》的韵母系统

	开口呼	齐齿呼	合口呼	撮口呼
单元音韵母	ï 丝子		u 奴	ü 鱼女
	ï-h 知池	i-h 希衣	u-h 夫武	ü-h 居取
	ïh 日			
	a 阿			
	o-h 波破			
	oh 绰着			
	e-h 这车			
	êh 额白			
	êr 儿			

	开口呼	齐齿呼	合口呼	撮口呼
复元音韵母	ai 哎柴	iai 挨界	uai 外怀	üeh 月
	ao 傲潮	iao 要孝		
	eih 灭列		uei 追吹	üeih 雪
	êo 偶口	ioh 约学	uêh 拙或	
	êei 非美	ieih 歇怯	uêei 为	
	ei-h 别些	iei-h 夜		üei-h 瘸靴
		iu 有求		
		iu-h 休		
	au 阿怕	iau-h 牙家	uau 誇	
	au-h 乍巴		uau-h 瓦瓜	
	auh 法			
鼻音尾韵母	an 安占		uan 万川	
	ên 恩分	in 音心	uên 文春	üin 云训
	ein 天面	iein 限见欠言	uein 犬	üein 原喧
	ang 昂章	iang	uang 王光	
	êng 恩风	ieing 见欠言		
	eing 天面	ing 迎轻		üing 训
		iong 用兄	ong 翁绒	

（1）鼻音韵尾有 n 和 ng，但所辖例字部分两读，如“恩”，可以为“ên”或“êng”，部分对立，如“fên”和“fêng”分别

为“分”和“风”的发音。

（2）韵尾 h 和-h 的含义时有混杂。根据书中记载，h 尾存在两种形式，“h” 和 “-h”，部分与入声有关，如“月 yüeh、日 rĭh、别 pei-h、巴 pau-h” 等。据统计，《官话类编》南京方言字表中记载的 h 尾的汉字共有 38 个，均为入声；-h 尾的汉字共有 86 个，大部分为非入声，但也有入声字“别、拉”等。

3.《官话类编》的声调系统

在标记声调的时候，狄考文采用了当时流行的标记方法，即在拼音的右上角标记阿拉伯数字，上平、下平、上声、去声分别对应 1、2、3、4，入声则在音节后直接加上 h，具体声调标记规则如表 10 所示。

表 10　《官话类编》的声调系统

上平	下平	上声	去声	入声
1	2	3	4	h
꜀夫 Fu^{1}	꜁符 Fu^{2}	꜂府 Fu^{3}	父꜄ Fu^{4}	福꜆ Fuh

三、结合南京方言的对比分析

（一）南京方言语音特征及声韵调注音系统比较

国内有关南京方言的著作较为丰富，1927 年赵元任根据南京方言语料，具体分析了南京语音和音韵。赵元任在《南京音系》指出“罗马字既可以把声母韵母声调干干净净地写出来，又可以于印刷书写上比语音符号简单”，因此用罗马字构拟了整套南京方言的声韵调。

在《南京音系》中，赵元任详细分析了南京方言的性质，有关声母、韵母、声调的性质包含以下内容：

1. 声母方面：

（1）n、l 不分，声母 n 全部并入 l，如“奶 nǎi”读作“lǎi”、“奈 nài”读作“lài”。

（2）j、ch、sh 既表示［tʂ］［tʂ‘］［ʂ］，又表示［tɕ］［tɕ‘］［ɕ］。在拼字的时候，凡是在开口呼、合口呼韵母前，发音为［tʂ］［tʂ‘］［ʂ］；在齐齿呼和撮口呼韵母前，发音为［tɕ］［tɕ‘］［ɕ］。

2. 韵母方面：

（1）以下 4 对鼻音韵母不区分：en 和 eng、in 和 ing、an 和 ang、uan 和 uang，如“真、蒸”“今、京”“山、商”“关、光”分别同音。

（2）o（渴）、e（客）不混。

3. 声调方面：有阴平、阳平、上声、去声、入声。

新中国成立后，研究南京方言的重要著作之一为李荣、刘丹青主编的《南京方言词典》（1995），书中把南京方言分为最老派、老派、新派和最新派四个类别，全面分析了南京方言的声韵调，用国际音标对南京方言的 21 个声母（包括零声母）、49 个韵母进行了拟音。刘丹青指出声母 l 在［i］［y］前有鼻化色彩或者发成［n］，韵母［ɑŋ］［uɑŋ］在最新派中分化为［ɑŋ］［uɑŋ］和［an］［uan］四个韵母，并且提出了三个自成音节的韵母［m̩］［n̩］［ŋ̍］。

《南京音系》（赵元任，1929）记载了 20 世纪初的南京方言，与《南京官话》《官音罗马字韵府》《官话类编》所处的时代大致相同，可参考性较大。而《南京方言词典》中用国际音标全面、详细地记载了南京方言，因此在对比各记音方式时有重要意义。根据各家对声母的记载，可以发现记音存在较大差异，如表 11 所示。

表 11　各家声母对比表

刘丹青（1995）	赵元任（1929）	《南京官话》	《官音罗马字韵府》	《官话类编》
p	b	p	b	p
p‘	p	p‘	p	p‘
m	m	m	m	m
f	f	f	f	f
t	d	t	d	t
t‘	t	t‘	t	t‘
l	l	n/l	n/l	n/l
ʦ	tz	ʦ/tz	dz	ʦ
ʦ‘	ʦ	ʦ‘/tz‘	ʦ	ʦ‘
s	s	s/ss	s/sz	s
tʂ	j	ch	dj	ch
tʂ‘	ch	ch‘	ch/ds	ch‘
ʂ	sh	sh	sh/r	sh
ʐ	r	j	r	r
tɕ	j	ch	g	k

刘丹青（1995）	赵元任（1929）	《南京官话》	《官音罗马字韵府》	《官话类编》
tɕʻ	ch	chʻ	ch/ds	kʻ
ɕ	sh	hs	hs	h
k	g	k	g	k
kʻ	k	kʻ	k	kʻ
x	h	h	h	h
零声母	y/w	y/w	y/w	y/w

1. 各家对于唇音［p］［pʻ］［m］［f］、舌尖中音［t］［tʻ］和舌根音（洪音）［k］［kʻ］［h］的处理较为统一，没有太大差异。

2. 三本汉语教学类著作中都区分了 n 和 l，但是刘丹青（1995）和赵元任（1929）将 n. l 合并为 l。如表 12 所示。

表 12　各家 n、l 声母处理

例字	刘丹青（1995）	赵元任（1929）	《南京官话》	《官音罗马字韵府》	《官话类编》
来	lae	lai	lai	lai	lai
老	lɔo	lau	lao	lao	lao
闹	lɔo	lau	nao	nao	nao
娘	liɑŋ	liang	niang	niang	niang

《南京官话》在拼音符号说明不区分辅音 n 和 l，以及描述了其发音方法。但在字表中，n 和 l 进行了区分。《官话类编》对此做出的说明是，南京方言中不区分声母 n 和 l，编书的时候

按照“普遍官话”（general mandarin）的用法来标注声母，这样不仅不会影响学习者对南京话的掌握，反而有利于和其他方言者的交流。以上都体现出作者对传统音类辨别的保守态度。

3. 记录的差异较大的音为：[ʦ] [ʦʻ] [s]、[ʈʂ] [ʈʂʻ] [ʂ]、[ʨ] [ʨʻ] [ɕ]。这三组音的对应较为复杂，对声母的历史来源处理存在差异。

四、三部拼写系统述评

赫美玲、教育会和狄考文记载的南京方言罗马字拼音方案不尽相同，各成系统，不仅真实地记录了当时南京方言的语音面貌，也反映了各家对南京方言的认知。对比三家的南京方言拼写方案，我们可以从简明性、对音值的还原性、易学性三个方面进行具体分析。

1. 简明性

根据对三本著作中记录的南京方言音节统计，我们可知各家拼写方案中具体的声母、韵母数量，如表 13 所示。

表 13　各家声韵数量对比

数量（个）	《南京官话》	《官音罗马字韵府》	《官话类编》
声母	23	22	19
韵母	40	48	60

（1）数量上，《官话类编》的声母和《南京官话》韵母数量最少，能够一定程度上降低学习难度。

（2）拼音符号的选择上，为了与国际音标区分，《官音罗马字韵府》采用了不同的符号，如不送气清塞音用 b、d、g 表示，在实际运用中不易混淆符号。但同时又增加了拼音符号的复杂性，如声母中的 dz、ds、dj 符号特殊且不能直观的表示读音，韵母中同时存在元音 u 和 w，这些无疑加重了学习负担。

《南京官话》和《官话类编》的拼音方案采用了送气符号，对称性强。《南京官话》中有 6 对送气音和不送气音，分别是［p］［p‘］、［t］［t‘］、［ʦ］［ʦ‘］、［tz］［tz‘］、［ch］［ch‘］、［k］［k‘］[《官话类编》中采用了 5 对送气音和不送气音，分别是［p］［p‘］、［t］［t‘］、［ʦ］［ʦ‘］、［ch］［ch‘］、［k］［k‘］。这两种拼写方式有利于学习者分辨和记忆，并且能够对比其他语言，有利于加深理解。

（3）止摄日母字的表示方法各家也完全不同，如表 14 所示。

表 14　各家卷舌元音表示方法对比

	《南京官话》	《官音罗马字韵府》	《官话类编》
ɚ	êrh	er	êr

三本著作的音节表中均有“儿”字，其拼写方法截然不同，根据表格可知《官音罗马字韵府》采用的拼写方法 er 简洁明了。

2. 对音值的还原性

各家对音值的感知存在差异，不同的拼写处理体现了这一区别。对于舌尖元音，三家的认识不尽相同，如表 15 所示。

表 15　各家舌尖元音表示方法对比

	《南京官话》	《官音罗马字韵府》	《官话类编》
-ʅ	ih	i̤	ïh/ï-h
-ɿ	ǔ	i̤	ï

《南京官话》中舌尖后元音-ʅ 用 ih 表示，可以和舌尖后音 ch、ch‘、sh、j 拼合，如“知 chih、嗤 ch‘ih、诗 shih、日 jih”；舌尖前元音-ɿ 用 ǔ 表示，可以和舌尖前音 tz、tz‘、ss 拼合，如“咨 tzǔ、差tz‘ǔ、私 ssǔ”。《南京官话》中舌尖前音 tz、tz‘、ss 只和韵母 ǔ 拼合，韵母 ǔ 也只和这三个声母拼合，因此为了让声母更加简洁明了可以把 tz、tz‘、ss 分别纳入 ʦ、ʦ‘、s 中。《官音罗马字韵府》的舌尖后元音和舌尖前元音均用 i̤ 表示，如“知 dji̤、池 chi̤、世 shi̤、日 ri̤、子 dzi̤、次 ʦi̤、思 szi̤”。《官话类编》中舌尖后元音用 ïh 或 ï-h 表示，舌尖前元音用 ï 表示，如“知 chï-h、池 ch‘ï-h、时 shï-h、日 rïh、子 ʦï、次ʦ‘ï、丝 sï”。

因此，我们可知《南京官话》和《官话类编》对舌尖元音的音值把握更加准确，能够区分其中差异。

3. 易学性

关于三本著作拼音方案的易学性分析，我们首先应当考虑记载的音值是否准确，如果一套拼音方案的音值错误较多，是不利于学习者准确学习语言的。其次，应当考虑是否利于传播，如果特殊符号过多或者相近符号过多，不仅会增加学习难度，还容易在印刷和传播过程中发生错误。最后，应当考虑拼写方案的对称美观，有助于学习者区分发音特点，并且减少学习者的畏难心理。

本文所述三部著作的作者各有不同的编写理念，受到其母语音值和拼写的影响，设定的拼写方案繁简有别。但其所处的学习者视角为现代汉语教育者提供了很多值得借鉴和需加注意的地方，如汉语的声调和塞擦音音值采用与其他印欧语相似音值的类比法进行说明，在语音系统中的地位中说明某些特殊元音的发音方法等，在用罗马拼写法表示汉语语音方面做出了有意义的尝试。

参考文献：

［1］Calvin Wilson Mateer. *A Course of Mandarin Lessons*：*Based On Idiom*［M］. Shangha：American Presbyterian Mission Press，1900.（狄考文. 官话类编［M］. 上海美华书馆，1900.）

［2］The Educational Association of China. *The Standard System of Mandarin Romanization*［M］. Shanghai：American Presbyterian Mission Press，1904.（中国教育会. 官音罗马字韵府［M］. 上海美华书馆，1904.）

［3］K. Hemeling. *The Nanking KuanHua*［M］. German：The Statistical Department of the Inspectorate General of Customs，1907.

［4］邓兴锋.《南京官话》所记南京音系音值研究——兼论方言史对汉语史研究的价值［J］. 南京社会科学，1994（4）.

［5］刘丹青. 南京方言词典［M］. 江苏教育出版社，1995.

［6］梁楠.《官音罗马字韵府》语音研究［D］. 太原：山西大学，2020.

［7］李蕊. 狄考文《官话类编研究》［D］. 上海：上海师范大学，2010.

［8］李木谢子. 狄考文的汉语教学——《官话类编》研究［D]，上海：华东师范大学，2011.

［9］汪莹. 高本汉《中国音韵学研究》所记南京方言及其音系——兼论与《南京官话》《南京音系》的异同［J］. 语言研究，2021（1）.

［10］邢公畹. 论汉语的连锁复句——对《官话类编》一书连锁复句的分析［J］. 世界汉语教学，1990（3）.

［11］徐朝东，陈琦.《南京官话》音系初探［J］. 2018（9）.

［12］岳岚. 晚清时期西方人所编汉语教材研究［M］. 商务印书馆，2020.

［13］赵元任. 赵元任文存［M］. 江苏人民出版社，2015.

［14］张龙平. 中国教育会与清末官话罗马字改革［J］. 贵州社会科学，2007（5）.

［15］张美兰. 美国传教士狄考文对十九世纪末汉语官话研究的贡献——《官话类编》专题研究［R］. 香港浸会大学林思齐东西学术研究交流研究所项目，2006.

现代成都话中的客家话借词22例[①]

周及徐[②]

摘　要　自清代以来，成都城区讲客家话的人与讲湖广话的人混杂居住，客家话对成都话的影响留在成都话中。由于这些词与成都话在口语中高度融合，以至人们习焉不察。本文根据语音规律指出这些成都话口语词本来自客家话。

关键词　方言；成都话；客家话借词

引　言

中华人民共和国成立后，规定现代汉语普通话作为全国的标

① 基金项目：国家社科后期资助项目“嘉陵江流域方音字汇——20世纪四川方音大系之二”（20FYYB039），负责人周及徐。四川省高水平研究团队“四川方言与地域文化研究”阶段成果。

② 周及徐，四川成都人，四川师范大学教授。研究方向为汉语史、汉语方言。

准语。此外，各地区还有自己的汉语方言区域标准语。比如广东地区是广州话，江浙地区是苏州话，等等。这是在长期的历史发展中形成的，是地区范围内语言交流的需要。四川省汉语方言的地方标准语是成都话，因此一般的概念中，“四川话”是以成都话语音作为代表语音的。

现代成都话又称湖广话，是民间的叫法，意思是从湖广迁移过来的人讲的话。“湖广”是湖南省和湖北省在明清时候的名称。明末清初，四川遭受了战乱的浩劫，特别是张献忠在四川的屠戮，人民十损八九，成都也毁为废墟①。清初政府组织从湖北湖南等省向四川移民，以恢复民生，湖广移民填补了四川岷江以北地区（包括成都在内）的人口空虚，成为这些地区的新的主人[4][5]。移民的方言，也就成了这些地区的新方言。成都城区主要为湖广移民区，所以湖广话就成了明清以后的成都话。现代著名作家李劼人描写20世纪初成都生活的长篇方言小说《大河三部曲》（《死水微澜》《暴风雨前》《大波》）就是用成都湖广话写成。我们的研究证明，成都话与三峡以东的江汉平原宜昌等地的方言语音高度一致，说明了民间传说并非虚言[6]。

然而，清代初期与湖广人一同来到这个地区的移民，还有讲其他方言的人，其中就有讲客家话的客家人，他们多数来自江西和湖南。成都市区的客家人，主要分布在锦江区、成华区、金牛区。成都郊区的客家人，则分布于龙泉驿区、新都区和青白江区。共有二十七个街道办事处和乡镇有客家人居住[3]。总之，

① 可参见《语言历史论丛》第五至十一辑（成都：巴蜀书社，2012—2018年）所载《蜀难记实》《蜀警录》等文献选注。

客家人与湖广人相邻而居，工农商贸学，融合一体。我同胞兄弟的岳父，就是一个成都青龙场（成都城区北面）的客家人，是市政府机关退休的公务员。一天，跟我聊起客家人和客家话的话题来。此前我从不知道他是客家人，因为他的湖广话说得跟我们一样好，分不出来。客家人讲双语：对自家人讲客家话，对外讲成都湖广话。客家人有保持方言的传统，“宁卖祖宗田，不废祖宗言”。所以，至今龙泉区还能找到地道的客家话发音人。

长久以来，方言研究比较多地注意成都湖广话作为“省城话”对其他方言的影响，却忽视了其他方言——比如客家话——对成都话的影响。我们就来谈谈成都话中的客家方言借词。这些词已经融入成都话，我们通常觉察不到它们是从客家话进入到成都话的。

例如：成都话把“后头”说成“吼头”，即把去声字“后”说成上声，找不到原因。有人解释说，这是由于清初旗人驻扎成都，他们北方话说“后头”在四川人听起来就是“吼头”，在成都人的口中固定下来，就把“后头”说成“吼头”了。这个解释，从语音上说可通。但是老成都没有发生这种变化的条件。清代成都旗人很少，且集中居住于城西的少城一带。李劼人《死水微澜》：“（成都）西门这面别有一个满城，里面住的全是满吧儿。”[2] “满吧儿”老成都话发音［$man^{52}bar^{52}$］，第二音节儿化，本字待考①。由于身份特殊，他们吃官俸、享清闲，在少城一带集中居住，与成都人不通婚姻。这种情况下，旗人所操的北方话很难影响成都话，反而只能随清朝的衰落消失，所以现在成都没

① 有人解［$man^{52}bar^{52}$］为“满胞儿”，但“胞”字阴平，与上声调不合。

有旗人话。解释方言的语音现象，要能从语音规律，即语音对应关系上得解，对应成系列才能成立。零词孤证，说服力差。

成都湖广话中的一些特殊的语音的词，有的是从客家话借入的，表现为语音上不符合成都话规律，而符合客家话特征。以下22个词，依语音规律分为三组，先说语音对应规律，后释方言的语音和意义。

一、浊塞声母读送气

语音规律：客家话浊塞音声母字无论平仄都读送气，不同于西南官话（四川湖广话属之）是“平送仄不送”。这些读送气的浊塞音声母仄声字进入成都话中。以下举例都是成都话（湖广话）。

1. 别，並母入声薛韵字。成都话两读：一读［pie^{31}］，用于文读，如“告别”“分别”。这是合于湖广话语音规律的音。一读［p^hie^{31}］，多用于口语白读，例如：“腰上［p^hie^{31}］左轮（枪）”。“门［p^hie^{31} p^hie^{31}］”，即门闩。“把门［p^hie^{31}］倒”，即把门闩上。“［p^hie^{31}］马腿”（中国象棋术语）。现在知道这个本字就是“别”，客家话读送气。在成都湖广话“入归阳平”规律的影响下，把“别”字读阳平［31］调。

2. “大”，定母歌韵去声，客家话读［t^hai^{52}］，进入成都话，听起来是上声（语音对应关见下表）。例：“这个东西好［t^hai^{52}］！”本字就是“大”。这个字声、韵、调俱对应于客家话：声是指定母字读了送气；韵是指歌韵字读［ai］，这是音变滞后停留在上古音后期的现象，客家话因此叫“［ŋai］”话；调是指客家话去声读全降调。

3. “掉”，定母萧韵去声，客家话当读［$t^{h}iau^{52}$］，进入成都话，听起来是上声。意为交换，回转。例如：“粮票掉［$t^{h}iau^{52}$］鸡蛋!”“掉［$t^{h}iau^{52}$］零钱。”“汽车要掉［$t^{h}iau^{52}$］个头。”本字是“掉”的客家话音。

4. “导”，定母豪韵去声，成都话旧读送气，读［$t^{h}au^{214}$］，如“党的领导”“引导”，还有读［52］调的，都是客家话读法。

5. “骤”，崇母尤韵去声，成都话旧读送气，读［$ts^{h}ou^{214}$］，如“骤然”“步骤”，是客家话浊声母读法，但声调保持了成都话的去声调。

6. “膀”，《广韵》步光切，並母唐韵平声，膀胱。方言有上声读法（《广韵》《集韵》不载），意义不同，也不是大腿（“髈”）。成都话读上声送气［$p^{h}aŋ^{52}$］，意为猪肘的上面一圈，接近肩膀的一部分，实为肩膀的“膀”。例如成都话：“买了一个膀箍箍”“炖膀”。本来应是全浊声母字，客家话读送气。进入成都话，保持送气声母和全降调。

二、去声字读上声

语音规律：客家话去声音值近成都话上声。客家话去声字词融入成都话后，听起来是上声字。

成都话和成都龙泉客家话的声调系统表

方言	阴平	阳平	上声	去声	阴入	阳入
成都湖广话[7]	35	31	**52**	213	——	——
成都客家话[8]	25	24	41	**51**	42	55
梅县客家话[1]	44	11	31	52	1	5

客家话去声字读全降调，调值［51］/［52］，听起来与成都话上声 52 同调，融入成都话后成为上声（全降调）。例字如下。

7. “后”，匣母侯韵去声。成都话中“后头”（里面）说成“［$xəu^{52}$］头”。客家话去声，进入成都话，听起来是上声。例：“她在屋子后［$xəu^{52}$］头（里头）。”

8. “晃”，匣母唐韵上声。浊上变去，成都话读［$xuaŋ^{213}$］，去声。客家话也读去声［$xuaŋ^{52}$］，进入成都话，听起来是上声。例：“那人晃［$xuaŋ^{52}$］一下就不在了。”

9. “硬”，疑母庚韵去声。成都话读硬［$ŋen^{213}$］，又读［$ŋen^{52}$］。后者是客家话的去声，进入成都话，听起来是上声。例：“鞋子里有沙子，把我的脚硬［$ŋen^{52}$］倒了。”

10. “和”，晓母歌韵去声。成都话读［xo^{213}］，也读［xo^{52}］。后一音是客家话的去声。例：“黄馒头是玉麦面和［xo^{52}］倒灰面做的。”

11. “片”［$p^{h}ian^{52}$］，动词，成都话中有会说、花言巧语的意思。例：“他的嘴会片［$p^{h}ian^{52}$］”。本字是“骗”，滂母仙韵去声。客家话的去声［52］，融入成都话后调类听起来是上声。

12. “片”，滂母先韵去声。成都话读［$p^{h}ian^{213}$］，也读［$p^{h}ian^{52}$］。读［52］调，用作名词、量词，成都话“一片”“瓦片”“铁片片”；也用作动词，用菜刀切肉片的技法，“片［$p^{h}ian^{52}$］肉片［$p^{h}ian^{213}$］”。［52］调一音，当是客家话去声字融入。

13. “暗”，影母覃韵去声。成都话读［$ŋan^{213}$］，又读［$ŋan^{52}$］。后者是客家话去声，进入成都话。例：“天好暗［$ŋan^{52}$］哦，要下雨了。”

14. “断”，徒管切，定母桓韵上声。浊上变去，成都话中读去声［duan^{213}］，又读上声［duan^{52}］。后一音从客家话去声来。例：“在半路上把他［tuan^{52}］倒了。”即把他拦着了，本字当是“断”。

三、次浊声母上去声字读阴平

语音规律：客家话中全浊、次浊上、去声字读阴平［25］。因为与成都话阴平［35］调值相近，进入成都话后，也为阴平。以下词，成都话都有合于声调规律的常规读音。

15. “奶”，泥母佳韵上声，成都话常用口语音［nai^{52}］。客家话读阴平［nai^{25}］，进入成都话读［nai^{35}］，指乳房。例：“小娃娃在吃奶奶［nai35］”。

16. “闷”，明母魂韵去声，成都话常用口语音［men^{213}］。客家话读阴平［men^{25}］，进入成都话读［men^{35}］。例：“天气闷［men^{35}］热。”

17. “磨”，明母歌韵去声，成都话常用口语音［mo^{31}］，动词，如“磨刀”；［mo^{213}］，动词兼名词，例：“用磨［mo^{213}］子磨［mo^{213}］”。客家话读阴平［mo^{25}］，进入成都话读［mo^{35}］，用磨子磨碎东西慢，引申为动作慢。例：“又吃得多，又吃得摸(磨)。”本字当是“磨”。

18. “莽”，明母唐韵上声，成都话常用口语音［maŋ^{52}］。客家话读阴平，进入成都话。成都话形容人鲁莽为［maŋ^{35}］，例：“莽［maŋ^{35}］子”“莽［maŋ^{35}］娃儿”。本字当是“莽”。

19. “米”，明母脂韵上声，成都话口语音［mi^{52}］。客家话读阴平［mi^{25}］，进入成都话读［mi^{35}］。引申义，如米粒小，形容很小的东西。例："米儿［mi^{35} ər^{35}］红苕"（指小红薯）。

20. "拗"，影母肴韵上声，成都话音［ŋau^{213}］。客家话读阴平［ŋau^{25}］，进入成都话口语读［ŋau^{35}］。违拗，不服从。例："拗［ŋau^{35}］起不理"（指耍态度）。"拗［ŋau^{35}］价钱"（指讲价钱抬高价格）。按：此字古音是清声母，但现在读音为次浊母。

21. "晕"，云母文韵去声，成都话口语音［yn^{213}］。客家话读阴平［yn^{25}］，进入成都话读［yn^{35}］。例："我晕［yn^{35}］车。""我有点头晕［yn^{35}］。"

22. "弄"，来母东韵去声，客家话读阴平［loŋ^{25}］，进入成都话音［noŋ^{35}］，意为做、修整。例："弄［noŋ^{35}］一下就好了"。攀枝花市火车站名"弄［noŋ^{35}］弄［noŋ^{35}］平"，得名于"弄一弄就平了"（原是个小山坡）。"三线建设"攀枝花市时大量从成都移民，也用成都话命名渡口市（攀枝花市旧称）的车站。现代成都话中，"弄"［noŋ^{35}］这个音，几乎完全把［noŋ^{213}］这个音替代了。

四、结语

以上22个成都话中的词，它们的语音不符合成都话语音规律，却都符合客家话的语音特征和规律，可以用成都话从客家话借用口头常用词来解释这些现象。其中有些词，在成都话从客家话借用以后，又由于成都话的传播，广泛地进入四川其他方言中，例如"硬"［ŋen^{52}］（上声）、"奶"［nai^{35}］（阴平）等特殊读音字，不仅在成都话中使用，也在四川南路话[4]中使用。在四川，南路话是与湖广话和客家话不同时间层次的方言，四川的客家话是清初以后与湖广移民同时来到四川的，而南路话则是当地的土著方言，在明以前就存在于四川。这是少数客家话的词汇在进入成都话以后，再从成都话进入到南路话中了。多数的客家话词是没有进入南路话的。如“大”（音台上声）［$t^{h}ai^{52}$］这个词，南路话说“董”［$toŋ^{52}$］，不说［$t^{h}ai^{52}$］，就是一个例证。

参考文献：

［1］北大中文系语言学教研室编. 汉语方音字汇［M］. 北京：语文出版社，2003.

［2］李劼人. 李劼人全集［M］. 成都：四川文艺出版社，2011.

［3］肖俊. 四川客家话的变化与语言环境——以西昌和成都两地客家话为例. 成都：四川师范大学，2013.

［4］周及徐. 传播与演变——明代以来四川方言形成概述［C］//语言历史论丛（第十四辑），成都：巴蜀书社，2020.

［5］周及徐. 从移民史和方言分布看四川方言的历史［C］//语言历史论丛（第五辑）. 成都：巴蜀书社，2012.

［6］周及徐. 从语音特征看四川重庆“湖广话”的来源［J］. 四川师范大学学报，2012（3）.

［7］周及徐等. 岷江方音字汇——20世纪四川方音大系之一［M］. 成都：四川大学出版社，2019.

［8］周及徐等. 嘉陵江方音字汇——20世纪四川方音大系之二［M］. 待发表。

成都方言的“儿”缀词研究[①]

周颖异[②]

摘　要　本文以成都方言中“儿”缀词在音节中的分布情况为出发点，探讨了“儿”缀词的分类、语言学作用及其演化。成都方言的“儿”缀多后附在单音节语素和双音节语素后，根据“儿”缀的语音形式可分为“儿尾”和“儿化”两类，前者多出现在单音节语素后附“儿”缀的形式中，后者多出现在双音节语素后附“儿”缀的形式中。双音节结构中的儿化韵根据前接音节的元音高低不同有不同的语音表现，重叠形式的儿化音节会发生系统的后字变调。成都方言的

① 本文是国家社科基金项目（22CYY011）和四川省社会科学研究“十四五”规划年度项目（SC21C006）的阶段性成果。

② 周颖异，女，四川成都人，香港科技大学语言学哲学博士，成都理工大学外国语学院讲师、硕士生导师。研究方向为实验语音学、音法学。

“儿”缀来自表示“小儿”义的实词语素“儿”，语法化后成为一个高产的词缀，有构词、小称、转指、表示亲近、喜爱以及厌恶等感情色彩的作用。

关键词 成都方言；“儿”缀词；构词；小称；重叠

一、引言

“儿化”是汉语的一个重要语言现象，关于“儿化”词的形成，学界较为普遍的观点认为附着在其他语素之后的“儿”是词缀[2]。郑张尚芳[9]207提出“儿”缀是“各种词缀中构词能力最强的一种”，“儿”缀“具有区分构成词形、区分词义、变换词性以造成新词的构词作用，和表示小称、爱憎、预期、附加感情色彩的修辞作用”。“儿”缀附着在其他语素之后，有两种语音形式：“儿化”和“儿尾”。“儿化”形式是“儿”缀融入前接语素，形成带卷舌色彩的“儿化”音节，这里的“儿”缀失去独立的音节地位，在语音形式上与前一个音节融合，形成“儿化韵”[2]。在“儿尾”形式中，“儿”保留独立的音节地位，附加在词干后，其音值不发生改变。

成都方言口语中，存在大量“儿”作为词缀附加在名词性结构和动词性结构之后的情况。按照“儿”缀前接语素音节的多少，成都话中的“儿”缀词大致有以下四种构成方式：单音节语素 + “儿”，双音节语素 + “儿”，三音节语素 + “儿”，以及一些惯常用法。其中单音节语素和双音节语素附加“儿”的词数量最多，能产性最强，为本文的讨论重点。

三音节语素附加“儿”的词大多数是动植物名以及常用表

达方式，三音节语素与多音节语素加“儿”缀的形式，多是指称小动物的固定形式，如：

花姑娘儿/xua55 ku55 ȵiɚ55/　瓢虫①

檐老鼠儿/iɛn21 nau53 suɚ53/　蝙蝠

丁丁猫儿/tiŋ55 tiŋ55 mɚ55/　蜻蜓

最后一类带“儿”的固定形式，“儿”不一定都出现在词末，这些形式中语素的本字有待进一步考证，其中“儿”是否为后缀形式目前尚不明晰，本文暂不讨论。如：

登儿圆/ tɚ55 yan21/　很圆

弯儿疙纠/uan55 ɚ55 ke21 tɕiəu213/　弯弯曲曲的样子，含贬义

二、成都方言“儿”缀词的分布和作用

成都方言的“儿”缀成词能力较强，少数附加在单音节名词、代词之后，多数附加在动词性和名词性的双音节形式之后，另有一大批双音节重叠形式附加“儿”缀的表达方式。本部分将分析单音节形式、双音节非重叠形式、双音节重叠形式附加“儿”缀的情况，探讨“儿”缀在其中的语言学作用。

1. 单音节语素＋儿

形式上，成都方言中的单音节名词和代词可以后附“儿”缀，其主要作用是构词，此外还有小称、转指等作用。

---

① 本文所列示例均采用《成都方言词典》（李荣，1998）所载形式。

1）名词+儿

a. 构词

裤儿/kʰu213 ɚ21/　裤子

马儿/ma53 ɚ21/　马

梨儿/ni21 ɚ21/　梨子

牛儿/ȵiəu21 ɚ55/　牛

娃儿/wa21 ɚ55/　未成年人

兔儿/tʰuɚ213/　兔

猫儿/mɚ55/　猫

杏/xɚ213/　杏子

成都方言中，单音节语素后加“儿”缀的词数量很少且多是单音节名词，这些带“儿”缀的形式与不带“儿”缀的单音节形式，在意义上基本没有区别，表示泛指的意义，“儿”所带的“小儿”义在这些词里已经消磨了，若要表示幼小的牛、马，需要在其后再附加“子”缀或前加表示“小”义的定语，以“牛儿子/ȵiəu21 ɚ55 tsɿ21 /”“马儿子/ma53 ɚ21 tsɿ21/”或“小牛儿/ ɕiau53 ȵiəu21 ɚ55 /”“小马儿/ ɕiau53 ma53 ɚ211/”来表示（“猫儿/mɚ55/”和“兔儿/tʰɚ213/”不能后加“子”缀，只能前加定语）。成都话单音节名词后附的“儿”缀多实现为“儿尾”，不与前一音节发生融合（猫儿/mɚ55/、兔儿/tʰɚ213/、杏/xɚ213/等除外）。这一类附加在单音节名词语素后的“儿”缀在成都方言中能产性较高，且这类语素对词尾“儿”的依赖性极强，不可以丢掉“儿”独立使用。在“猫儿/mɚ55/、兔儿/tʰɚ213/、杏/xɚ213/”等形式中，“儿”缀化入前接语素，形成“儿化”形式。

b. 小称

椅儿/i53 ɚ55/　小椅子，多指婴幼儿使用的椅子

刀儿/tau53 ɚ55/　小刀

“小称”是汉语方言中儿化形式的一个重要作用，成都方言中有少量单音节名词加“儿”缀表示小称的形式，用相应的“子”缀形式表示泛指形式。

c. 转指

票儿/p^hiau213 ɚ21/　钱，钞票

“票”在成都方言中可以单独成词，单说指的是各类票据，可以构成“买票”“车票”等动宾或偏正结构。附加“儿”缀后，其意义发生改变，“票儿”转指钞票，钱。“票儿”也可以说成“票子”，“挣钱”可以说成“挣票儿/票子”。

此外，成都方言中还有一类单音节附加“儿”的形式，保留了“小儿”义，“儿”具有独立的音节地位，如“芋儿/y213 ɚ21/”指小芋头，与“芋母”相对。这一类的“儿”是名词性的实语素，还未语法化为词缀。

2）代词＋儿

成都方言中有两个指示代词：这、那，以及一个疑问代词：哪。这三个代词后加“儿”后，形成儿化音节，用以指示方位。

这儿/tsɚ55/　这个地方

那儿/ nɚ55/　那里

哪儿/nɚ53/　问什么处所，泛指任何处所

甄尚灵[8]总结的四川二十六个方言点将“这儿、那儿”的说法分为“两大类。一类是把‘这、那’儿化，见于大邑、彭州、仁寿、汉源、成都五处。……儿化形式都读阴平”“另一类形式是在‘这、那’后面加一个字。加‘里’的最多，其次是加‘儿’”。根据甄尚灵二十六个调查点的数据，成都周边的眉山仁寿、雅安名山、资阳都是在“这、那”后加“里”；雅安汉源跟成都一致，都为儿化音。Jurafsky[11]提出，小称形式最初的来源都是“child”，即表示“小儿”意义的“儿”。然则在“这儿”“那儿”“哪儿”中难以探得任何与“小儿”“小称”相关的意义，可见，这些代词后的“儿”应当另有来源。

赵元任[7]指出，指示代词“这”“那”以及疑问代词“哪”后的“儿”来源是变轻声的“这里”“那里”和“哪里”中的“里”。据成都周边县市存在“这、那、哪”后加“里”的语音形式的分布来看，成都话“这、那、哪”三个代词的“儿”化形式更符合赵氏的看法，即来自轻声化了的“里”，与前文中的“儿”缀并不相同。甄氏所观察到的四川方言中指示代词和疑问代词的两种不同形式，可能是附加在“这、那、哪”后的“里”在不同历时演化阶段的语音形式在共时地域分布的体现。

2. 非重叠双音节语素＋儿

双音节语素后加“儿”缀在成都方言中能产性极强，使用范围很广，名词性结构、动词性结构都可以后加“儿”缀使用。且这种双音节语素“儿”多与前字合二为一，形成儿化音节。

1）名词性结构＋儿：

a. 构词

樱桃儿/ŋen55 tʰɚ21/　樱桃

鹌鹑儿/ŋan55 suɚ21/　鹌鹑鸟

慈姑儿/tsɿ21 kuɚ55/　荸荠

蚂蚁儿/ma53 iɚ55/　蚂蚁

指拇儿/tsɿ53 mɚ21/　手指

舌头儿/se21 tʰɚ55/　舌头

炭花儿/tʰan213 xuɚ55/　未燃尽的余炭或小煤核儿

篾片儿/mi21 pʰiɚ53/　竹子劈成的薄片

双音节名词性结构后加“儿”缀的主要作用是构词，这一类词多用来泛指本身体积和面积较小的事物，或身体、事物的一个部分。在口语中，不能独立使用无“儿”缀的形式。这些形式中的“儿”缀已经失去了“小称”的作用，泛指一类事物。若需表示相对大小，则在其前加上定语，如表示大小有区别的“篾条”义时，可以用“大篾片儿/ta213 mi21 pʰiɚ53/”和“小篾片儿/ɕiau53 mi21 pʰiɚ53/”来表示。

b. 转指

血旺儿/ɕye21 uɚ213/　烹调后用以食用的猪、鸡等家禽的血

三轮儿/san55 nɚ21/　三轮车

成都方言中，“血/ ɕye21/”单音节形式可以单独使用，泛指血液，而“血旺儿/ɕye21 uɚ213/”则专指烹调后用以食用的猪、鸡等家禽的血，这种情况下，单音节形式与“儿”缀形式是泛指与特指的区别。川菜“毛血旺儿/mau21 ɕye21 uɚ213/”在成都方言中只有儿化形式。“三轮儿/san55 nɚ21/”则是用三

轮车区别于汽车、自行车的一部分具有特征构件——三个轮子——来指代整体。

c. 小称

石头儿/sɿ21 tʰɚ55/ 小石块儿

板凳儿/pan53 tɚ213/ 小凳子

同单音节语素附加“儿”缀一样，双音节的名词形式后加“儿”缀，同样有“小称”的作用，用以表示体积和面积较小的事物。

d. 亲近和喜爱

媳妇儿/ɕi21 fɚ213/ 儿子的妻子，年轻男子的妻子

老汉儿/nau53 xɚ213/ 老年男子，父亲

老孃儿/nau53 ȵiɚ55/ 老太婆，妻子

一些表示亲属称谓的词后附加“儿”缀后，用以表示一种亲密的关系和喜爱的感情色彩。这些“儿”缀已经融入名词结构内部，去掉“儿”后不可以单独使用。

e. 戏谑、厌恶

齁包儿/xəu55 pɚ55/ 患哮喘病的人

边花儿/piɛn55 xɚ55/ 一只眼看不见的人

毛根儿/mau21 kɚ55/ 发辫，对女朋友的戏称

烂眼儿/nan213 iɚ53/ 混迹街头不务正业的人

与表达“喜爱、亲近”的意义相反，成都方言中还存在一些表达厌恶、戏谑等负面意义的“儿”缀形式，这些带“儿”缀的形式口语化程度极高，整个音节对“儿”的依附性很强，

不能去掉“儿”缀独立使用。

2）动词性结构 + 儿

动词性结构后加“儿”缀相对名词性结构的能产性较弱，多是改变词性和转指的作用，如：

盖碗儿/kai213 uɚ53/　带盖、无把有托盘的茶具

歪嘴儿/uai55 tsuɚ53/　嘴歪的人

藏猫儿/tɕʰiaŋ21 mɚ55/　捉迷藏

妖艳儿/iau55 iɚ213/　艳丽而不庄重，摆阔，调皮

“盖碗/kai213 uan53/、歪嘴儿/uai55 tsuei53/”等动宾结构可以不带“儿”缀独立使用，表示动作行为（“藏猫儿/tɕʰiaŋ21 mɚ55/”除外），附加“儿”缀后则表示具有该类特征的人或事物。形容词后接“儿”的情况很少，口语常用词“妖艳儿/iau55 iɚ213/”是比较常用的口语词，若去掉“儿”缀，“妖艳”在成都方言口语中不能独立成词，这里的“儿”缀有构词的作用，同时带有讽刺和挖苦的意味。

在非重叠形式的双音节“儿”缀词中，绝大部分是名词结构“儿化”形式，能产性很高，而动词性结构的“儿化”则较少，这与“儿”缀的来源及其演化相关（详见第四部分）。

3. 重叠双音节形式 + 儿

单音节重叠、后加“儿”缀是成都方言中广泛使用的语言形式，其能产性很高，这两种手段在成都方言里经常一起出现。其中“儿”缀往往跟第二音节融合，形成儿化音节。单音节的动词和名词都可以形成重叠形式的儿化词。这种重叠形式的主要作用是构词，多数情况下不能丢掉“儿”缀，以单独的重叠形式

存在，这种双音节重叠儿化的形式在成都方言中有构词、小称、转指、改变词性等作用。

1）名词重叠形式+儿

a. 构词+小称

巷巷儿/xaŋ213 xɚ55/ 较窄的街道

刀刀儿/tau55 tɚ55/ 小刀子（不重叠形式“刀儿/tau55 ɚ21/”）

牌牌儿/pʰai21 pʰɚ55/ 小牌子

腿腿儿/tʰuei53 tʰuɚ21/ 较小的腿

滴滴儿/ti55 tiɚ55/ 很少一点、进一步强调少用“滴滴个儿”

b. 构词+转指

道道儿/tau213 tɚ55/ 出家的道教徒

箩箩儿/no21 nɚ55/ 圆形的小竹筐，圆形的指纹

丁丁儿/tin55 tiɚ55/ 长牌的花色之一

牛牛儿/ȵiəu21 ȵiɚ55/ 形状似海螺的儿童玩具

梁德曼[3]指出，成都方言的“单音名词或非重叠式名词往往是统称或泛指，单音名词的重叠式通常是小称或专指。多数单音名词重叠式的第二字儿化”。从我们的分析看来，这些单音节名词重叠加“儿”缀的形式往往首先具有构词的作用，如“巷巷儿”指较窄的街道，“腿腿儿”指较小的腿。这些重叠形式不能脱离“儿”缀单独使用，在构词作用之外，还表示“小称”和喜爱的意味。另一些单音节名词重叠加“儿”缀的形式则主要在于改变原词的意义，转指他物，多是通过隐喻的手段形成新

的意义。如“牛牛儿”是陀螺玩具，与耕地的“牛”一样有重复旋转的动作；又如“风风儿”，重叠加“儿”缀后，指传来的风声和消息。

2）动词重叠形式＋儿

单音节形式的动词在成都方言中不能够单独后加“儿”缀成词，单独重叠也不成词，但是重叠形式附加“儿”缀的构词能力却很强。如：

穿穿儿/ts^{h}uan55 ts^{h}uɚ55/ 倒买倒卖紧俏东西的人

封封儿/foŋ55 fɚ55/ 红包，包着钱的红纸，用于馈赠或奖励等

敲敲儿/k^{h}au55 k^{h}ɚ55/ 泛指敲东西的器具，从事敲打行业的人

扣扣儿/k^{h}əu213 k^{h}əu55/ 扣子

念念儿/ȵian213 ȵiɚ55/ 已亡祖先及父母留下来的纪念品，含有睹物思人之意

纠纠儿/tɕiəu55 tɕiɚ55/ 短辫子或将短发扎成束

滚滚儿/kuən53 kuɚ21/ 轮子

叫叫儿/tɕiau213 tɕiɚ55/ 哨子

吹吹儿/ts^{h}uei55 ts^{h}uɚ55/ 哨子

飞飞儿/fei55 fɚ55/ 单据等小纸片

动词重叠后加“儿”缀最显著的作用是构词，单纯的重叠形式和单音的“儿”缀形式都不能在成都方言中单独使用，重叠和“儿”缀必须共现才能成词。此外，这种形式还有改变词性的作用，单音节动词重叠儿化后，变为与该动作意义相关的名

词结构。如“飞”为单音节动词，“飞飞儿/fei55 fɚ55/”指小纸片，能够较轻易地被吹飞，这种重叠儿化的形式同时具有小称的意义。

3）形容词重叠+儿

单音节形式的形容词在成都方言中不能够单独后加“儿”缀成词，单独重叠也不成词，但是重叠形式附加“儿”缀的构词能力却很强。如：

矮矮儿/ŋai53 ŋɚ21/　个子矮小的人

卷卷儿/tɕyan55 tɕuɚ55/　卷曲的小卷儿

偏偏儿/pʰiɛn55 pʰiɚ55/　一边靠着墙搭起来的简陋的房子

单音节形容词重叠后加“儿”缀最显著的作用也是构词，单纯的重叠形式和单音的“儿”缀形式都不能在成都方言中单独使用，重叠和“儿”缀必须共现才能成词。此外，这种形式还有改变词性的作用，单音节形容词重叠儿化后，变为具有该特征的名词性结构，通常也有小称的意味。

4）副词重叠+儿

慢慢儿/man213 mɚ55/　慢

悄悄儿/tɕʰiau55 tɕʰiɚ55/　偷摸

副词重叠儿化形式数量相对较少，口语色彩很浓。单音节形式的副词在成都方言中不能够单独后加“儿”缀成词，单独的重叠可以在口语使用。带“儿”缀的形式带有一种亲近的意味，可以进一步说成感情色彩更浓的带“个”的形式：慢慢个儿/man213 man213 kɚ55/，悄悄个儿/tɕʰiau55 tɕʰiau55 kɚ55/。

三、成都方言“儿”缀的语音形式

成都话有36个韵母，都可以后加“儿”缀形成“儿”缀词。“儿”字在成都方言中单说时，为卷舌央元音阳平调/ɚ21/。成都话的“儿”缀形式中，/ɚ21/在不同的语音环境中可以有不同的元音实现和声调实现。本部分主要从“儿”缀与前接音节组合形成儿化韵的元音音值和声调变化两方面进行讨论。

1. “儿”缀的元音音值

成都方言中“儿”缀的元音有两种形式：一种是具有独立音节地位的“儿尾”形式，另一种则是融入前接音节的“儿化”形式。

1）“儿”缀自成音节，具有独立的音节地位

这一类“儿”缀念作/ɚ21/，不与前一个语素融合，具有独立的音节地位。这一类多出现在单音节名词语素之后，与该单音节语素一起构成双音节结构。如裤儿/ku213 ɚ21/、票儿/p^hiau213 ɚ21/，马儿/ma53 ɚ21/，狗儿/kəu53 ɚ21/。

2）“儿”缀与前接语素读音融合，变成“儿化”音节，失去独立的音节地位

双音节语素后加“儿”缀的形式多属于这种情况。按照“儿”缀前接语素韵母主元音开齐合撮四呼的不同，有下列几种情况：

a. 开口呼

前接音节为开口呼的音节在后加“儿”缀形式时，该音节的主元音和韵尾脱落，直接在辅音后面加上卷舌元音，形成儿化韵。如

猫儿/mɚ55/、巷巷儿/xaŋ213 xɚ55/、石头儿/sʅ21 tʰɚ55/。

b. 齐齿呼

以/i/为主元音的音节，若无鼻音韵尾，则直接在/i/加上卷舌元音/ɚ/，如滴滴儿/ti55 tiɚ55/；若有鼻音韵尾，则鼻音韵尾脱落后再加卷舌元音/ɚ/，如丁丁儿/tin55 tiɚ55/。以/i/为介音的音节保留/i/介音，主元音和韵尾均脱落，后加卷舌元音/ɚ/，如偏偏儿/pʰiɛn55 pʰiɚ55/。

c. 合口呼

单元音/ u /韵母音节后加“儿”缀时，在元音/ u /后增加卷舌元音/ɚ/，如毛肚儿/mau21 tuɚ21/。以/ u /为介音的音节后加“儿”缀时，主元音和韵尾均脱落，只保留/ u /介音，后加卷舌元音/ɚ/，如滚滚儿/kuən53 kuɚ21/。

d. 撮口呼

单元音/ y /韵母音节后加“儿”缀时，在主元音/ y /后附加卷舌元音/ɚ/；有鼻韵尾的音节中，鼻音韵尾脱落，在/ y/后加上卷舌元音/ɚ/，如公园儿/koŋ55 yɚ21/。以/y/为介音的音节后加“儿”缀时，主元音和韵尾均脱落，只保留/y/介音，后加卷舌元音/ɚ/，如卷卷儿/tɕyan55 tɕyɚ55/。

根据“儿”缀前接音节中元音的前后和高低以及其在音节中的位置，可以得出这些音节形式在后附“儿”缀形成儿化韵时，前接音节韵核的音变情况（表1）。

表1 “儿”缀词前一音节元音变化情况

（“+”表示元音保留，“-”表示元音脱落，“\”表示无此情形）

	前高元音	后高元音	其他元音
单韵母音节	+	+	-
主元音	+	\	-
介音	+	+	\

关于“儿化”的音变过程，王洪君[5]提出儿化是一种“二合一”式合音构词法，认为合音是一个历史过程，并把北方儿化合音的过程分为六个不同的阶段：①两个音节阶段，即合音尚未开始的阶段。②一个半音节阶段，这是合音的第一步，后字轻声弱化。③长音节阶段。④长度正常的特殊单音节阶段［上］。这一类亦可以分为两类：a.“-儿”的特征扩展到前字音节的末位置；b.“-儿”的特征扩展到前字音节的韵腹位置。⑤长度正常的特殊单音节阶段［下］。“-儿”的特征进一步向前扩展到前字的介音。⑥正常的单音节阶段。并且王洪君还认为四川的儿化处于⑥正常的单音节阶段。“儿”缀与单音节语素合缀成词、作为“儿尾”形式时，保留独立的音节地位，尚未与前一音节形成合音（阶段①）。在双音节语素后附“儿”缀形成的“儿化”形式，因前接音节韵核和介音的不同，有如表1的分布。从元音高低的特征与“儿化”韵的形式来看，在成都话中，“儿”韵能够到达前字音节的位置与元音的高低密切相关——非高元音音节儿化时，“儿”的语音特征扩展到单元音音节的音节核，成为正常的单音节，即阶段⑥；在高元音做韵核或介音的音节中，“儿”的语音特征扩展到单元音音节的韵核或音节末（阶

段④）及复元音音节的介音（阶段⑤）。可见，成都方言中的“儿”缀形式并不都处在阶段⑥，还有处在阶段④⑤的情况，这种“儿化”变韵不平衡的现象，与前接音节的元音特征密切相关——含有高元音的音节在后附“儿”缀形成儿化韵时，“儿”的卷舌特征只能部分影响该高元音音节的音值，无法以直接卷舌元音形式完全替代该高元音。

2. “儿”缀的调值

在成都方言中，“儿”单念时为阳平调 /21/。“儿”缀作为“儿尾”、“儿”缀出现在“单音节语素 + 儿”和“双音节语素 + 儿”的环境中，有不同的声调表现。

1）单音节语素 + 儿

“儿”缀附着在单音节后作为儿尾，具有独立音节地位，其元音音值和声调都不会发生改变，在成都方言中读为卷舌央元音 /ɚ21/，如票儿/p^hiau213 ɚ21/、刀儿/tau55 ɚ21/。在儿化单音节词“兔儿/t^huɚ213 /”“猫儿/mɚ55/”中，“儿”缀不再具有独立的音节地位，失去本调，冠以前接音节的调值，这种在单音节中出现的儿化现象，在成都方言中很少，似乎不符合汉语双音节化的大趋势，其语言学动因尚未明确。

2）双音节语素 + 儿

成都（市区）方言没有独立的入声调，古入声归阳平。阴、阳、上、去四个调类的调值分别为/55/、/21/、/53/、/213/[4]，每一类声调都有双音节语素可以后接“儿”形成儿化音节。成都方言的双音节儿化形式中，“儿”缀的本调多被第二个音节的调值取代。重叠双音节的儿化形式有系统的声调变化，这些变调都出现在第二音节上，而成都方言二字组的连读变调的实验研究显示，非儿化形式二字组中，后字变调几乎可以忽略[1]。按照非重叠形式儿化和重叠形式儿化分为两类，将双音节语素儿化形式所有可能的声调组合模式列于表2。可以看到，双音节非重叠儿化形式与双音节非儿化形式一样，基本没有出现后字变调的情况，重叠儿化形式在阳平、上声、去声中都发生连读变调。

表2　成都方言双音节结构"儿化"形式的变调

	非儿化	非重叠儿化	重叠儿化
T11①	鲜花/ɕyan55 xua55/	边花儿/piɛn55 xɚ55/	刀刀儿/tau55 tɚ55/
T12	刚才/kaŋ55 tsʰai21/	樱桃儿/ŋen55 tʰɚ21/	\
T13	拼抢/pʰin55 tɕʰiaŋ53/	花卷儿/xua55 tɕyɚ53/	\
T14	天气/tʰiɛn55 tɕʰi213/	妖艳儿/iau55 iɚ213/	\
T21	平安/pʰin21 ŋan55/	慈姑儿/tsɿ21 kuɚ55/	\
T22	烙铁/no21 tʰie21/	铜钱儿/tʰoŋ 21tɕʰiɚ21/	牌牌儿/pʰai21 pʰɚ55/
T23	田坎/tʰiɛn21 kʰan53/	篾片儿/mi21 pʰiɚ53/	\
T24	皮带/pʰi21 tai213/	血旺儿/ɕye21 uɚ213/	\
T31	紧张/tɕin53 tsaŋ55/	老孃儿/nau53 ȵiɚ55/	\

① 第一列中，字母T代表声调，数字1—4代表成都话阴平、阳平、上声、去声四个调类，T后第一个数字代表第一个音节的调类，T后第二个数字代表第二个音节的调类。

	非儿化	非重叠儿化	重叠儿化
T32	表格/piau53 ke21/	奶瓶儿/nai53 pʰiɚ21/	\
T33	美好/mei53 xau53/	小妹儿/tɕiau53 tɕiɚ213/	滚滚儿/kuən53 kuɚ21/
T34	左右/tso53 iəu213/	老汉儿/nau53 xɚ213/	\
T41	放松/faŋ213 soŋ55/	碳花儿/tʰan213 xuɚ55/	\
T42	太阳/tʰai213 iaŋ21/	骆猴儿/no213 xɚ21/	\
T43	字母/tsɿ213 mu53/	盖碗儿/kai213 uɚ53/	\
T44	泡菜/pʰau213 tsʰai213/	大舅儿/ta213 tɕiɚ213/	巷巷儿/xaŋ213 xɚ55/

从表 2 可以看到，当四个调类分别组合且“儿化”的时候，非重叠形式不会发生系统的连读变调①，阳平、上声和去声的重叠儿化形式会发生系统的变调现象。其中阳平和去声重叠儿化形式的儿化音节变为阴平调，上声重叠儿化形式的儿化音节变为阳平调。这种变调模式与“儿”缀的语用和语义作用有关：Ohala[12]发现高调跟细小亲密之间有一种跨物种、跨语言的天然关系，而汉语方言中的“儿”缀是来自表示“child”[11]，是一种在世界范围内的语言中普遍的小称形式（详见第四部分）。因此，在成都方言的重叠儿化形式中，“阳平（/21/）+阳平+儿”和“去声（213）+去声+儿”儿化后的第二音节变为阴平调（/55/）——成都方言调系中的调值最高的一类调——用以表

① 偶有出现石头儿/sɿ21 thɚ55/一类的变调，但这类变调不是“儿”缀引发，而是轻声的“头”缀所致。

示小称。在“上声（/53/）+上声+儿”的组合中，儿化的第二个音节反而变成了很低的阳平调（/21/），这看似违背了“高调表示小称和亲密”的普遍现象，实则不然。成都话中的上声调调值/53/本就是一个高调，因此在上声重叠儿化形式中，儿化音节变为低调，是为了更便于区别、凸显“小称”和“亲密”的意味[10]。

此外，阳平调的单音节语素在后加“儿”缀形成“儿尾”形式时，阳平调的儿/ɚ21/多数不会发生变调现象，如梨儿/niɚ21/；而在有些词如牛儿/ȵiəu21 ɚ55/、娃儿/wa21 ɚ55/中则会发生变调现象，这种由低调变为高调的变调模式也是由于表示“亲近、喜爱”等意义需求而产生的高调。

四、小结

成都方言中的“儿”缀形式多出现在单音节语素和双音节语素中，前者的“儿”缀多实现为“儿尾”形式，后者的“儿”缀多实现为“儿化”形式，且该“儿化”韵元音的语音实现受“儿”缀前接音节中元音高低的影响。双音节重叠形式的儿化韵会发生系统的变调现象，是由于“高调”与“小称”之间有天然的联系所导致。“儿”缀在成都方言中最主要的作用包括形态上的构词、改变词性以及语义上的小称、转指、表示喜爱、厌恶等感情色彩等。

汉语中“儿”缀是由表示“小儿”义的名词语素语法化而来，Jurafsky[11]认为小称的语法化词汇基本全是来自表“小孩儿”的概念，所以儿化最初的作用是小称。王媛媛[6]则提出汉语史上的“儿”主要经过了泛化和虚化两个阶段。在泛化阶段，本意“小儿”的“儿”字扩大到各类表人的称呼中，再进一步扩大到表示动物幼崽和植物幼苗的称呼中。出现在表人的称呼和表动物幼崽、植物幼苗中的“儿”意义仍然很实在，是名词语素。到了第二个“虚化”阶段，用在表人的称呼词语中开始虚化，随着使用范围扩大进一步用于表示动物或植物的通称中，此时的“儿”是名词词缀。“儿”虚化后的应用范围继续扩大到无生命体物名词、时间名词、抽象名词等其他词类中，最后在固定结构中虚化。随着“儿”泛化和虚化的过程推进，很多带“儿”缀的词语已经失去表小的意义，只具有泛指的意义，此时，其他一些形式出现作为新的“小称”补偿手段。这种过程在成都方言中亦有所体现：有泛化开始前表示“小儿”的“娃儿”“幺儿”，有泛化后指小动物小植物的“蚂蚁儿”“樱桃儿”，亦有虚化后指小意义消失，只表示泛指的“猫儿”“牛儿”。当“儿”虚化到这阶段时，其他小称的手段便开始出现作为小称补偿，如在儿化词后再加“子”缀：牛儿/ȵiəu21 ɚ55/（牛的通称）——牛儿子/ȵiəu21 ɚ55 tsɿ21/（小牛）。有时候直接在牛儿前加“小”字表示小牛；或者在“儿”缀前再加“个”，如：悄悄儿/tɕʰiau55 tɕhiau55/（泛指）——悄悄个儿/tɕʰiau55 tɕʰiau55 kɚ213/（带有亲昵的感情色彩），这种“个+儿”的形式拟另文讨论。

此外，还有一些问题亟待下一步的研究：“猫儿/mɚ55/、兔儿/tʰɚ213/、杏/xɚ213/”等单音节附加“儿”缀为什么会形成“儿化”形式？同样具有“小称”意味，为什么重叠儿化形式发生变调，非重叠形式却不发生变调？“儿”缀与“子”缀、高调、重叠等具有构词功能和小称意义的多种手段之间的层次关系是什么样的？这些问题的答案都留待下一步的研究。

参考文献：

［1］郭文娟. 成都方言连读调实验研究［D］. 南京：南京师范大学，2017.

［2］黄伯荣，廖序东. 现代汉语［M］. 兰州：甘肃人民出版社，1981.

［3］梁德曼. 成都方言名词的重叠式［J］. 方言，1987（2）.

［4］李荣主编. 成都方言词典［Z］. 南京：江苏教育出版社，1998.

［5］王洪君. 汉语非线性音系学——汉语的音系格局与单音字［M］. 北京：北京大学出版社，1999.

［6］王媛媛. 汉语“儿化”研究［D］. 广州：暨南大学，2007.

［7］赵元任. 汉语口语语法［M］. 北京：商务印书馆，1979.

［8］甄尚灵. 四川方言代词初探［J］. 方言，1983（1）.

［9］郑张尚芳. 温州方言的儿尾［J］. 方言，1979（3）.

［10］朱晓农. 亲密与高调——对小称调、女国音、美眉等语言现象的生物学解释［J］. 当代语言学，2004（3）.

［11］Jurafsky D. *Universal Tendencies in the Semantics of the Diminutive*［J］. Language，1996，Vol. 22，No. 3.

［12］Ohala J. *An ethological perspective on common cross-language utilization of F0 of voice*.［J］. Phonetica，1984，Vol. 41，No. 1.

方言“荸荠”“慈姑”的音和义①

周及徐②

摘　要　汉语各地方言中“荸荠”的名称繁多。利用“语宝网”资料，从中古音和现代汉语音的对应关系去考察，可以从中看到汉语词汇中语音演变的脉络。

关键词　荸荠；慈姑；方言

常见的名物词最初得名的原因，由于时代久远多数不能得知了，但是它的名称却一直流传下来。这个“名称”实际上是代表这个概念的词的声音。在有了文字以后，人们根据这个声音，给予它书写符号。在汉语的世界里，有三个因素导致了古老名物

① 本文为国家社科后期资助项目“嘉陵江流域方音字汇——20 世纪四川方音大系之二”（20FYYB039）的阶段性成果。

② 周及徐，四川成都人，四川师范大学文学院教授。研究方向为汉语史、汉语方言。

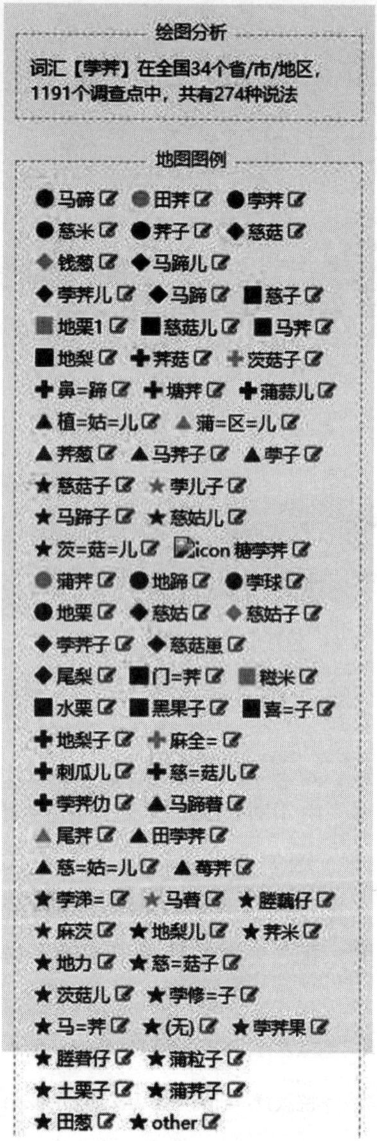

词的名称形式复杂（包括声音形式和文字形式两方面）。一是汉语历史久远，语言分化的历史长，语音形式分歧多；二是中国地域广阔，各地相距遥远互相阻隔，分化的形式不易统一；三是汉字同音、近音的字形多，给一词多字提供了先天的条件。“汉语更像一个语系，而不像有几种方言的单一语言。”[1]165 我赞同这话。这样去理解汉语，一个常用词在各地方言中的不同形式就是合理的了。“荸荠”这个词，中国各地竟有 270 多个（也许还不止），但是它们之间是有联系的。（见左图[2]）追寻各地方言中这些词的不同形式之间的关系，是语言学和方言学的课题之一。

哪一个形式是“正确”的呢？我们这里所指的“正确”，如篇首所言，是找出古代文献最早记载的名称形式和它的继承形式，揭示它们之间是否有语音对应关系。要注意的是，要从它的语音形式及其变体去追溯，即清儒所说的“因声求义，不限形体”的方法，而不要拘泥于汉字字形。因为，只有语音的传承和变化才是语言传承的实质。清代乾嘉学派学者在三百年前就认清了这一点，真是别具慧眼的训诂行家。

查“荸荠”在字典韵书中的记载，并不古老。荸，宋代的《广韵》《集韵》中不收此字。明代《正字通》（1894—1895页）：“荸，朋没切，音孛。俗呼荸荠，即凫茈。”清《康熙字典》：“荸，《篇海》蒲没切，音孛。《碎金》云：荸荠，古之凫茈也。苗似龙须，根黑色，可食。”荸，南方方言多读 put（入声调）。《广韵》：“茈，疾移切。”从母支韵平声[3]。《广韵》亦有清支上一读。

古代文献中的记载要古老一些。南北朝梁人陶弘景《名医别录》载：“乌芋，一名藉姑，一名水萍。二月生叶如芋。三月三日采根，曝干。可疗饥。”又谓：“藉姑，生水田中。叶有桠，状如泽泻。其根黄，似芋子而小，煮之可啖。疑其有乌者，根极相似，细而美，叶乖异，状如苋草，呼为凫茨，恐此也。”《广韵》：“茨，疾资切。”从母脂韵平声[3]。

明代徐光启的《农政全书》卷二十七解释：“慈姑，一名藉姑，一根岁生十二子，如慈姑之乳诸子，故名。”徐光启书说俗词源，此类多是“听音生文，望文生义”，不可信。《广韵》：“藉，秦昔切。”从母昔韵入声。《广韵》：“慈，疾之切。”从母之韵平声[3]。可见，把“藉”读为“慈”，当是在浊母入声字并入阳平之后的北方方言音，并保持了尖团音之分。故徐氏书之“慈姑”，为“藉姑”在16世纪之后起音。

依“语宝网－展示平台”（中国语言资源保护中心）[2]，全国34省市词汇地图展示，此物今称不下270种，“荸荠”占据中原及东南大部，是雅语传承，文字亦古。“慈姑”范围小，亦古音相传，乃“藉姑”之改写。但是，荸荠、慈姑古为一物，今为二物。

以今言之，荸荠白，果黄白色、淀粉多而涩口，需煮食。成都人称“白慈姑儿”，偏方讹传以之炖肉吃可治癌症。陶弘景《名医别录》所称即此，“乌芋……似芋子而小，煮之可啖”。陶弘景之凫茨，亦即荸荠［bot dzei］（中古早期音），“凫”字音“防无切”，奉母虞韵，南朝时读重唇，是“荸”失去塞音尾的替代字。“茨”字同后来的“慈”（脂之不分），并且保持了来源于“荠”的尖音不腭化。故“凫茨”是“荸荠”的同音借字。今南方方言“荸荠”音类似［put tshei］，近于古音。至于今北方方言音［pi^4 $tɕ^hi^2$］，则是有两个音变：“荠”的舌尖音发生腭化（因北方方言齐韵发展并入支思韵为［i］），“荸”字的后元音［o］／［u］则被后一音节“荠”的前元音［i］同化。同一物，陶弘景又名之“藉姑”，徐光启更名慈姑，皆是此物（“藉”“慈”语音关系见前注）。

而今成都称的慈姑儿［$tsɿ^2$ $kuər^1$］（前字不送气是弱化的结果），则是另一种水果：果皮深红、脆甜多汁，作水果生食，今成都市面多售。在成都口语中原没有“荸荠”的说法，至少在1980年以前是这样。此后，改革开放经济发展，才从北方传来了“荸荠”，字生僻，音怪怪的，成都人嫌而不用，因与慈姑相似而颜色不同，故以“白慈姑儿”称之。不过成都人爱的还是生吃的红皮水果慈姑儿，“白慈姑”除了药用，很少吃。

荸荠与慈姑，古代是一物二名，而今则指二物，而名相混，百度词条以果红色的为荸荠，以果白色的为慈姑，而在词条内列别名六七种，相混而称。果白色、淀粉多、需煮食（古乌芋）者，拉丁语学名 Sagittaria trifolia L. var. sinensis (Sims.) Makino，是泽泻科多年生草本植物，叶大成三角状似箭镞，这才是古代的“荸荠”。另外一种，果皮紫红可生食，拉丁语学名 Eleocharis dulcis (Burm. f.) Trin.，是莎草科、荸荠属植物，地面有丛生的管状茎叶，故有“钱葱”“田葱”之称。

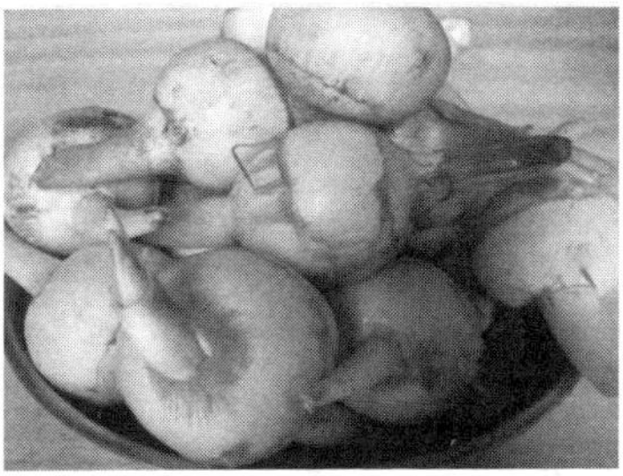

白慈姑儿(成都),古代荸荠、乌芋

慈姑儿(成都),田葱,今亦称荸荠

为什么同一物，古代一名荸荠，一名慈（藉）姑，让人费解。“语宝网”地图中 1191 个调查点所示[2]，别的异名还多，尽管如此，万变不离其宗，不同的字都为记音，依语音为解才是正确办法。

依语音追溯，荸荠与慈姑古代同物，词亦同出一源。荸荠古音［pot dzei］近于“不慈”。荠、藉、茨、慈都是同一古音［dzei］（平声）的借字。中原有“荠姑”之名，即可证“荠”即是“慈”。把“荸荠”与“慈姑”联系起来的最关键的一个名称是“荸荠果”。这个名称地图中也有。但是，我是在 48 年前到四川凉山西昌插队时亲耳听来、学来的。西昌当地的农民是明代以后从中原迁来的，自称“小河南”，话语多带北方词汇，把四川的“［tsɿ^{2} kuər^{1}］慈姑儿”叫成“荸荠果”，便是一例。西昌话用音标注音是［pi^{4} tɕ^{h}i^{2} kuər^{1}］，听起来是“鼻气果儿”。好多年以后“知识青年”回了城，学了点文化，我才知道应该写为“荸荠果儿”。但“果”字还是不对。因为“果”和“姑”儿化以后在当地方言中是相同的［kuər］，位于词尾轻读，声调也一样了，分不出是“果儿”还是“姑儿”。现在看来是“荸荠姑儿”才对。这就把荸荠和慈姑一物二名的现象解开了。原来是三音词，用前二字是“荸（蒲）荠”，用后二字是“荠（慈）姑”。古代不习惯三音词，都变了双音节词。

今之水果之慈姑儿（果皮紫红）是另一植物，因形状与白荸荠（古乌芋）相近，且都种在水田里，后来借用了此名。古代原本叫什么，暂不知。也许因原产地不在中原，没有进入主流词汇。语宝地图中“地梨”（误为地栗、地力）即是此物，因为是脆甜多汁的水果。“糖荸荠”“田（甜）荸荠/田（甜）荠”也是它。“马蹄”（黑果子）也是它，来源是“马荠”（集中于福建广东一带），塞擦音清化+轻化：荠［dzei］>［ts^{h}ei］>［t^{h}ei^{2}］>［te^{2}］。“马荠”来源可能是“莓荠”，因为是甜的，所以前冠“莓”字。语宝网“荸荠”词汇图中的名称，多借音或讹音，如“刺瓜儿”即“慈姑儿”讹写，其余大多可循音而解。

我们可以从中看到现代汉语词汇中古音的痕迹，“荠”［tɕ^{h}i^{2}］在北方官话中腭化了，成为标准语音。而在其他方言中，“慈姑”的“慈”［ts^{h}i^{2}］/［tsi^{2}］、“茨姑”的“茨”

[ts^hi^2]，“马蹄”的“蹄”[te^2]，都是“荸荠”的“荠”的不腭化舌尖音在方言中的存留。汉语（方言）词汇从古到今一脉相承，从口语词汇的语音中清晰可见。

就在写上面这些文字的时候，我停下来到网店去取回网购的蔬菜。本地年轻的服务员给我拿“马蹄”。我说不是叫“慈姑儿”吗？她用成都话说，“马蹄”就是“慈姑儿”，还叫“荸荠”。现代社会信息发达，交流是全国范围的。在年轻一代中，汉语词汇的方言差别抹平了，五花八门的叫法都可以通用。但我这样上了点年纪的人，还能记起这些词汇的地域差别。

看来，“语宝网”提供的这种以字形为标注的方言词汇调查地图，如果从语音的角度去看，是可以提供有用的语言历史信息的。

参考文献：

[1] 罗杰瑞著，张惠英译. 汉语概说[M]. 北京：语文出版社. 1995 年。

[2] 中国语言资源保护中心·语宝网 https：//zhongguoyuyan. cn/

[3] 余迺永. 新校互注宋本广韵[M]. 上海：上海人民出版社，2008.

称谓词“娘”的语义演变及原因探析

张 颖①

摘 要 称谓词“娘”在古汉语中语义丰富，有“少女、母亲、宫中妃子、女性神仙、妻子、长一辈女性”等众多语义。在当下新媒体环境中称谓词“娘”的语义发生了演变，衍生出新的用法，它除了指人，还可指物，除了用于女性，也可指称男性，它由体词性的用法演变出谓词性的用法，它作为构词语素还产生了一系列新词。本文结合具体实例从古汉语中“娘”的语义谈起，重点分析新媒体语境下“娘”的语义演变及其成因。

关键词 娘；语义；演变；原因

① 张颖，女，四川叙永人。文学博士，四川师范大学文学院副教授、硕士生导师。研究方向为认知语言学。

一、古汉语中“娘”的语义

“娘”在古汉语中是个重要的称谓名词，出现在南北朝时期的文献中，最初指少女，宋本《玉篇·女部》云：“娘，少女之号。”“武媚娘、杜丽娘、杜十娘、黄四娘、辛十四娘”等称呼中的“娘”都是“年轻女子”之义。例如：

(1) 见娘喜容媚，愿得结金兰。空织无经纬，求匹理自难。(宋郭茂倩《乐府诗集·清商曲辞·子夜歌》)

(2) 黄四娘家花满蹊，千朵万朵压枝低。(唐杜甫《江畔独步寻花》)

(3) 吴娘十四未知愁，罗衣已觉伤春瘦。（南宋陆游《吴娘曲》)

古汉语中的“娘”除了“少女”之义，也有“母亲”之义，作母亲的“娘”本应写作“孃”，“孃”和“娘”原是两个不同的字，《说文》云：“孃，烦扰也。一曰肥大也，从女，襄声。”[1]1166 “孃”的本义是烦扰，后来该义用“攘”字表示。段玉裁《说文解字注》：“今人用扰攘字，古用孃……今攘行而孃废矣。”《玉篇·女部》：“孃，母称。娘，少女之号。”《广韵》卷二：“孃，母称，女良切。”后来为了抄写时省时省力，采用同音替代的简化方法，“娘”字逐渐取代了“孃”。元熊忠《古今韵会举要》：“娘，母称曰娘。”俗称父为爷，母为娘，亦作爷孃。清代段玉裁在《说文解字注》中感叹说：“又按《广韵》，孃，女良切，母称。娘，亦女良切，少女之号。唐人此二字分用画然，故爷孃字断无有作娘者。今人乃罕知之矣。”段玉裁注意到了“娘”和“孃”是不同的，只是唐以后出现了混用现象，“娘”也指母亲了。例如：

(4) 不思耶娘有大恩德，不生恭敬。(敦煌写本《父母恩重经讲经文》)

(5) 母语女言：“汝还努力为吾写经。”女云：“娘欲写何经？”(《太平广记》卷九十九引《法苑珠林》)

“娘”在唐代以后显著地成为构词语素，出现了重叠式合成词“娘娘”和附加式合成词“娘子”“小娘子”“阿娘”等多音节词。“娘子”在宋以前指未婚少女，后来成为丈夫对妻子的爱称。而“小娘子”从唐代至清代都指年轻女子，可称他人之女，亦可称己女。

(6) 承贤郎、小娘子见过。故人有佳儿女，朋友当所共庆也。(欧阳修《答连郎中》)

(7) 张生因而下泪以跪，说道：“不合问个小娘子年纪。”相国夫人道：“十七岁。”(金董解元《西厢记诸宫调》卷三)

(8) 我为君平章已确，即教小娘子从君返魂，好否？(清蒲松龄《聊斋志异·连城》)

“娘”的叠用“娘娘”和“阿娘”最初也指母亲，如：

(9) 儿与娘娘今日别，定知相见在何年。(《敦煌变文集·大目乾连冥间救母变文》)

(10) (宋) 仁宗谓刘氏为大娘娘，杨氏为小娘娘，按

此则母后为娘娘。(宋苏辙《龙川别志》)

(11) 皓远违膝下……日夜忧愁，娘娘年高。(宋洪皓《使金上母书》)

(12) 经云：阿娘怀子，十月之中，起座不安，如擎重担，饮食不下，如长病人。(《敦煌变文集新书》卷二)

唐代，宫中呼杨贵妃为“娘子”，也称“娘娘”，这里的“娘”，显然已不是“少女”“母亲”的含义了，也还没衍生出“妻子”的称呼，而是宫妃之称，是一种敬称，再如：

(13) 太真资质丰艳，善歌舞，通音律，智算过人。每倩盼承迎，动移上意。宫中呼为“娘子”，礼数实同皇后。(后晋《旧唐书》)

(14) 兀那弹琵琶的是那位娘娘？圣驾到来，急忙迎接者！(元马致远《汉宫秋》)

(15) 海南荔子味尤甘，杨娘娘偏喜啖。(清洪昇《长生殿·进果》)

(16) 前儿贵妃娘娘省亲回来，我们还亲见他带了几车金银回来。(清曹雪芹《红楼梦》)

此外，“娘娘”还指民间传说或道教神话中修炼有成的女仙，此称呼表达了对女神的敬意，例如：王母娘娘、女娲娘娘、妈祖娘娘、灶神娘娘等。如：

(17) 真人问曰：“哪吒为何这等慌张？”哪吒曰：“石矶娘娘赖弟子射死他的徒弟，提宝剑赶来杀我，把师父的乾坤圈、混天绫都收去了！如今赶弟子不放，现在洞外。”(明许仲琳《封神演义》)

"娘"除了指少女、母亲以外，唐宋以后可指妻子，如"娘子"是丈夫对妻子的爱称，现代汉语中语素"娘"仍保留了这个含义，如"师娘、老板娘"等。

（18）归到家中，押司娘见他眉头不展，面带忧容，便问丈夫："有甚事烦恼？想是县里有甚文字不了？"押司道："不是，你休问。"（明冯梦龙《警世通言》第十三卷，三现身包龙图断冤）

"娘"指妻子的用法至今仍保留在一些方言或歌谣中，如湖南耒阳方言称妻子为"老娘"，"娘"读轻声，再如：

（19）井底一个球，君和打水给娘揪。问娘会轻呀会重，孬轻孬重正好揪。井底一个柑，君和打水给娘担。问娘会轻呀会重，孬轻孬重正好担。（潮汕歌谣）

（20）月光光，照四方，照到广东人捋羊。捋得羊皮蒙鼓打，打鼓咚咚去娶娘。（流传于惠州市区的儿歌）

奴婢对女主人称"娘"。这种用法后来变成广泛的尊称，称女性多以其姓氏加行第再加"娘"呼之。

（21）那秋菊拾着鞋儿道："娘这个鞋，只好盛我一个脚指头儿罢。"（《金瓶梅词话》）

"娘"可表示惊异或怨詈之辞，词类由名词虚化成了语气词，在元杂剧、散曲和小令中被普遍使用，相当于口语中的骂语"妈的"，加强说话语气。张相《诗词曲语辞汇释》卷六："娘，表示惊异或怨詈之辞。"[1]1129 例如：

（22）娘！何处也画眉郎！（元张可久《寨儿令·闺思》）

(23) 住了雨也晒甚娘褐袖，只愿的下雹子打你娘驴头。(元无名氏《货郎旦》第二折)

“娘”可以是对家里长一辈女性亲属的称呼，如“舅娘、婶娘、姨娘”等。这种用法至今仍保留在多地方言中，西南地区、西北地区东部及长江三角洲部分地区的方言里“姑姑、婶婶、姨母、阿姨”之类的女性长辈都可称作“娘”，读作阴平，可叠用作“娘娘”，该用法进一步泛化，如今无血缘关系或无姻亲关系的女性长辈也可称作“娘”，如称邻家阿姨为“娘”。例如：

(24) 你自去挑所宅子去住，我和你姨娘、姊妹们别了这几年，却要住几日。(清曹雪芹《红楼梦》第四回)

(25) 刘欢想织一条围巾，从舅娘开始。那一年的冬天，舅舅和爸爸从北京打工回来暂歇我家，舅娘一早就带着孩子从乡下来了。(《大众日报》11 版《丰收》，2014 年 1 月 3 日)

(26) 有的父母上三班，孩子就放在院中邻居娘娘或者奶奶家写作业，到吃饭时间了，就和大家一起吃晚饭，等爸妈下班了再回自家，不免一顿感谢的话。(《每日新报》，2014 年 2 月 27 日)

“娘”是妇女的通称，元陶宗仪《南村辍耕录》卷十四：“今乃通为妇女之称。”据俞理明（2002），“娘”是口语中把“女郎”二字语速加快合成的一个音节，由于和“郎”同是单音节词，在唐以后的文献中常与“郎”相对并举使用，由指最初的年轻、尊贵的女性逐渐失去了年龄、地位的限制，成为妇女的通称[3]211－215。例如：娘子军、厨娘、绣娘等。如：

（27）娘养花蚕郎种田。（元陆沪《吴下田家志》）

从“娘”历时发展的轨迹来看，它的意义由最初的“少女”逐渐增加了“母亲、妻子、宫妃、女神、女性长辈、妇女”等多重含义，词类由名词增加了语气词的用法，语义及指称对象一步步扩展泛化，出现了词义的扩大和转移。

二、新媒体语境下“娘”的语义演变

《现代汉语词典》（第七版）“娘”的释义为：1. <口>名词,母亲：爹～、亲～。2. 称长一辈或年长的已婚妇女：大～、婶～。3. 年轻妇女：渔～、新～[4]954。

“娘”作为称谓名词，不论指母亲、长一辈已婚妇女还是年轻妇女，都是用于女性的称谓名词，但如今在新媒体语境下称谓词“娘”的用法发生了变化，它指称的对象可以是男性，也可是事物，还可活用作形容词、动词使用。下面分析称谓词“娘”语义变化的四种情况。

第一，“娘”特指那些缺乏阳刚气概、形象气质女性化或做事女人气的男性。如在“快乐男生”选秀节目中一炮而红的男歌手刘著，被人称为“著娘”或“著姐”，因为他从装扮到声音、气质都表现得很女人。再如郭敬明，他的网名是“第四维”，有人称他为“四娘”。例如：

（28）要不是快男刘著，也就是“著娘”，一夜之间成为网络红人，我们还真忘了今年还有快男这回事。（《今日早报》，2010年5月7日）

(29) 昨日在现场，有男记者提问，电影中郭敬明开了不少人的玩笑，比如杨幂的声音、“雪姨”的“好大的口气”皆穿插在电影中，而郭敬明自己对于“四娘”这样的称号，会有怎样的看法？(《华西都市报》2013年月30日)

第二，“娘”虽是指人的称谓名词，如今也可指物。在古汉语中“娘”就曾用于植物名和动物名，如“纺织娘”是一种昆虫，因其发声像纺织的声音而得名，历史上还有命名为“雪面娘”的马和“雪衣娘”的鹦鹉，如：

(30) 呼白鹦鹉为雪衣娘。(唐《明皇杂录》)

当下称谓词“娘”可指称事物，尤其在新媒体语境中，用于指称网站和软件，如称搜索引擎百度为“度娘”，人们常说“有事请问度娘”。该词原指百度公司的幕后工作者，因其提供给人们无微不至的帮助，被人们亲切地称为“娘”。一个人从小到大和母亲最亲近，有了问题首先想到的是请“娘”来解决，反映出人们对“娘”的依赖。继百度公司的幕后工作者被称为“度娘”以后，人们还称网易女员工为“易娘”，称在天涯社区工作的女员工为“天娘”，在爱卡汽车网工作的女员工为“卡娘”……例如：

(31) 随着去年“度娘”刘冬走红，网络上陆续推出了“易娘”“讯娘”，意外成为各个公司年会的一个话题。在偃旗息鼓一年之后，今年各个公司的年会如期上演，“娘战”又成为各大企业的话题之战。(《安徽商报》，2013年1月26日)

“度娘”一词从指百度公司的幕后工作者进而代指百度搜索

引擎，这一称呼把百度人性化了，很好地推广了百度公司的品牌形象。如今很多网站或软件被拟人化了，冠以“X 娘”之名，如称成都最具人气的论坛“第四城社区”为“四娘”，称谷歌翻译为“谷歌娘”，称 Win7 操作系统为“温妻娘”，还有“土豆娘、优酷娘、豆瓣娘、维基娘、起点娘、天涯娘、果壳娘、乐视娘、迅雷娘、绿坝娘、360 娘、葱娘”等。

（32）然而，“度娘”并非专业医生，如果把“度娘”的话句句当真，那就未免太傻太天真了。要让公众摆脱对“度娘”的依赖，必须建立医学科普的“国家队”，用科学权威的信息驱逐虚假信息。(《厦门日报》，2014 年 7 月 8 日)

（33）全成都好吃嘴赶紧过来，跟四娘免费超火锅坝坝筵的机会来了！(第四城社区微博，2014 年 11 月 13 日)

（34）既然是四娘 2014 年开年以来倾力打造的一号作品。那么，问题来了，这个全新的网络平台是有多酷炫，多霸道？了解四娘的人都知道，四娘是个头顶各种光环，身兼数个社会职务，“人格”分裂的人。（第四城社区论坛，2015 年 1 月 25 日）

（35）微软公司在推出 Windows7 的时候，推出了一组让人瞠目结舌的官方主题壁纸，其画面风格“萌”到让日本众多漫画师都自叹不如。壁纸主题中的女主，自然就被称为了“温妻娘”，简单来说，“温妻娘”就是指将 Windows7 系统进行“娘化”。(《安徽商报》，2010 年 3 月 24 日)

第三，“娘”原本是名词，如今可作形容词使用。“娘娘腔”专指男性的心理和行为具有女性化气质，西南官话中“娘”形容一个人做事没有男子汉气概，如“他做事娘手娘脚的”，吴语将男子举止阴柔、没有大丈夫气魄称为“娘娘”，受到方言的影响，普通话中的“娘”原本是称谓名词，也可活用为形容词，指男性说话、做事没有男子汉气概，常受到“太、很、够、非常、最、忒、越、更”等程度副词的修饰，例如：

(36) 可在电视剧《男人帮》里，孙红雷却一改硬汉形象，“娘”得很，跟细腻、温柔这类词汇纠缠不清。不过，这多少显得有点矫揉造作。(《新商报》，2011 年 11 月 12 日)

(37) 在德国队与法国队的比赛中，著名评论员黄健翔认为，德国队踢得越来越娘了，但从这场比赛来看，跑动数量不如对手，又不敢吃牌的法国队比德国队更软、更娘。连一向铮铮铁骨的德国队都娘了，其他队怎么办？事实上，德国队确实比从前要娘了。事实上，世界杯也比过去要娘了……在场上也更追求风度风姿，这不娘才怪了。(《深圳商报》，2014 年 7 月 6 日)

(38) 近日，本报记者收到一位家有男宝的妈妈的微信——“我儿子每次看到我涂口红、指甲油啥的都特别羡慕，求着要给自己也涂点。儿子长大后，会不会太娘？”为此，记者采访了心理专家及幼教老师。(《扬州晚报》，2014 年 8 月 29 日)

以“娘”作为构词语素的“娘儿们”原本是名词，是对成年女人的称谓，含轻蔑意味，如“败家娘儿们”等，该词也衍生出了形容词的用法，用来讽刺男人长相像女人，或者形容男人性格懦弱、优柔寡断、太多虑等特点，例如：

(39) 但素以口无遮拦而闻名的约翰逊，显然还没收敛昔日学长的派头。近日，他就在接受媒体采访时爆料，卡梅伦当年在大学里是个“书呆子”，“特娘儿们”。(中国新闻网，2013 年 6 月 20 日)

(40) 所以，对买菜的男人，我向来没好感。尤其是见过一些讨价还价、抓把青菜还要用力向后甩水粒的男人后，我更是固执地觉得他们很娘儿们且窝囊。(《今日早报》，2014 年 6 月 1 日)

第四，“娘”除了活用作形容词以外，还可活用作动词使用，作谓语中心，后面可带表示动作完成的“了、过”，明显具有了动词的语法特征。例如：

(41) 还有浏览器啦搜索引擎啦，只有想不到的，没有娘不了的。(源自百度百科)

(42) 特指有爱人士对各种角色甚至非生命体进行的“女性化”同人的行为，近期大有愈演愈烈的趋势，什么东西都能给“娘”了。(源自百度百科)

(43) 出道近 20 年来，古天乐把靓仔、硬汉、花心男统统演了一个遍，却唯独没有“娘”过。(报纸《假日 100 天》，2011 年 2 月 4 日)

三、以“娘”作为构词语素产生的新词

近年来，以“娘”作为构词语素产生了一系列新词，如“娘化、伪娘、娘炮、萌娘、娘男、傲娇娘”等等，“娘”在新

媒体语境下迅速走红，下面试分析几个由“娘”构成的新词。

“娘化”指对各种角色甚至非生命体进行“女性化”改造，使之变“萌”的行为。该词最开始用于日本动漫界，现在可用于男性人物角色、软件系统界面的设计和电脑桌面主题壁纸的设计等。“娘化”多以可爱的动漫少女为形象，这些形象在人们用电脑时能刺激人们的眼球，达到视觉效应，使人们快速记住产品特征和用途，是一种“拟人化”的广告宣传策略，使原本无生命的游戏主机和操作系统变成可爱的女性，让人感觉亲切不少。如：

(44) 看到这，相信大家已经开始 YY 水浒中的英雄豪杰被娘化的模样了，你敢想像李逵和鲁智深被娘化的模样么？这也是继《三国演义》之后，中国又一名著被娘化了。(凤凰网，2010 年 10 月 20 日)

(45) “小娇羞”遇到问题时，会求助，会撒娇，绝不会呈现出一副巾帼不让须眉的姿态。有时候也用于嘲讽“娘化”的男人，例：您还能再娇羞一点吗？(《汕头特区晚报》，2012 年 5 月 7 日)

“伪娘”原指男性通过女装达到女性化外貌的动漫角色，他们拥有类似女性的美丽相貌、身材和魅力，在日语中本没有贬义色彩，但传入中国以后，该词指容貌俊美酷似女性或没有阳刚之气的男子[2]45-47，有一定贬义色彩。例如：

(46) 阴柔兰花指，嗲嗲卖萌音。但如果这些都出现在一位男士身上，不知“女汉子”面对时会有什么感觉。3 月 24 日，西城市民小李给记者讲述了昨日相亲遇“伪娘”的

尴尬。(《黄河口晚刊》, 2014 年 3 月 25 日)

“娘男”泛指打扮、气质、性格、行为有些女性化的男人。例如：

(47)“娘男”之风似乎席卷娱乐圈，娘味十足的演员小沈阳穿裙子登上春晚舞台、“伪娘”刘著则穿着女装四处招摇、艺人李玉刚则因为扮古装美女火得风生水起……除了统计出全国“极品好男”排名外，还同时公布了“娘男”的数据。(《南京晨报》, 2013 年 3 月 8 日)

新词“娘炮”既是名词也是形容词，作名词指那些外表及行为表现有明显女性化倾向的男子；作形容词指男生性格、动作、行为、心理、表情女性化，例如：

(48) 严格来说能在世界杯赛场上出现的人，绝对不是娘炮。我也很不希望这句话是对着卡西这样的人呼啸而去，但是足球运动发展的趋势就是如此，谁也没有办法。(《华西都市报》, 2014 年 6 月 25 日)

(49) 男的打伞没什么大不了的，男的也是人，也怕晒。况且如果被晒得像条黑泥鳅也有碍观赏。可是如果打花伞就太让人受不了了，太娘炮了！相对而言，还是比较欣赏不打伞，戴帽子，朝气蓬勃的男人。(《信息时报》, 2013 年 8 月 14 日)

(50) 最近，“神仙哥哥”的生活照流出，令网友感叹，“真正的男神是男女通杀!”小灿本人对伪娘的说法十分抵制，“我承认我是比不少姑娘都美，但我绝不娘炮。”(《南国都市报》, 2014 年 1 月 17 日)

“萌娘”既可指可爱的未成年少女，也可指虽然成年了但仍长得可爱的女孩，又作“萝莉”。

(51) 经过我的深入探寻，终于找到一位非常可爱的萌娘级女生。这个妹纸在两三年前曾经红极一时，原因是因为她的一套萌娘含笔图和兔女郎的套图在伪娘界传阅甚广，一度被认为是伪娘。(《电脑乐园游戏攻略》，2013 年 7 期)

四、新媒体语境下“娘”语义演变的原因分析

称谓词“娘”在当今新媒体语境下产生了新的用法，新兴词语中又增加了一批以“娘”作为构词语素的新词，笔者认为其语义演变的原因有以下几点：

首先，称谓词是社会文化的一部分，“娘”的新用法反映了当下的社会发展状况和文化特征，称某些男性为“X 娘”反映了当今社会少数男性女性化的性别模糊倾向。日本漫画、日韩偶像剧以及不少选秀节目中“花样美男”越来越多，电视、杂志常报道一些男明星的穿着经验和护肤心得，使得部分年轻男性为了变漂亮使用化妆品，和女性一样注重外表，在装扮、声音、行为举止方面有了女性化的倾向，故被人称作“X 娘”。

其次，“娘”字走红受到了日语的影响，日语中“娘”指女孩儿、少女，日本动漫在国内影响颇广，美女动漫形象容易吸引人们的眼球，给人们带来视觉上的享受，美女经济使越来越多的软件和网站被冠以“X 娘”之名，使该词从汉语传入日语又借回到汉语中广泛使用。

再次，“娘”指事物主要用于搜索引擎、程序系统和网站，它们被称为“娘”使无生命物有了人性化的特点，能反映女性亲切、友好、耐心的特征。这种拟人化的称呼让用户觉得亲密友好，增进了和用户之间的感情。

最后，称男性为“娘”及“娘”的活用反映了人们在语言表达上求新求异的心理诉求，与人们反传统、反理性的审美心理有关，尤其是在网络新媒体时代，新用法迅速传播流行开来，体现了年轻人用语时尚俏皮、标新立异，“娘”被赋予新义也反映了语言随着时代而发展变化的特点。

五、结语

文章从古代汉语中“娘”的语义谈起，梳理该词由最初的“少女”之义扩大到指“母亲”“宫中妃子”“女性神仙”“妻子”“妇女”等。在新媒体环境下，该词还可以指称男性和事物，语义发生演变泛化，词类由单纯的称谓名词增加了形容词、动词的用法，以“娘”作为构词语素产生了一系列新词，充实了汉语的词汇系统，“娘”的语义扩展、词类转化及构词能力的变化都体现了语言的发展演变，这些新变化使我们的汉语系统更加丰富灵活，更具表现力，新的语义和新用法能否在汉语系统留存下来，我们拭目以待，且等时间和人民群众来检验吧。

参考文献：

[1] 汉语大字典编辑委员会. 汉语大字典（第二版）[Z]. 武汉：崇文书局，四川辞书出版社，2010.

［2］王伟思．网络雷词“伪娘”考［J］．吉林广播电视大学学报，2010（9）．

［3］俞理明．“娘”字小考［A］//汉语史学报，上海：上海教育出版社，2002．

［4］中国社会科学院语言研究所词典编辑室．现代汉语词典（第七版）［Z］．北京：商务印书馆，2016．

《汉语大词典》补苴

——以石刻文献为例

杨薇薇①

摘　要　《汉语大词典》是一部“古今兼收，源流并重”的大型历时性语文工具书，作为我国收词量最大、权威性最强的词典，它在语词的多样性和溯源等方面做出了巨大的贡献，但由于种种原因，仍存在一定疏误。本文以石刻文献为主要研究语料，对《大词典》的部分条目进行商补，以期为《汉语大词典》的编纂和修订提供部分参考。

关键词　《汉语大词典》；石刻文献；补苴

---

① 杨薇薇，女，四川南充人，文学博士，四川师范大学文学院讲师。研究方向为石刻、简牍文献整理与语言文字研究。

作为重要的出土文献，石刻文献兼具丰富性和真实性，且关涉社会生活的众多方面，有极强的语料价值。本文以石刻文献为主要研究语料，同时结合相关传世文献，从书证、释义、立目和收词等方面对《汉语大词典》（以下简称《大词典》）存在的一些疏误进行补正，以期为新版《大词典》的编纂和修订提供部分参考和建议。

一、书证增补

书证是辞书至关重要的组成部分，《大词典》坚持“源流并重”的原则，要求追溯词语的源，并辅以丰富饱满的例证。但实际编纂过程中，由于书证搜寻难度巨大，部分词目存在书证缺漏和滞后的问题。兹据石刻文献增补若干：

［永逝］

《大词典》（5卷894页）：“永远消逝。”①

惟首引近代文献，偏晚。“永逝”婉言逝世，墓志中习见，如北魏《萧融墓志》：“望□高翔，临河永逝。如何不吊，报施冥灭。”②《元扬妻王氏墓志》：“如何不吊，高松早折。奄同周南，窈窕永逝。”又唐《任君墓志》：“西园大夏，叹英杰之云

---

① 本文采用的《汉语大词典》版本为：罗竹风主编《汉语大词典》（第一卷）（上海辞书出版社，1986）和《汉语大词典》（第二至十二卷）（汉语大词典出版社，1988－1993）。相关引例，统一于各词目下分列详细出处。

② 文章汉魏六朝石刻文例皆选自毛远明先生《汉魏六朝碑刻校注》（线装书局，2008），下同。

亡，东合长廊，嗟哲人之永逝。”①[3]21引例中“永逝”与“早折”“冥灭”对举，“逝世”义可证，可以提前书证。

［云归］

《大词典》（11卷664页）：“乘云归去，谓仙逝。”

惟首引宋代文献，偏晚。石刻用例如北魏《孙秋生等造像记》：“现世眷属，万福云归，洙轮迭驾。”北齐《道明墓志》：“是以四部云归，若百川之注江海。”唐《单信墓志》：“日落高峰，云归邃谷，君从长逝，奄随风烛。”[8]147《扈小冲墓志》：“逝川易往，阅水不停。云归岱岭，魄散寒垧。”[8]808可提前书证。

［轲亲］

《大词典》（9卷1234页）：“指孟轲的母亲。”

惟首引宋代文献，偏晚。石刻用例如《唐故沛郡刘府君墓志铭并序》：“志励严霜，有贞姜之大节。气和春日，袭轲亲之令名。”[3]93可提前书证。

［惇懿］

《大词典》（7卷603页）：“淳厚善良。”

惟引宋代文献，偏晚。石刻用例如东汉《孔彪墓碑》：“穆穆我君，大圣之胄。惇懿允元，叡其玄秀。”《唐故马君墓志并序》：“君彰善肃睿，惇懿纯一，行堪列史，以贻后世。”[3]68可提前、增补书证。

［龙花］

《大词典》收“龙花”（12卷1465页），谓同“龙华”，指

① 相关隋唐石刻用例主要参考王其祎、周晓薇《隋代墓志铭汇考》，周绍良、赵超《唐代墓志汇编》《唐代墓志汇编续集》，周绍良《全唐文新编》及王仲璋《汾阳市博物馆藏墓志选编》等，部分释文及题名略有调整。

龙华树。

惟首引唐代文献。石刻用例如北魏《杨阿绍造像碑》："眷属大小，龙花三会，道□初手，衣食自然，所愿如意。"《魏灵藏薛法绍等造像记》："舍百鄣，则鹏击龙花；悟无生，则凤升道树。"可提前书证。

［亲眷］

《大词典》（10 卷 347 页）："亲戚眷属。"

惟首引宋代文献，偏晚。石刻用例如北魏《吕思颜造像碑》："伏愿亲眷常安隐，咸解□□□□□国祚永隆。"隋《袁亮墓志》："孝子五情糜烂，亲眷断绝心肝，闻者莫不伤悲，见者悉皆流泪。"[2]5-91 唐《李彻墓志》："友朋哀感，亲眷酸迷。"[8]20 "亲眷"与"孝子""友朋"对举，语义可证，可提前书证。

［里闬］

《大词典》（10 卷 370 页）："代指乡里"。

惟首引元代文献，偏晚。石刻用例如北周《安伽墓志》："绩宣朝野，见推里闬。"隋《姬威墓志》："方当乘轩服冕，论道庙堂，具旃长戟，增荣里闬。"[2]4-67《荀君妻宋玉艳墓志》："百两齐驾，宗党荫其光晖□；五马踟蹰，里闬荣其朱紫。"[2]5-134 可提前书证。

［星周］

《大词典》（5 卷 673 页）："星辰视运动历一周天为一星周，即一年。"

惟首引宋代文献，偏晚。石刻用例如北魏《元略墓志》："夫星周纪易，循环莫息，泉灵绵代，或颓或徙。"《唐故靳府君墓志铭并序》："初弄竹马，次号缘遇，生未星周。"[3]101 吴弘简《大唐故朝议郎行慈州长史赐绯鱼袋陇西李府君墓志铭并序》：“壮志花颜，同欢并命，而兰销玉折，未历星周。”[9]865可提前书证。

二、义项增补

石刻文献中，可增补辞书义项者亦多。如：

[攀恋]

《大词典》(6卷954页)：“攀住车马，不胜依恋。常用于表示对良吏的眷恋。”

墓志材料中，又常以之表示对丧者的依恋，如唐《毛凤敬墓志》：“妻子攀恋以崩绝，弟妹号哭以涟濡。”[8]1349《张翼墓志》：“长号惨怛，有深寒谷之悲；攀恋增哀，更甚旋隍之恸。”[8]1414《李瑶妻韦氏墓志》：“将发之际，攀恋何依，从兹永隔，举目声悲。”[8]1706又《大唐李公墓志铭并序》：“泣血三朝，绝浆七日，号天叩地，攀恋无依。”[3]75可补义项。

[金籯]

《大词典》(11卷1197页)收“金籯”，谓同“金籯”。金籯，《大词典》(11卷1195页)：“储存黄金的竹器。”

“金籯”语出《汉书·韦贤传》：“（韦）贤为人质朴少欲，笃志于学……贤四子：长子方山为高寝令，早终；次子弘，至东海太守；次子舜，留鲁守坟墓；少子玄成，复以明经历位至丞相。故邹鲁谚曰：‘遗子黄金满籯，不如一经。’”后又常典指韦贤之才、赞文采。如《册李义甫司徒太常伯文》：“金籯仞彩，辩终豹于书林；珠握分光，骋邹龙于笔海。”[1]311唐《部崇烈墓志》：“嗣子太庙斋郎负鼎等，并金籯比德，玉树生庭。”[8]1508

《胡佺及妻石氏墓志》："太初玉树，夙擅嘉声；韦氏金籝，遽升高第。"[8]1177 "金籝"与"玉树""珠握"对举，言文采、智慧。《大词典》未录此义，可补。

[法雷]

《大词典》（5卷1046页）："佛教语。谓佛法如雷，能惊觉群迷，故称。"

又《大唐故上柱国任君墓志》作"法雷闻于百里，化锦传于三异"[3]41，唐《南郭生墓志》云："膏雨随轩，飞誉迁蝗之境；法雷居邑，腾芳驯雉之郊。"[8]870例中"法雷"与"驯雉""迁蝗"同现；与"膏雨""化锦"对举，按此处"法雷"即"法雷霆/电"，李峤《为百寮贺恩制表》云："法雷电之威，诛而不怒；用春秋之义，断必以情。"[10]2-1-2746用以称扬吏治、喻美政，墓志中亦常见，如唐《裴仲将墓志》："仪星设职，起草光乎定礼；法雷为政，桑下表于遗仁。"[9]479《郭珽之墓志》："勖戴星之勤，居法雷之任。"[8]1464《大词典》未录此义项，可补。

[牧马]

《大词典》（6卷247页）：①牧放马匹……常以指驻防、戍边或胡骑南侵；②放牧的马……引申指胡骑或征骑。

"牡马"又化用典故，典出《诗经·駉》："駉駉牡马，在坰之野。……思无邪，思马斯徂。"《正义》曰："作《駉》诗者，颂僖公也……又宽恕以爱于民，务勤农业，贵重田谷，牧其马于坰远之野，使不害民田。"常用以颂美政，赞宽恕爱民、器局宏大。如王隐《晋书》曰："内外肃然，牧马于家庭。"墓志用例如北魏《高湛墓志》："逍遥儒素之间，纂申穆之遗风；徘徊文史之际，追牧马之逸藻。"唐《马神威墓志》："尘清六漠，野亭无牧马之声；

风偃百城，邑居有带牛之化。”[8]978《杨承胤墓志》：“官止割鸡，神虚牧马。”[8]1074《大词典》未录此义，可补。

［方丈］

《大词典》（6 卷 1552 页）：①一丈见方；②指方丈之食；③初指寺院，后指僧尼长老、住持的居室；④指寺庙、道观主持；⑤传说中海上神山名。

方丈，初指寺院，后可指僧尼长老、住持的居室，又可泛指佛家经义，用例如东魏《朱永隆等七十人造像铭》：“反入维摩，权形嘿言于方丈；文殊十辞，表问疾于平等。”北齐《□道明墓志》：“十二等唱，方丈之说不殊；五典时言，洙泗之风若一。”《唐故处士任君墓志铭并序》：“乍入方丈之中，时探一乘之奥，既而净业将备，奄及遭随。”[3]25“方丈”与“洙泗”（代称孔子及儒家）、“一乘”（佛教语）对举，“佛家经义”义可证。《大词典》收录此词，然未录此义，可补。

［薰风］

《大词典》（9 卷 595 页）：①和暖的风；②相传舜唱《南风歌》，有“南风之薰兮”句，见《孔子家语·辩乐》，后因以“薰风”指《南风歌》。

“薰风”本代指《南风歌》，后亦以代指典范、美名，如隋《姚辩墓志》：“长澜若水，远馥薰风。时贤继及，世德攸隆。”[2]4-153唐《杜传义及妻皇甫氏墓志》：“秀芳枝于千叶，扇薰风于万古。”[9]137《赵端及妻徐氏墓志》：“流芳令范，播美薰风。”[8]418《张彦及妻郭氏墓志》：“绮琴早奏，扬令绩于薰风；兰坂晨晖，奉涡阳之逸藻。”[8]480“薰风”与“芳枝”、“令范”和“逸藻”对举，可证典范、美名义。《大词典》收录“薰风”

词，然未录此义项，可补。

［驰芳］

《大词典》(12 卷 802 页)："散播芳香。"

"驰芳"可引申表芳名远播，如北周《宇文逢恩墓志》："公含琦蕴宝，挺秀驰芳。"南朝徐陵《陈文皇帝哀册文》："纳揆驰芳，宾门流咏。"又隋《徐之范墓志》："与二刘兄弟或燮谐好善，驰芳东合；或翼陪敬爱，命藻西园。"[2]1-137唐《张信妻王氏墓志》："至乃司空博物，飞声晋朝；平子浑天，驰芳汉日。"[8]1123可补义项。

［闻识］

《大词典》(12 卷 107 页)："知识；学问。……亦指有学识。"

"闻识"，一般指知识、学问，后也指人。如西魏《崔芬墓志》："松崩千丈，玉碎连城，泪堕行人，酸结闻识。""闻识"与"行人"对举。"行人"同"行路"，有路人义，石刻用例如东魏《祖子硕妻元阿耶墓志》："痛缠亲戚，哀动行人。"唐《王智本墓志》："哀深邻里，思断行人，呜呼哀哉！"[8]900《独孤思敬及妻元氏墓志》："行人垂泣，故友增伤。"[8]1103类推可知"闻识"当与"亲戚""邻里""故友"等语义相近，可释为"听闻了解之人"。《大词典》收录"闻识"一词，然未录此义项，可补。

［景命］

《大词典》(5 卷 770 页)："大命，本指授予帝王之位的天命。"

"景命"亦可指寿命，墓志中常见，如东汉《尹宙墓碑》："景命不永，早即幽昏。"北魏《元端墓志》："而昊天不吊，景命云徂。"隋《赵龄及妻郭氏墓志》："景命不融，遂褰眉寿。"[2]2-79又《唐故沛郡刘府君墓志铭并序》："诚可景命延龄，霜松比寿。”[3]93可补义项。

三、异形词增补

历代文献典籍中，常有一词多形的现象，虽很难做到穷搜尽列，但《大词典》修订坚持“订严补慎”的原则，适当增补、调整有助于梳理词形、词义及语词关系网络，兹举2例：

[**宛丽**]

《大词典》收“宛丽”条（3卷1404页）：“婉转清丽。”

《大词典》收“婉丽”条（4卷380页）：①秀美、柔美也；②委婉华丽，多指诗文。

前者，首引南唐文献“才调宛丽”；后者，引唐代书证。“宛丽”当同“婉丽”。《唐故李府君墓志铭并序》云：“夫人扶风马氏，柔明宛丽，淑顺宜家，道妇无污，孝闻郡邑。”[3]95例中“宛丽”言人秀美、柔美也。又北齐《僧静明等修塔造像碑》：“修营故塔，宛丽初新。”言物婉转华丽。“宛丽”与“婉丽”意同，可关联书证、增列附条。

[**函牛**]

《大词典》收“函牛”（2卷507）：“谓能容纳一头牛，指大鼎。”

首引骆宾王《上瑕丘韦明府启》“烹鸡屈函牛之量”例。“函牛”典出《淮南子·诠言训》：“夫函牛之鼎沸，而蝇蚋弗敢入。”高诱注：“函牛，受一牛之鼎也。”墓志用例中常喻才器宏大。如北齐《赵炽墓志》：“朝议以函牛之鼎，非享鸡之用；甘棠之地，宜邵伯所临。”唐《牛阿师墓志》：“移官成孝，宅仁为美。器则函牛，艺兼穿兕。”[8]928《吴巽墓志》：“天与英伟，有函牛之器；志无所屈，行行然有季路之风。”[9]612可补书证。

又“涵牛”同“函牛”，如唐《大唐故洛州新安县令任府君墓志铭》：“君器盈牧马，量重涵牛。”[3]23《杨思讷墓志》：“俯屈涵牛，载光狎雉。”[5]268《柳怀素墓志》：“空劳锦制，更悲琴曲。徒屈涵牛，载清佩犊。”[9]332《许行本及妻崔氏墓志》：“公恭宽信敏，廉明清直，屈涵牛之巨量，就烹鱼之下任。”[8]869“涵牛”与“牧马”对举，喻器局宏大。“涵牛”当即“函牛”。可增列附条。

四、词目增补

石刻文献中，《大词典》未涉的词语较多，搜集整理可丰富辞书词目，此处亦简列若干：

[引派]

引，引导；派，别水也。引派，疏导分流，常喻指家族派系分支。墓志中习见，如北齐《梁子彦墓志》：“将相有门，公侯复始，浚源引派，本枝郁矣。”又唐《纥干承基墓志》：“奕奕华胄，绵绵贵宗，分枝若木，引派潢洿。”[8]310《郝璋及妻崔氏墓志》：“殷王之胤，引派流长。惟忠惟孝，美誉遐芳。”[6]284“引派”与“分枝”并举，语义可证，《大词典》未收此词，可补。

[玄寝]

玄寝，指坟墓。石刻材料中习见，如隋《董穆墓志》：“始终长□，□筮有期，顾瞻日月，会归玄寝。”又唐《苏日荣妻武氏墓志》：“今以大历十年二月九日，大举玄寝，祔殡于北邙旧茔之左礼也。”[8]1786《段承宗墓志》：“夜台此闭，无复春秋，玄寝永安，邈终天地。”[8]1807“玄寝”与“夜台”对举，坟墓义可证。《大词典》未收此词，可补。

［享龄］

享龄，同“享年”，敬称死者活的寿数。如唐刘禹锡《故朝散大夫检校尚书吏部郎中兼御史中丞赐紫金鱼袋清河县开国男赠太师崔公神道碑》：“方倚以重任，天富其才而不遐其福，享龄六十有五。”[10]3-2-6899又《杜守及妻鱼氏墓志》：“何期积善无征，享龄不永。”[4]334《白羡言及妻贺若氏墓志》：“享龄七十，以先天二年正月廿七日终于京兆里第。”[8]1446《大词典》收“享年”，未收此词，可补。

［凶庐］

凶，丧礼。《梁书·徐勉传》：“其大归有五，即宗伯所掌典礼：吉为上，凶次之，宾次之，军次之，嘉为下也。”庐，古时为守丧而建在墓旁的小屋。《荀子·礼论》：“齐衰、苴杖、居庐、食粥、席薪、枕块，所以为至痛饰也。”凶庐，言行丧礼之处，唐苏颋《对着服六年判》：“曩时儒肆，喜遇祥鳣；今日凶庐，悲逢吊鹤。”[10]2-1-2867《唐故李府君墓志铭并序》：“嗣子清等，追慕罔极，泣血凶庐，肝摧胆隳，骨裂魂断。”[3]85《段晏墓志》：“谁为欢游之馆，今闻薤露之音；歌笑之堂，俄变凶庐之所。”[9]705“凶庐”与“薤露”对举，可证词义。《大词典》未收此词，可补。

［秦台］

“秦台”当为“秦台镜”之省，秦台镜，即秦镜。传说秦始皇有一方镜，能照见人心的善恶，后泛指镜子。如李商隐《破镜》诗："秦台一照山鸡后，便是孤鸾罢舞时。"《唐故李府君墓志并序》："夫人乐安任氏，孤鸾失伴，映灭秦台。"[3]85 "秦台"与"孤鸾"共现，即"孤鸾照镜"，可证语义。又如唐《麻素及妻王氏墓志》："德成组，不纲锦室之丝；女图充镜，讵秦台之照。"[7]32 《王爽墓志》："犹以挂镜秦台，光函晓月，披珠魏乘，价重连城。"[8]1585 《大词典》未收此词，可补。

［情机］

机，禀赋，性灵。情机，言本性禀赋，用例如唐《冯政墓志》："且以才器淹通，情机警悟，卓然高峻，遐尔难寻。"[6]92《郑广墓志》："公情机独照，智绪无端。"[8]407 王勃《梓州飞乌县白鹤寺碑》："爱友上座法师等，情机藻莹，戒律圆明。"[10]1-4-2130《大唐故太原王府君墓志》："物轨攸仰，情机所覃。"[3]39 《大词典》未收此词，可补。

［韶襟］

韶襟，美好胸襟。如唐《龙敏墓志》："韶襟日翥，逸韵霞轩，资茂范于题舆，鼓芳猷于半刺。"[9]253 又薛元超《孝敬皇帝哀册文》："韶襟日湛，英姿岳峻。"《故大唐西河任府君墓志铭》："韶襟玉润，雅操霜明。"[3]53 "韶襟"与"逸韵""英姿""雅操"对举，语义可证。《大词典》未收此词，可补。

［淑顺］

淑顺，淑良温顺。石刻中习见，如西晋《孙松女墓志》："在裸有淑顺之美，来嫔尽四德之称。"北周《元琠墓志》："淑顺都闲，言辞温丽，比明珠于汉水，若美玉于蓝田。"隋《杨君及妻吴女英墓志》："识悟凝明，体华淑顺。"[2]1-282 又《唐故任府君墓志铭并序》："新妇河东卫氏，柔明婉丽，淑顺仪家。"[3]89

《大词典》未收此词，可补。

［乡闬］

闬，里门。《汉书·叙传下》：“绾自同闬，镇我北疆。”颜师古引应劭注曰：“楚名里门为闬。”“乡闬”当同“里闬”，代指乡里，如北魏《李超墓志》：“恂恂乡闬，万殊一会。”唐《张君妻成公氏墓志》：“祖、父咸以望标乡闬，行著里闾，焕乎简章，可略言矣。”[8]157《唐故靳府君墓志铭并序》：“府君抱松筠芝操，禀山岳奇气，乡闬有名，里仁为美。”[3]101《皇甫弘敬墓志》：“处乡闬以翔英，入圆邕而警韵。”[8]302“乡闬”与“里闾”对举，语义可证。《大词典》未收此词，可补。

［鸡岫］

鸡岫，石刻材料中习见，如《大唐故将军王果帐内穆君志并序》：“想鸡岫之禅林，希鹿园之宝藏。”[3]37王勃《梓州飞乌县白鹤寺碑》：“禅姿晓映，依稀同鸡岫之前，梵呗晨临，仿佛像鱼山之曲。”又见于唐《司成馆守宣业范义頵等议状一首》：“故河上仙老降刘后之高，鸡岫名僧屈轮王之重。”[10]5-1-12370《诸色篇·国忌》：“于是鹿园遐敞，鸡岫横临。”鹿园，即鹿野苑，佛教地名。鱼山①，曹植作梵呗之处。“鸡岫”与“鹿园”“鱼山”对举，当与佛教地名有关。

《说文·山部》：“岫，山穴也。从山由声。”“鸡岫”与山相关，当指代鸡峰，即鸡足山也，地名，迦叶尊者入定之山，在摩揭陀国，又曰狼迹山。《大唐西域记》卷九：“莫诃河东入大

① 鱼山，《法苑珠林》卷四九：“（陈思王曹植）赏游鱼山，忽闻空中梵天之响……乃摹其声节，写为梵呗”，后遂用“鱼山”咏佛教梵呗。

林野，行百余里，至屈屈吒播陀山（唐言鸡足），亦谓窭卢播陀山（唐言尊足）……其后尊者大迦叶波居中寂灭，不敢指言，故云尊足。”《根本说一切有部毗奈耶杂事》卷四十曰：“旧云鸡足，由尊者在中，后人唤为尊足。又岭有佛迹，然鸡足尊足，梵音相滥也。”鸡岫，代指鸡足山也，语义可证，可补。

参考文献：

[1]（宋）宋敏求编，洪丕谟等点校. 唐大诏令集［M］. 上海：学林出版社，1992.

[2] 王其祎，周晓薇编著. 隋代墓志铭汇考［M］. 北京：线装书局，2007.

[3] 王仲璋主编. 汾阳市博物馆藏墓志选编［M］. 太原：三晋出版社，2010.

[4] 吴钢主编；王京阳等点校；陕西省古籍整理办公室编. 全唐文补遗（第5辑）［M］. 西安：三秦出版社，1998.

[5] 吴钢主编；王京阳等点校；陕西省古籍整理办公室编. 全唐文补遗（第7辑）［M］. 西安：三秦出版社，2000.

[6] 赵力光主编；西安碑林博物馆编. 西安碑林博物馆新藏墓志汇编（上）［M］. 北京：线装书局，2007.

[7] 中国文物研究所，千唐志斋博物馆编. 新中国出土墓志·河南卷［M］. 北京：文物出版社，2008.

[8] 周绍良，赵超主编. 唐代墓志汇编［M］. 上海：上海古籍出版社，1992.

[9] 周绍良，赵超主编. 唐代墓志汇编续集［M］. 上海：上海古籍出版社，2001.

[10] 周绍良主编. 全唐文新编［M］. 长春：吉林文史出版社，2000.

《汉语大字典·門部》字形校读札记①

王晓恩②

摘　要　本文对《汉语大字典·門部》中的16个字在收字、字形及字形出处上存在的问题进行了考察，指出并纠正了该部存在的问题，并就出现问题的原因做了初步总结。

关键词　《汉语大字典》；收字；字形；字形出处

《汉语大字典》（以下简称《大字典》）作为一部"古今兼收、源流并重"的大型汉语工具书，"力求历史地、正确地反映汉字形音义的发展变化"。在收字方面，第二版《大字典》相比第一版在

---

① 本文为2021年度国家社科基金重大项目"《汉语大字典》修订研究"（21&ZD300）的阶段性成果。本文写作得到导师雷汉卿教授悉心指导，谨致谢忱。

② 王晓恩，女，内蒙古乌兰察布人，四川大学文学与新闻学院汉语言文字学专业硕士研究生。

全面性和准确性上有了极大的进步，所有字形均以《印刷通用汉字字形表》（以下简称《通用字表》）为依据，统一采用新字形。但对于其他出自历代辞书和古今著作而未被《通用字表》所收录的字形当如何处理，第二版字典未有详细说明。1989年，《汉语大字典》编纂处曾编写发行了《〈汉语大字典〉编写细则》，其中对当时未被《通用字表》收录的字形做了以下规定：

> 在《印刷通用汉字字形表》公布前，全部印刷体楷书汉字在笔形、字形上是不统一的。例如，侧点可以写成撇点、竖点、横点、斜方点、长方点——这些不统一的字形还可以作为偏旁部件再生成一批合体字。这种由于书写刻写等原因造成的印刷宋体、仿宋体、楷体汉字笔形和笔划［笔画］上的微异不作异体入典，需要进行整理和统一。
>
> 整理和统一的原则是：作为独体字时，适当保留各种不同形体入典；作为偏旁部件组成合体字时，只保留一种统一形体的合体入典，其他删除。无统一字形相对应的合体字，可以酌收。①

这一细则对《通用字表》以外的字头在笔画、字形上的问题进行了统一规范，字典第二版未对该细则加以修订或增补，所以在处理非《通用字表》字形时沿用了此细则规定。依据上述细则及字典应具有的规范性及可靠性原则，本文对《汉语大字典·門部》的部分楷书字头就字形正讹及与字形出处的对应关系加以考辨，希望能为《大字典》“門”部字的修订提供参考。

---

① 该细则只以油印本发行，未能得见原文，转引自李国英《〈汉语大字典·麥部〉收字、字形考辨》（2010）一文。

1. 閅，同“門”。《龙龛手鉴·門部》：“閅，《旧藏》作門。”（P4357）①

按：今考《龙龛手鉴·門部》：“⿵門丅，《旧藏》作門。”《龙龛手镜》同②。均无“閅”字，其形实作“⿵門丅”。《大字典》所标出处与字形不合。《康熙字典·門部》：“閅，《篇海》同門。”③ 当为字典所本。经查《改并四声篇海·門部》，此字前有标识“◓”，标明引自《龙龛手鉴》，字形释义亦与《龙龛手鉴》一致。宋郭忠恕《佩觿》：“丁丅。丁，上当青翻，丙丁。下是古文下字。”[3]126《字汇·辨似》也释：“丁，丙丁。丅，古下字。”可见“丁”“丅”二字虽字形相近，但音义不同。《康熙字典》从“丁”作“閅”，显为讹改。《大字典》据《康熙字典》转录字形，又将出处引作《龙龛手鉴》，导致字形与出处不符。按照修订细则“尽可能收录古今所有的楷书单字”的收字原则，《大字典》当补收《龙龛手鉴》字形“⿵門丅”，并将“閅”的出处改作《康熙字典》。

---

① 单字条目后的括号内数字为该条目在《汉语大字典》（第二版）中出现之页码，下同。

② 据《〈汉语大字典〉主要引用书目表》，《汉语大字典》使用的《龙龛手鉴》版本为《四部丛刊续编》影宋刊本，《龙龛手镜》版本为高丽版影印辽刻本（中华书局 1985 年影印），《四部丛刊续编》影宋刊本即江安傅氏双监楼藏宋刊本，《续古逸丛书》所收之《宋本新修龙龛手鉴》亦为此本（江苏广陵古籍刊印社 2001 年版据此影印）。本文在核对字典出自《龙龛手鉴》的字形时，主要复核了这两个版本，依据的是中华书局 1985 年影印的《龙龛手镜》和江苏广陵古籍刊印社 2001 年影印的《宋本新修龙龛手鉴》。

③ 据《〈汉语大字典〉主要引用书目表》，《汉语大字典》使用的《康熙字典》版本为上海同文书局石印殿本（中华书局 1958 年影印），此本依据康熙五十五年武英殿本而来，故本文在引用出自《康熙字典》的字形时，主要依据即为康熙五十五年内府刊本《康熙字典》。

2. ⿵門兮，fēn《改并四声篇海》引《川篇》音芬。（P4364）

按：今考《改并四声篇海》：“⿵門⿱八丁，音芬，火气。”① 未见“⿵門兮”字，其形作“⿵門⿱八丁”。《大字典》所标出处与字形不合。《字汇补·門部》：“⿵門兮，芳文切，音芬，火气。”② 当为《大字典》所本。“⿱八丁”为“分”的异体字。《敦煌俗字谱·刀部》“分”字作“”（中20·155·上－5）[8]21，北魏《元斌墓志》“分”作“”，隋代《皇甫深墓志》“分”作“”。《改并四声篇海》字形从“⿱八丁”作“⿵門⿱八丁”，应为“⿵門分”的异体字。张涌泉《汉语俗字丛考》也注“⿵門兮”：“‘兮’旁当是‘分’旁之讹，而‘⿵門分’即‘⿵門分（⿵門焚）’字俗书。”[10]1085《字汇补》从“兮”作“⿵門兮”，当为因字形相近造成的讹误，《康熙字典》未加辨别，辗转传抄，《大字典》据《康熙字典》收录字形，又将出处引作《改并四声篇海》，导致出现两点不足：一是未收字书所载正确的字形“⿵門⿱八丁”，反而错收讹改后的字形“⿵門兮”；二是将出自《字汇补》的字形引作《改并四声篇海》，致使字形与出处不符。依据收字原则，《大字典》当补收“⿵門⿱八丁”，并将“⿵門兮”的出处改作《字汇补》。

① 据《〈汉语大字典〉主要引用书目表》，《汉语大字典》使用的《篇海》版本为明崇祯年间刻本，即明崇祯己巳年金陵圆觉庵释新仁重刊万历己丑本，题名为《大明万历己丑重刊改并五音类聚四声篇》。此本承万历本重刊而来，除万历本卷一为先附《重刊五音篇韵序》后《重刊改并五音类聚四声篇海集韵序》，崇祯本反之，其他体例皆同。由此本文在核对引用出自《篇海》的字形时，主要依据了明万历本，即《大明万历己丑重刊改并五音类聚四声篇》（日本国立国会图书馆所收）。

② 据《〈汉语大字典〉主要引用书目表》，《汉语大字典》使用的《字汇补》版本为康熙刊本，即康熙五年本，故本文在引用出自《字汇补》的字形时，主要依据此版本。

3. 閖，同“闢”。《龙龛手鉴·門部》：“閖”，“闢”的古文。(P4367)

按：今考《龙龛手鉴·門部》：“閖，古。闢，今。”未见“閖”字，其形应作“閖”。《大字典》所标出处与字形不合。《字汇补·門部》：“閖，便亦切，音弼，开也，启也。”当为《大字典》所本。“収”“収”均为“收”的异体字，毛远明《汉魏六朝碑刻异体字典》“收”字下注释：因构件“丩、刂、忄、十、扌”形近讹混，“攵”是“攴”的隶变，与“又”形近义通，“收”字存在许多变体，“収”与“収”即为其中二例[6]814。因此《龙龛手鉴》字形“閖”与《字汇补》字形“閖”当为异体关系。《大字典》据《字汇补》收录“閖”字，又将出处引作《龙龛手鉴》，导致字形与出处不符。依据收字原则，《大字典》当补收《龙龛手鉴》之“閖”，并将“閖”的出处改作《字汇补》。

4. 閰，jú《广韵》居六切，入屋见。(P4373)

按：今考《广韵·屋韵》：“閰，闲閰。”① 未见“閰”字，其形作“閰”。《大字典》所标出处与字形不合。《龙龛手鉴·門部》：“閰，居六反。闲閰也。”“臼”已连笔为“臼”，当为《大字典》所本。《龙龛手镜》字形“閰”相连更为明显，已近于“日”形。“臼”与“臼”字形相近，但并非一字。

清李调元《六书分豪》：“臼臼，上求上声，下音匊。”[2]

① 据《〈汉语大字典〉主要引用书目表》，《汉语大字典》使用的《广韵》版本为张氏泽存堂本（中国书店1982年影印），题名《大宋重修广韵》。本文在核对出自《广韵》的字形时，依据的即为此版本。

《宋本玉篇·臼部》："臼，居六切，叉手也。两手捧物曰臼。"《字汇》："閰，居六切，音菊，闭閰也。与臼字不同，臼字下书连，音舅。"[7] "臼"小篆字形作""，会两手交叉捧物之意，从其所作合体字如"舁"，小篆字形作""，从臼廾。共举也。段注："谓有叉手者，有竦手者。皆共举之人也。"又"臾"，小篆字形作""，从申从乙。"申"字小篆字形从"臼"作""，《说文解字》："申，神也。七月，阴气成，体自申束。从臼，自持也。"段注："臼，叉手也。"可见"臼"不论作为字头抑或部首，均表示"叉手"，这与意为舂米器具的"臼"在含义上大相径庭。此外，"臼"也为"閰"的声符。《龙龛手鉴》从"臼"作"閰"，既更改了原字的构形理据，也破坏了原声旁的表音作用，显为因字形相近造成的讹改，《大字典》未加判定即据以收录，又将出处引作《广韵》，导致出现两点不足：一是未收表意表音正确的字形"閰"，反错收讹改后的字形"閰"；二是将出自《龙龛手鉴》的字形引作《广韵》，致使字形与出处不符。依据收字原则，《大字典》当补收"閰"，并将"閰"的出处改作《龙龛手鉴》。

5. 閴，同"闃"。《玉篇·門部》："閴"，同"闃"。（P4374）

按：今考《宋本玉篇·門部》："**閴**，同上（闃）。"① 未见

① 据《〈汉语大字典〉主要引用书目表》，《汉语大字典》使用的《玉篇》版本为张氏泽存堂本（中国书店1983年影印）及四部丛刊影印元刻本。1983年影印本题名《宋本玉篇》，四部丛刊本题名《大广益会玉篇》本文在核对出自《玉篇》的字形时，依据的即是这两种版本的《玉篇》。

“闎”字，其形作“閦”。四部丛刊本《玉篇》字形作“閦”，与正体字形相距甚远，当为据俗体人为所改的字形。《康熙字典·門部》：“闎。《广韵》：‘初六切，音琡，众也，出《字统》，或作闎。’《正字通》：‘按：㐺即众之变体，本作閦，伪从乑，尤非。’”经查《广韵·屋韵》字形作“閦”，与《玉篇》字形一致。《正字通》字形作“閦”，从古文字形“門”，均与字典字形有异，因此《康熙字典》当为《大字典》所本。乑、㐺、㣺均为“众”字之变体，为三人并立之形，《康熙字典》《正字通》从“乑”作“闎”，与文字表意不符，应为誊抄书写时的讹误。《大字典》将出自《康熙字典》的字形引作《玉篇》，导致字形与出处不合。依据收字原则，《大字典》当补收《玉篇》字形“閦”，并将“闎”的出处改作《康熙字典》。

6. 𨶒，同“患”。《说文·心部》：“患，𨶒，古文从關省。”《玉篇·門部》：“𨶒，古文患。”（P4376）

按：《说文解字》以小篆为正体，并无简化字形，《宋本玉篇·門部》：“閞，胡惯切，古文患。”未见“𨶒”字，其形作“閞”。《大字典》所标出处与字形不合。经查《说文解字》“患”字下古文形体作“閞”，中间部件并非“艹”字，应为“卝（丱）”字。《广韵·谏韵》：“丱，古患切，总角也，幼稚也。”《集韵》字形作卝，《集韵·谏韵》：“卝，古患切，束发皃，《诗》：‘总角卝兮’。”与古文部件一致。且“卝”“串”均为见母谏韵，可将“卝”理解为“串”的简化部件。而“艹”为“艸”的楷化字形，与“卝”并非一字，二者相混应为连笔及字形相近造成的讹误。检核四部丛刊本《玉篇》《改并四声篇海》《字汇》《康熙字典》字形作"⿵門思"，实为古文楷化后的形体，字典已予收录；《宋本玉篇》作"⿵門思"，"卝"字与古文一致；《广韵》作"⿵門思"，"卝"横笔已出头作"卄"；《集韵》字形作"⿵門思"，"卝"已完全讹变为"卄"。《大字典》据《集韵》收"⿵門思"字，又将出处引作《玉篇》，导致出现两点不足：一是未收《玉篇》所载与古文部件一致的字形"⿵門思"，反收几经传抄讹误的字形"⿵門思"；二是将出自《集韵》的字形引作《玉篇》，致使字形与出处不符。依据收字原则，《大字典》当补收《玉篇》字形"⿵門思"，《广韵》字形"⿵門思"，并将"⿵門思"的出处改作《集韵》。

7. ⿵門甬，yǒng《玉篇》余腫切。（P4379）

按：今考四部丛刊本《玉篇》："⿵門甬，余腫切。門木也。"然《宋本玉篇·門部》字形作"⿵門用"，与四部丛刊本字形有异。"甬"金文字形作"甬"（西周《录伯〔冬戈〕簋》），小篆字形作"甬"（《说文解字》），因此"用"应为"甬"的古文隶定字，后楷书字形演变作"甬"。《广韵·腫韵》："甬，草花欲发皃，亦甬道。"《宋本玉篇》从"用"作"⿵門用"，当为"⿵門甬"的异体。《大字典》忽略了不同版本间字形的差异，仅收录了四部丛刊本字形，当据以对《宋本玉篇》异体字形加以补充或说明。

8. 闋，同"鬭"。《龙龛手鉴 · 門部》："闋"，"韧"的俗字。（P4379）

按：今考《龙龛手鉴 · 門部》，未见该字，其形作"闋"。《大字典》所标出处与字形不合。《改并四声篇海》："闋，苦穴切。闋闋，无門户也。"当为《大字典》所本。"矣"为"矣"的异体字，《隶辨 · 止韵》引《夏承碑》字形作"矣"[4]。此外，东汉《朝侯小子碑》"矣"作"矣"，唐代《邓君妻墓志》"矣"作"矣"。因此《龙龛手鉴》字形当为"闋"的异体字，《大字典》据《改并四声篇海》收录字形，又将出处引作《龙龛手鉴》，导致字形与出处不符。依据收字原则，《大字典》当补收《龙龛手鉴》字形"闋"，并将"闋"的出处改作《康熙字典》。

9. 閞，同"闍"。《龙龛手鉴 · 門部》："閞"，"闍"的俗字。（P4381）

按：今考《龙龛手鉴 · 門部》："閞，俗。闍，正。"《龙龛手镜》同。未见"閞"字，其形作"閞"。《大字典》所标出处与字形不合。经查《字汇补》："閞，同闍，国名。"当为《大字典》所本。"昪"为"昇"字异写。《重订直音篇 · 日部》："昇，音升，日之升也。昪，同上。"[9]77 文献用例如北魏《元崇业墓志》作"昪"，隋代《侯肇墓志》作"昪"，唐代《张去轶墓志》作"昪"等。《龙龛手鉴》从"昪"作"閞"，当为"閞"的异体字。《大字典》据《字汇补》收录"閞"字，又将出处引作《龙龛手鉴》，致使字形与出处不符，当补收《龙龛手鉴》字形“⿵門甫”，并将“⿵門用”的出处改作《字汇补》。

10. ⿵門咼，kuā《集韵》空娲切，平佳溪。（P4381）

按：今考《集韵·佳韵》：“⿵門咼，門不正开，或作⿵門爲。”① 未见“⿵門咼”字，其形作⿵門咼。《大字典》所标出处与字形不合。该字形最早见于《玉篇》：“⿵門咼，苦乖切，門不正也。”音义与“⿵門咼”相同，为一字之异写。《字汇补·門部·补音义》：“⿵門咼，又《汉隶》佤字。”当为《大字典》所本。考“𠕋”字小篆形体作冎，上部为声符“𠕋”，指人的头骨，其小篆字形作冎，可见内部折笔均是向右书写的，因此“冎”的楷化形体应为“𠕋”。又有异体字形“冎”，《玉篇》《广韵》《集韵》《五音集韵》均作“冎”，包含该部件的其他字形也均作“冎”。至明代《字汇》中该字字形再度变体作“𠕋”，包含该部件的其他字形也均作“𠕋”，《康熙字典》与《字汇》一致，門部字形均作“⿵門咼”，当为正体。而《字汇补》字形作“⿵門咼”，既不符合字形发展规律，也无文献使用证明，当为传写过程中造成的讹误。《大字典》据《字汇补》收录“⿵門咼”字，又将出处引作《集韵》，导致出现两点不足：一是未收《字汇》所载与古文部件一致的字形“⿵門咼”，反收传抄讹误的字形“⿵門咼”；二是将出自《字汇补》的字形引作《集韵》，致使字形与出处不符。依据收字原则，《大字典》当补

---

① 据《〈汉语大字典〉主要引用书目表》，《汉语大字典》使用的《集韵》版本为述古堂影宋钞本（上海古籍出版社 1985 年影印），本文在核对出自《集韵》字形时，依据的即为此版本。

收《字汇》字形“闀”，《玉篇》字形“闐”，并将“闀”的出处改作《字汇补》。

11. 闀，jiè《改并四声篇海·門部》引《搜真玉镜》：“闀，音届。”（P4384）

按：今考《改并四声篇海·門部》：“闐，音届。”此字前有标识“◎”，标明引自《搜真玉镜》。未见“闀”字，其形作“闐”。《大字典》所标出处与字形不合。“届”与“屇”是两个音义不相关的形近字。“届”为“屆”的古文隶定字，“屆”小篆字形作“屆”，《说文解字》《尔雅》《玉篇》“屆”均作“届”。《集韵·怪韵》：“届屆曁。《说文》：‘行不便也。一曰极也。’至也。或作届，古作曁。”“屇”从尸田声，《宋本玉篇·尸部》：“屇，徒连切。屇，穴也。”《字汇·辨似》：“屇，音田，穴也。届，音介，至也。”《改并四声篇海》字形本从“屇”作“闐”，《大字典》引用后从“届”作“闀”，当为引用过程中的讹误。但由于“届”与“屇”字形相近，在使用中偶有混同，如北魏《山徽墓志》：“始届有来暮之歌，浃兴谁嗣之咏。”字形作“屇”[6]425。隋代《成公氏墓志》“届”也作“屇”。《字汇补》：“闐，公债切，音届，义同。”字形虽与《改并四声篇海》一致，然反切与读音不符，当是将“屇”视作了“届”的异体字。综上，字典应据以更正字头字形“闐”并分别注音“徒连切”及“公债切”。

12. 閬，liáng《改并四声篇海·門部》引《川篇》："閬，力扬切。"（P4386）

按：今考《改并四声篇海·門部》："闞，力扬切。"未见"閬"字，其形作"闞"。《大字典》所标出处与字形不合。经查《字汇补》："閬，力扬切，音良，义阙。"当为《大字典》所本。"昜"为"昜"的异体字。《经典文字辨证书·勿部》："昜，正。昜，俗。"[1]34北魏《元绍墓志》作"昜"，《李尊墓志》作"昜"。且"昜"作为声符在其他字形中也有出现，如东汉《杨震碑》"陽"作"陽"，北魏《陈天宝造像》"揚"作"揚"，隋代《魏氏墓志》"楊"作"楊"。《改并四声篇海》从"昜"作"闞"并非无据可依，应作为"閬"字的异体字形收录。《大字典》据《字汇补》收"閬"字，又将出处引作《改并四声篇海》，导致字形与出处不符。依据收字原则，《大字典》当补收《改并四声篇海》字形"闞"，并将"閬"的出处改作《字汇补》。

13. 闝，piáo《字汇补》平姚切。（P4393）

按：今考《字汇补·門部》并无该字，《大字典》所标出处有误。《中华字海》："闝，音瓢，同'嫖'。"[5]1564当为《大字典》所本。《大字典》字形所引出处有误，应据以修正为《中华字海》。

14. 闚，同"闞"。《龙龛手鉴·門部》："闚"，"闞"的俗字。（P4394）

按：今考《龙龛手鉴·門部》："闚，俗。闞，正。"《龙龛手镜》同。未见“⿵門視”字。其形作“**⿵門⿰木見**”，《大字典》所标出处与字形不合。《改并四声篇海·門部》：“⿵門視，犬规切，小视也。”此字前有标识“◒”，标明引自《龙龛手鉴》，音义亦与《龙龛手鉴》一致，当为《大字典》所本。“礻”“木”两部首在书写时极易混同，因此从“木”与从“礻”的字常互为异体。以汉魏碑刻字形为例：如“祖”字北魏《元弘嫔侯墓志》作“**柤**”，“神”字北魏《宋虎墓志》作“**柛**”，“朽”字东魏《志朗造像》作“**⿰礻丂**”，“枵”字北魏《赵光墓志》作“**⿰礻号**”，等等。因此《龙龛手鉴》所作字形当为“⿵門視”的异体字，《大字典》据《改并四声篇海》收“⿵門視”字，又将出处引作《龙龛手鉴》，致使字形与出处不符。依据收字原则，《大字典》当补收《龙龛手鉴》字形“**⿵門⿰木見**”，并将“⿵門視”的出处改作《改并四声篇海》。

15. ⿵門豳，fēn《龙龛手鉴》芳文反。（P4398）

按：今考《龙龛手鉴·門部》：“**⿵門幽**，芳文反。闠⿵門豳。”未见“⿵門豳”字，其形作**⿵門幽**。《大字典》所标出处与字形不合。《龙龛手镜》：“⿵門豳，芳文切，闠⿵門豳。”音义与《龙龛手鉴》一致，当为《大字典》所本。《龙龛手镜》字形所从“⿶凵豩”为“豳”的异体字，《字汇》：“⿶凵豩，同豳。”而《龙龛手鉴》字形既无字书佐证也无文献用例，当为书写产生时的错讹字。《大字典》据《龙龛手镜》收“⿵門豳”字，又将出处引作《龙龛手鉴》，导致字形与出处不符，应据以修改字形出处。

16. [illegible]，同“閏”。《改并四声篇海·門部》引《搜真玉镜》：“[illegible]，閏。”《古俗字略·震韵》：“閏，岁余也。[illegible]，同上。”(P4399)

按：今考《改并四声篇海·門部》，未见“[illegible]”字，其形作“[illegible]”。《大字典》所标出处与字形不合。“閠”为“閏”的异体字，《广韵·稕韵》：“閏，閏余也。”《正字通·門部》：“閏，俗从玉作閠。”唐代《刘冰墓志》作“[illegible]”。《改并四声篇海》从“閠”作“[illegible]”，并非无据可依。《大字典》当遵照原本字形予以收录。经查字书未见与“[illegible]”完全一致的字形，《字汇补·門部》有从“閠”的字形“[illegible]”，但左上部件近于“大”而非“六”字。《大字典》所收字形无字书佐证，亦无文献使用依据，应属引《改并四声篇海》“[illegible]”字时产生的讹字，造成收字错误，应将该字字形替换为“[illegible]”。

综上所述，《汉语大字典·門部》在收字、字形方面存在以下问题：

1. 部分字头字形与字典所标出处不合。其原因在于，《大字典》“收字以《康熙字典》为蓝本”，而字典所标出处为该字出现时代最早的文献资料。当所引文献字形与《康熙字典》字形存在“笔形和笔划［笔画］上的微异”时，字典往往选用《康熙字典》字形作字头，以最早出现的字书、韵书为其出处。但字典在“微异”字的判定上存在一定偏差：

（1）将两个字形相近的独立字头视作“微异”字，从而在收录时忽略了部件字形的不同，如“丁丅”“卄[illegible]”“兮兮”“屆届”等。这些形近字在书写时极易混淆，但本质是两个独立的字头，作为汉字构件时具有自身独特的表意功能，字典将其作为“微异”字进行处理，未对讹误字形加以辨别，不仅造成字形与文献出处的矛盾，也破坏了汉字的表意性。

（2）将本为异体关系的字形认作“微异”字。《〈汉语大字典〉编写细则》提道：“由于书写刻写等原因造成的印刷宋体、仿宋体、楷体汉字笔形和笔划［笔画］上的微异不作异体入典，需要进行整理和统一。”然而许多异体字也是由于笔形和笔画上的不同造成的，细则未对“异体字”和“微异字”的区别加以判定，在收录时将诸如“叏収”“閠閏”“昜易”“舁异”等异体字形按照“微异”字处理，未保留字书中的原有字形，导致产生字形与文献出处的矛盾。笔者以为，已被字书收录或有文献佐证的异体字形不应当作“微异”字处理，它们不是在书写刻写中偶然造成的字形差异，而是在特定时期内具有一定使用范围的异体字，这种字形及其作为偏旁部件组成的其他合体字，都应作为异体字予以收录。

2. 漏收大量异体字。由于上述对“微异”字的错误判定，字典在收字时忽略了许多异体字形。根据编写细则“尽可能收录古今所有的楷书单字”和“除楷书正体外，符合细则的楷书异体、俗体、繁体、简体、古体、讹体等也予以收录”的收字原则，这些异体字都应当纳入收字范围。

3. 误收违背汉字特征的讹误字形。如“闒闒”“閼閼”，《大字典》在收录时未对部件的字形演变加以甄别，所收字形与部件的正体存在差异，属于字书在传抄中产生的讹误字，应补充收录其他字书中的正体字形。

4. 由于编写时未核对原书或是校对时的疏漏，个别字头出现与所引出处不匹配的失误。

以上就《大字典·門部》收字、字形及字形出处上存在的问题进行了初步分析和归纳，不足之处，恳请学界专家批评指正。

参考文献：

[1]（清）毕沅. 经典文字辨证书［M］. 北京：商务印书馆，1937.

[2]（清）李调元. 六书分豪［M］. 据函海本影印本.

[3] 李学勤主编. 中华汉语工具书书库（第十二册）［M］. 合肥：安徽教育出版社，2002.

[4] 李学勤主编. 中华汉语工具书书库（第三十九册）［M］. 合肥：安徽教育出版社，2002.

[5] 冷玉龙，韦一心，等. 中华字海（第二版）［Z］. 北京：中国友谊出版公司，2000.

[6] 毛远明. 汉魏六朝碑刻异体字典［M］. 北京：中华书局，2014.

[7]（明）梅膺祚. 字汇［M］. 明万历本.

[8] 潘重规. 敦煌俗字谱［M］. 台北：石门图书公司，1978.

[9]（明）章黼撰，（明）吴道长重订. 重订直音篇［M］. 续修四库全书引练川明德书院刻本.

[10] 张涌泉. 汉语俗字丛考［M］. 北京：中华书局，2000.

四川邻水县方言音系差异研究[①]

夏　晓[②]

摘　要　邻水县方言分为两类：一类是入归阳平区，一类是入声独立区。经过笔者的田野调查，发现以地形作为天然分割线，邻水话的音系分为两类：东槽话属于入声独立区，西槽话属于入归阳平区。在铜锣山和明月山之间的东槽，相对偏僻，当地旧有的南路话特征更多地保留了下来，而在华蓥山和铜锣山之间的西槽，由于县城所在而更为开放，为移民带来的湖广话全部占据。这是方言因地形阻隔而不同的一例。

关键词　邻水话；方言调查；语音差异

---

① 本文为国家社科后期资助项目“嘉陵江流域方音字汇——20 世纪四川方音大系之二”（20FYYB039）的阶段性成果。

② 夏晓，女，四川广安人，四川师范大学文学院 2020 级汉语言文字学专业研究生。

一、邻水方言调查

(一) 地理位置

邻水县（东经：106.9°，北纬 30.3°）隶属于四川省广安市。邻水县内三条东北—西南走向的山脉——华蓥山、铜锣山、明月山作为天然屏障将邻水县分为两个区域——东槽和西槽，因此，在当地有“三山两槽”的说法。邻水西槽位于邻水县西部地区，邻水东槽位于邻水县东部地区。大洪河与御临河由北向南分别流经东槽与西槽，在重庆市内交汇后流入嘉陵江。邻水县东面与重庆市垫江县和长寿区毗邻，西面与广安市前锋区与华蓥市交界，南面以狭长的入口与重庆市渝北区交界，北面与大竹县交界。距重庆市 110 公里，距广安市 40 公里，地处包茂高速、沪蓉高速和 210 国道三条交通要道的交界上，交通便利。

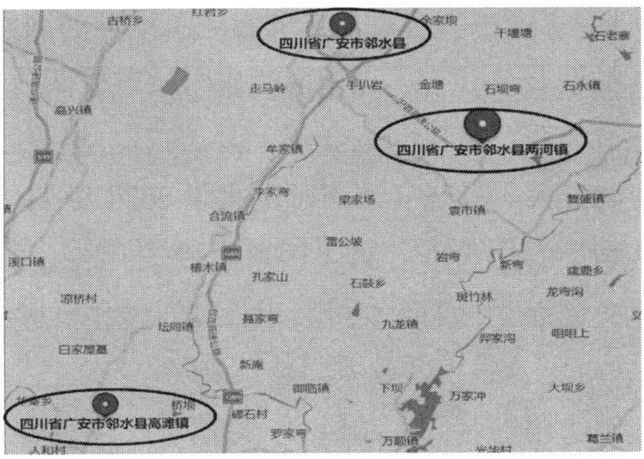

图 1　邻水县高滩镇与两河镇地理位置①

---

① 来源于高德地图。

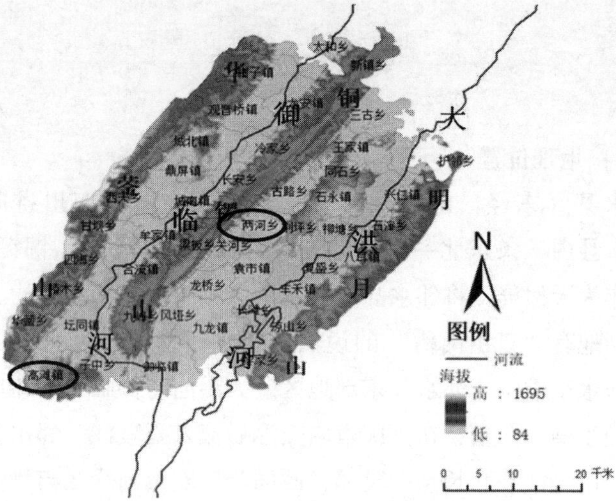

图 2　邻水县地形图①

（二）田野调查情况

在邻水县内选取了两个方言点进行田野调查和分析，邻水县有“三山两槽”，所以方言点的选取参考了地形的因素，以高滩话作为“西槽话”的代表，以两河话作为“东槽话”的代表。

邻水西槽话调查时间：2022 年 1 月 23 日。调查地点：邻水县高滩镇。调查人：夏晓（四川师范大学 2020 级硕士研究生）。发音人基本情况：阳传兵，男，1949 年 9 月出生，邻水县高滩镇人，小学文化程度，大队委员，未长时间离开邻水县，讲高滩话（西槽话）。记音整理及音系归纳：夏晓。

邻水东槽话调查时间：2014 年 7 月 21 日至 2014 年 7 月 22 日。调查地点：邻水县邻水中学。调查人：刘慧（四川师范大

---

① 用 ArcGis 绘图，图中两河乡即两河镇。

学2012级硕士研究生）。发音人基本情况：冯昌宗，男，1947年07月出生，邻水县两河镇人，大专文化程度，在邻水县邻水中学担任教师，未长时间离开过邻水县，讲两河话（东槽话）。记音整理及音系归纳：夏晓。

本次田野调查使用上海师范大学研发的斐风（Field Phone）、Mini Box声卡和德国拜耳动力TG H55C话筒调查录音，调查字表以中国社会科学院语言研究所《方言调查字表》为基础，结合当地方言情况特点适当筛选制成，最终调查字数为3645个。笔者以调查材料听音、记音，使用Praat软件进行声调测值及单元音舌位图测值。在调查录音听音和音值核对的基础上，总结出邻水西槽话与东槽话语音系统。指导调查：周及徐（四川师范大学教授）。调查录音设备由四川师范大学文学院语言学实验室提供。

二、邻水方言音系

（一）邻水东槽话音系

1. 声母

如表1所示，邻水东槽话声母共21个，包括20个辅音声母和1个零声母。

表1 邻水东槽话声母表

p 巴步白	p^h 破婆	m 米明目	f 飞父欢户	v 乌雾味挖袜
t 多大笛	t^h 拖桃	l 奴路连		
ts 租自知阻诸昨	ts^h 残痴锄称		s 思虱书舌熟	z 日

tɕ 酒就九剧　　tɕ^{h} 七墙丘其　　ȵ 女牛　　ɕ 心虚行寻

k 锅共　　k^{h} 课葵　　ŋ 我欧　　x 火旱活

ø 味儿衣域易

声母说明：

1. 声母 l-有 l-或 n-的变体，多数为 l-，统一记作 l-。

2. /ȵ/：前舌面鼻音，只出现在泥母三四等字前，发音时，舌面前部抵住龈腭，龈腭阻塞明显，气鼻流较弱，如女 ȵy4、牛 ȵiəu2。

3. /v/：唇齿浊擦音，只出现在合口呼零声母 u 韵母的音节前，如乌 vu1、武 vu3。

2. 韵母

如表 2 所示，邻水东槽话韵母共 36 个，其中单元音韵母 8 个、复元音韵母 15 个、鼻音韵尾共 13 个（下单线为白读）。

表 2　邻水东槽话韵母表

ʅ 之执日职尺	i 里齐集笔逆	ʊ 猪母突绿	y 女雨虽
ɚ 儿二而			
ᴀ 那爸塔伐	iᴀ 家涯夹瞎	uᴀ 瓜画挖刮	
e 蛇涉折得客	iɛ 爷接节特隙	uɛ 阔扩国	yɛ 靴决削
o 多慕鸽脱落	io 约学		
ai 台街解	iɛi 介解	uai 帅怪	
ei 梅悲肥废		uei 堆奎吹屡	
au 刀敲照	iau 校标挑跃		
əu 偷州肉	iəu 流		
an 男站旦班	iɛn 监甜颜建	uan 团关软院	yɛn 权园院犬

en 审奔等生寸　　in 禁民冰名　　uen 滚春闻　　yn 旬军永

aŋ 党房项　　iaŋ 向讲　　uaŋ 光矿桩

oŋ 孟空农封茂　　ioŋ 兄穷容

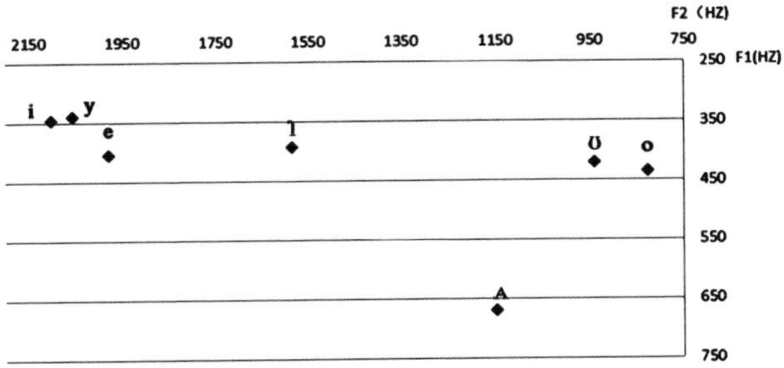

图 3　邻水东槽话元音声学舌位图①

韵母说明：

（1）/ʊ/：后高圆唇元音，音值与普通话略低略前，圆唇度与普通话相比较小。

（2）/A/：元音 a 作单元音时为央元音 A；在 ia、ua 中，位置靠后，发音较完整，记为 A；在-an、-uan 中，a 受其后的前鼻音-n 影响，发音部位靠前记为 a；在-iɛn、-yɛn 中，a 受其前的前高元音-i-、-y-影响，发音部位偏高记为 ɛ；在-aŋ、-iaŋ 和-uaŋ中，a 受其后的后鼻音-ŋ 的影响，发音部位靠后，实际音值为 ɑ，记为 a。

（3）前高不圆唇元音 i 与前高圆唇元音 y，与普通话相比基本一致，两者区别较明显。

---

① 说明：元音舌位图用四川师范大学文学院教师周岷提供的模板制作。下文图 5 同。

3. 声调

邻水东槽话有五个声调，分别是阴平、阳平、上声、去声、入声。以下选取各声调代表字，用 Praat 软件测出其基频值及相关数据，并绘制出声调绝对时长曲线图，测出各声调具体调值：阴平 45，阳平 31，上声 431，去声 24，入声 33。

表 3　邻水东槽话声调表

阴平	1	45	巴当师关衣
阳平	2	31	田年流忙轮
上声	3	431	点显广两敏
去声	4	24	派旧利父杜
入声	5	33	七八十陌福

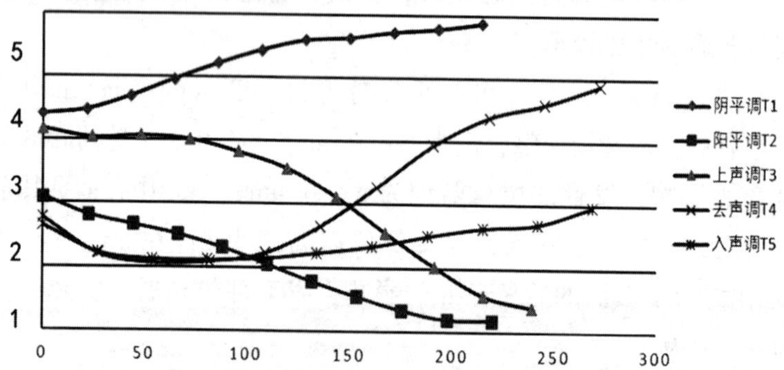

图 4　邻水东槽话绝对时长声调曲线图①

① 说明：声调曲线图模板使用四川师范大学文学院教师周岷提供的模板制作。下文图 6 同。

声调说明：

（1）阴平调为高升调。

（2）阳平调为中降调，下降趋势平缓，时长较短。

（3）上声调为高降调，曲线图前半段比较平缓，后半段降势比较明显，时长较长。

（4）去声调为曲折调凹调，曲线图前半段略显下凹形势，但下凹范围仍在 2 度范围内，后半段明显为升调，所以记其调值为 24。

（5）入声调为平调，曲线图在 3 度内略显下凹趋势，但曲线整体在 3 度范围内，所以调值记为 33，时长较长。

（二）邻水西槽话音系

1. *声母*

如表 1 所示，邻水西槽话声母共 20 个，19 个辅音声母和 1 个零声母。

表 4　邻水西槽话声母表

p 巴步白	p^h 普婆	m 米明目	f 飞伐呼户	v 乌无误屋
t 多稻毒	t^h 他同	l 奴路连年		
ts 租自知阻诸昨	ts^h 残痴锄称		s 思虱书舌熟	z 日
tɕ 酒就九局	$tɕ^h$ 七墙丘其		ɕ 心虚行	
k 锅共	k^h 课葵	ŋ 我欧	x 火旱活	
ø 味儿艺衣域易				

声母说明：

（1）/l/：声母 l-有 l-或 n-的变体，多数为 l-，统一记作 l。

（2）/v/：唇齿浊擦音，合口呼零声母 u 韵母的音节开头带有明显的唇齿浊擦音 v-，如乌、武、雾等；其他合口零声母前相拼时摩擦较弱，如网、完、碗等，也记为 v-。

（3）零声母齐齿呼非鼻音韵尾音节开头摩擦较为明显，实际音值为 j-。如：姨、牙、爷等。

2. 韵母

如表 5 所示，邻水西槽话韵母共 37 个，其中单元音韵母 8 个、复元音韵母 16 个、鼻音韵尾共 13 个（下单线为白读或旧读）。

表 5　邻水西槽话韵母表

ʅ 之执日职尺	i 被齐集笔逆	ʊ 猪母突绿	y 女雨虽
ɚ 儿二而			
ᴀ 那爸塔伐	ia 家佳夹瞎	ua 瓜挖刮	
e 蛇涉折得客	iɛ 爷接节	uɛ 括廓国	yɛ 靴决削
o 多摹鸽脱落	io 略学		
	iu 蜀畜足菊		
ai 台街解	iɛi 介解	uai 帅怪	
ei 梅悲肥废		uei 堆奎吹	
au 刀敲照	iau 敲标挑跃		
əu 偷州肉	iəu 流		
an 男站旦班	iɛn 监甜颜建	uan 团关软院	yɛn 权园院犬
en 审奔等生寸	in 禁民冰名	uen 困春闻	yn 旬军永

aŋ 党房项　　iaŋ 向讲　　uaŋ 光框窗

oŋ 孟空农封茂　　ioŋ 兄穷容

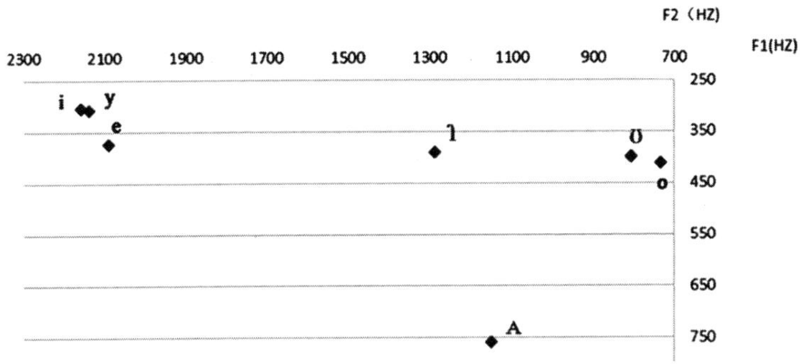

图5　邻水西槽话元音声学舌位图

韵母说明：

（1）/u/：后高圆唇元音，音值比普通话略低略前，圆唇度与普通话相比较小；与唇齿浊擦音 v-相拼时，摩擦较为明显，如：乌无五。

（2）/i/与/y/：前者为前高不圆唇元音，后者为前高圆唇元音，两者 F1 相差不大，F2 的大小表现出展唇与圆唇的区别，与普通话基本一致。

（3）/A/：元音 a 作单元音时为央元音 A，比普通话的发音位置靠后。

3. *声调*

邻水西槽话有四个声调，分别是阴平、阳平、上声、去声。以下选取各声调代表字，用 Praat 软件测出其基频值及相关数据，并绘制出声调绝对时长曲线图，测出各声调具体调值：阴平 35，阳平 41，上声 52，去声 324。

表 6　邻水西槽话声调表

阴平	1	35	巴当师关衣
阳平	2	41	田年国夺立
上声	3	52	点显广两敏
去声	4	324	派旧利父杜

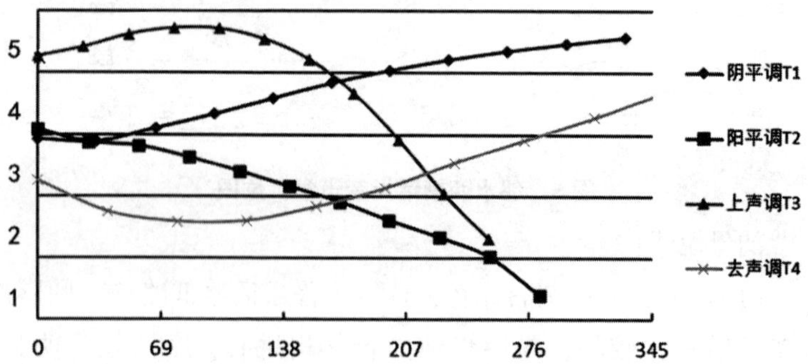

图 6　邻水西槽话绝对时长声调曲线图

声调说明：

（1）阴平调为中升调。

（2）阳平调为高降调，起势略显拱形。

（3）上声调为升降调、拱调，降势比较明显。

（4）去声调为凹调，时长最长。

三、邻水方言与湖广话和南路话的语音特征比较

“‘湖广话’是指岷江以东以北四川中东部地区，以成都、

重庆为代表的（西南官话）成渝片方言。‘南路话’是指四川盆地岷江以西以南地区、以及其相延续的长江以南地区的有独立入声调类的方言。”[7]由此看，邻水话应当属于“湖广话”。李荣主编的《中国语言地图集》（1987）也表示邻水话属于西南官话的成渝片，是入归阳平区；除此之外，还有一些有关方言的研究也指出邻水属于入归阳平区，如甄尚灵等《四川方言音系》[6]、黄雪贞《西南官话的分区（稿）》[1]、郝锡炯《关于四川方言的语音分区问题》[2]、翟时雨《成都、重庆话在四川方言分区中的地位》[5]，杨时逢 1984 发表的《四川方言调查报告》[4]也指出邻水属于入归阳平区，还指出了邻水话不区分平翘舌、泥来母全混等方言特征。直到 2014 年刘慧[3]对广安五县市进行方言音系调查，才第一次提出邻水话还保留了入声，属于入声独立区。因此，为了探究邻水话方言音系的真实面貌，笔者基于前贤的研究，在邻水县内选取了两个方言点——东槽话与西槽话进行田野调查，并归纳了 9 条语音特征[8]来探究邻水东、西槽话与“湖广话”和“南路话”的关系。

下面以重庆（市区）话为湖广话代表，以崇州话为川西南路话代表，以北京话为参照，并列邻水两河话（东槽话）和邻水高滩话（西槽话）。其中重庆话用巴县音系（杨时逢）[4]，北京话音系用《汉语方音字汇》（北大中文系 1989）音系，崇州话参考《南路话和湖广话的语音特点——兼论四川两大方言的历史关系》[8]，邻水东槽话来自四川师范大学 2012 级硕士研究生刘慧的田野调查，邻水西槽话来自笔者的田野调查。

各点调类及调值如下（为避免字迹过小难于辨认，本文声调数值一律不上标）：

	两河（东槽）	高滩（西槽）	重庆	崇州	北京
阴平 1	45	35	55	55	55
阳平 2	31	41	31	31	35
上声 3	431	52	42	52	214
去声 4	24	324	35	11	51
入声 5	33	（41）	（31）	33	

邻水话与其他三个方言点的语音特点比较（为便于了解方言间调类的对应，在以下的列表中用“-1、-2、-3、-4、-5”表示阴平、阳平、上声、去声、入声五个调类，调类与送气符号一律不上标）：

1. 泥来母一二等字相混，三四等字区分，形成 l-/n-与 ȵ-对立。

	南	兰	泥	离
两河（东槽）	lan-2	lan-2	ȵi-2	li-2
高滩（西槽）	lan-2	lan-2	li-2	li-2
重庆	nan-2	nan-2	ni-2	ni-2
崇州	næn-2	næn-2	ȵi-2	ni-2
北京	nan-2	lan-2	ni-2	li-2

这一特征，邻水西槽话与重庆话一致，泥来母全混；邻水东槽话与崇州话一致，分两组形成 ȵ-与 l-/n-的对立。此处可见邻水西槽话与重庆话关系较近，邻水东槽与南路话关系较近。

2. 蟹摄舒声合口一等端组字、山摄舒声合口一等端泥组字失去-u-介音。

	堆	腿	端	乱
两河（东槽）	tuei－1	thuei－3	tuan－1	luan－4
高滩（西槽）	tuei－1	thuei－3	tuan－1	luan－4
重庆	tuei－1	thuei－3	tuan－1	luan－4
崇州	tei－1	thei－3	tan－1	nan－4
北京	tuei－1	thuei－3	tuan－1	luan－4

这一特征邻水东西槽地区与重庆、北京两地读合口，崇州读开口。

3. 果摄一等帮组端系韵母为-u，见系字为-u/-ɯ/-ɣ；模韵帮系字端组字（老派）读-o。

	哥	我	股	图
两河（东槽）	ko－1	ŋo－3	kʊ－3	thʊ－2
高滩（西槽）	ko－1	ŋo－3	ku－3	thu－2
重庆	ko－1	ŋo－3	ku－3	thu－2
崇州	kɯ－1	ŋu－3	ko－3	tho－2
北京	kɣ－1	wo－3	ku－3	thu－2

这一特征果摄一等字邻水东西槽话与重庆话都读-o，崇州话读-u；模韵字邻水东槽话与重庆话都读-u，崇州话读-o。经过笔者调查发现，“慕、墓、幕”等明母模韵字东槽话读-o，西槽话中出现-u/-o 新老异读的情况。

4. 麻三精组见系字韵母读-i。

	姐	写	谢	爷
两河（东槽）	tɕie－3	ɕie－3	ɕie－4	ie－2
高滩（西槽）	tɕie－3	ɕie－3	ɕie－4	ie－2
重庆	tɕie－3	ɕie－3	ɕie－4	ie－2
崇州	tɕi－3	ɕi－3	ɕi－4	i－2
北京	tɕie－3	ɕie－3	ɕie－4	ie－2

这一特征邻水东西槽话与重庆话读-ie，崇州读-i。

5. 咸山开口入声一二等帮端系庄组、三等知章组字读-æ；深臻曾梗入声二三等开口庄组读-æ；曾一梗二开口入声帮端知见系字读-æ。

	答	腊	色	测	黑	泽
两河（东槽）	tA5	lA－5	se－5	tshe－5	xe－5	tshe－5
高滩（西槽）	tA－2	lA－2	se－2	tshe－2	xe－2	tse－2
重庆	ta－2	la－2	se－2	tshe－2	xe－2	tshe－2
崇州	tæ－5	læ－5	sæ－5	tshæ－5	xæ－5	tshæ－5
北京	ta－2	la－4	sɣ－3	tshɣ－4	xei－1	tsɣ－2

这一特征邻水东西槽读-A／-e，重庆读-a，崇州话读-æ。

6. 山臻曾梗通摄合口、宕江开口入声字大部分读-o/-io。

	绝	脚	物	出	橘	屈
两河(东槽)	tɕyɛ－5	tɕio－5	ʋʊ－5	tshʊ－5	tɕy－5	tɕhy－5
高滩(西槽)	tɕyɛ－2	tɕio－2	ʋʊ－2	tshʊ－2	tɕy－2/ tɕiu－2	tɕhy－2
重庆	tɕye－2	tɕio－2	ʋu－2	tshu－2	tɕiu－2	tɕhiu－2
崇州	tɕio－5	tɕio－5	o－5	tsho－5	tɕio－5	tɕhio－5
北京	tɕye－2	tɕiau－3	u－4	tʂhu－1	tɕy－2	tɕhy－1

这一特征，邻水东西槽话与重庆话接近，山摄合口读-yɛ，宕江读-io，臻摄合口读-ʊ/-y；崇州话读为-o/-io。在邻水西槽话中，部分曾梗通摄合口存在-y/-iu 两读的情况，-iu 的读法与重庆话较为接近。

7. 深臻曾梗入声三四等开口帮端见系读-ie。

	集	笔	七	力	席
两河（东槽）	tɕi－5	pi－5	tɕhi－5	li－5	ɕi－5
高滩（西槽）	tɕi－2	pi－2	tɕhi－2	li－2	ɕi－2
重庆	tɕi－2	pi－2	tɕhi－2	li－2	ɕi－2
崇州	tɕhie－5	pie－5	tɕhie－5	lie－5	ɕie－5
北京	tɕi－2	pi－2	tɕhi－1	li－4	ɕi－2

这一特征邻水东西槽与重庆同读-i，崇州读-ie。

8. 深臻曾梗入声开口三等知章组字读央元音-ɘ/-ə 或-ʅ。

	侄	尺	十
两河（东槽）	tsɿ -5	tshɿ -5	sɿ -5
高滩（西槽）	tsɿ -2	tshɿ -2	sɿ -2
重庆	tsɿ -2	tshɿ -2	sɿ -2
崇州	tsɘ -5	tshɘ -5	sɘ -5
北京	tʂʅ -2	tʂʅ -2	sʅ -2

这一特征邻水东西槽与重庆同读-ɿ，崇州读-ɘ。

9. 南路话有五个声调（阴平、阳平、上声、去声、入声），古入声字今读入声调，不归入阳平。

古入声	两河（东槽）	高滩（西槽）	重庆	崇州	北京
调值	33	（41）	（31）	33	—

邻水东槽话和崇州话都保留了入声，且邻水东槽的调值与崇州的调值都属于中平调（/33/调）；邻水西槽和重庆入声都已消失且归入阳平调，调值为高降调（/41/调和/31/调），具有同一语音特征。这是一条重要的语音特征，说明邻水东槽话与邻水西槽话分属于两个不同的方言音系。

通过对比能够反映南路话和成渝话音系特点的 9 条语音特征，发现邻水东槽话有 2 条语音特征与崇州话相同，即古泥母三四等字读 ȵ-其余泥来母字读 n-/l-（第 1 条），入声独立（第 9 条）；而邻水西槽话 9 条语音特征全部与湖广话一致，与南路话没有相同的语音特征。因此，我们通过对比发现邻水东槽话与南路话关系更近，邻水西槽话与湖广话关系更近。

四、东槽话与西槽话语音特征差异

（一）声母差异

1. 东槽话古泥来母洪混细分。古泥母三四等字读 ȵ-，如“泥” ȵi2≠“犁” li2；泥母一二等字与来母字混读 l-/n-，n-为 l-的变体，多数为 l-，统一记作 l-，如“轮” = “能” len2；疑母开口三等咸止摄字读 ȵ-，如业 ȵie5、义 ȵi4。西槽话古泥来母洪细皆混。在实际使用中 n-与 l-同时存在，但不存在区别意义。n-为 l-的变体，多数为 l-，统一记作 l-。如轮 len2 = 能 len2，泥 li2 = 犁 li2；部分疑母三等字读 n-（记作 l-），如业 lie2、义 li4。这说明西槽话更接近重庆话的语音特点，而重庆（市区）话是典型的湖广话。

2. 东槽话晓组遇摄一等字读 f-，即晓组在-u 韵前读 f-，如虎 fʊ3、戽 fʊ4；非组字读 f-，不与晓组字互混，如风 foŋ1 ≠ 烘 xoŋ1。西槽话晓组在-u 韵及-u-介音前读为 f-，如胡 fu2、患 fan4；非组通摄舒声字读 x-，非组 u 韵及其他韵母前读 f-，如缝 xoŋ2、枫 xoŋ1、府 fu2、粪 fen4。也存在混用的例子，如饭可说成 fan4，也可说成 xuan4，在当地方言的使用中不区别意义。这表明西槽话带有部分湘方言语音特点，这是湖广移民带来的方言特点。

3. 东槽话影疑母开口一二等字今多读 ŋ-，如我 ŋo3、爱 ŋᴀi4、硬 ŋən4；疑母咸摄开口三等今读 ȵ-，如业 ȵie5、验 niɛn4 等。西槽话影疑母开口一二等字今读 ŋ-，如鹅 ŋo2、爱 ŋai4、硬 ŋen4；影疑母咸摄开口三等今读 n-（记作 l-），如业 liɛ2、验

lian4 等。这与上述第 1 条类似。

（二）韵母差异

1. 东槽话假摄合口二等晓匣母字-u-没有丢失，仍读-uᴀ，如化［xuᴀ4］、华［xuᴀ2］。西槽话假摄合口二等晓匣母字-u-丢失，读-ᴀ，如化 fᴀ4、华 fᴀ2。西槽话的这个特点与上述声母差异第 2 条相似。

2. 东槽话明母遇摄字读 o-，如慕 mo4、墓 mo4。西槽话明母遇摄字读-u，如慕 mu4、墓 mu4。遇摄一等字韵母读-o 是四川南路话的一个旧有的特点。

3. 东槽话蟹摄合口二等字保留-u-介音，如怀 xuai2、坏 xuai4、画［xua4］。西槽话蟹摄合口二等部分字-u-介音丢失，如画 fᴀ4、话 fᴀ4。西槽话的这个特点与上述声母差异第 2 条相似。

4. 东槽话止摄开口帮系字部分字读作-ei，如婢 pei1、臂 pei4、譬 p^hei4、披 p^hei1。西槽话止摄开口帮系字多数字字保留了-i 的读音，如被 pi4、眉 mi2。

5. 东槽话部分邪母止摄合口字读-y，如遂 ɕy4、隧 ɕy4。西槽话部分邪母止摄合口字存在-uei/-y 新旧两读，如遂 suei4/ɕy4、隧 suei4/ɕy4。

6. 东槽话咸摄入声开口三四等端组字读-e，如跌 te5、蝶 te5。西槽话咸摄入声开口三四等字读-iɛ，如接 tɕiɛ2、叶 iɛ2、跌 tiɛ2。

7. 东槽话山摄舒声开口三等心母字部分读-yɛn，如鲜［ɕyɛn1］、薛［ɕyɛn3］。西槽话山摄舒声开口三等心母字部分存在-yɛn/iɛn 两读，如鲜 ɕyɛn1/ɕiɛn1、薛 ɕyɛn3/ɕiɛn1。

8. 东槽话宕摄舒声开口三等字日组字读-uaŋ，如壤 zuaŋ3、让 zuaŋ4、嚷 zuaŋ3。西槽话宕摄舒声开口三等字日组字读-aŋ，如壤 zaŋ3、让 zaŋ4、嚷 zaŋ3。

9. 东槽话梗摄入声开口个别三四等字读-ie，如隙 ɕie5，梗摄舒声合口二三四等字多数读-y，如疫 y5、役 y5。西槽话梗摄舒声合口二三四等字多数读-i，如疫 i2、役 i4。

10. 东槽话通摄入声疑影以母三等字读-y，如玉 y5、育 y5、欲 y5，其余读-ʊ 如局 tsʊ5、曲 tshʊ5、属 sʊ5、缩 sʊ5。西槽话部分通摄入声合口三等字读-iu，如宿 ɕiu2、蜀 ɕiu2、促 tɕiu2、菊 tɕiu2。西槽话这一特征是重庆湖广话特点。

(三）声调差异

东槽话保留入声，调值为 33，属于入声独立区。

西槽话入声消失，入声调值与阳平调值同为 41 调，属于入归阳平区。

五、结语

在以往的研究中，对邻水方言分区划分主要分为两派：大部分研究者指出邻水话属于入归阳平区，刘慧指出邻水话属于入声独立区[3]。通过笔者的田野调查发现：邻水话内部音系可以分为入归阳平区和入声独立区。邻水县的“三山两槽”，是对邻水县的整个地形的概括。邻水县内三条东北—西南走向的山脉——华蓥山、铜锣山、明月山作为天然屏障将邻水县分为东槽和西槽两个区域，方言也依此分为东槽话与西槽话。东槽话属于入声独立区，西槽话属于入归阳平区。邻水西槽话古泥来母洪细皆混，邻水东槽话的古泥来母洪混细分，即古泥母字三四等字读 ȵ-，其余泥来母字读 n-/l-。还有部分韵母上的差别都体现出东槽话与西槽话的音系区别。这是方言因地形阻隔而不同的一个例子：在铜锣山和明月山之间的东槽，相对偏僻，当地旧有的南路话特征更多地保留了下来，而在华蓥山和铜锣山之间的西槽，由于县城所在而更为开放，为移民带来的湖广话全部占据。邻水方言的这种差别，与四川方言分为湖广话和南路话两个大类（两个层次）的划分是相对应的：邻水东槽话是南路话类型在当地的变体，邻水西槽话则是与重庆话一致的湖广话的类型。

参考文献：

[1] 黄雪贞. 西南官话的分区（稿）[J]. 方言，1986（04）.

[2] 郝锡炯，胡淑礼. 关于四川方言的语音分区问题 [J]. 四川大学学报，1985（2）.

[3] 刘慧. 四川广安等五县市方言音系调查研究 [D]. 成都：四川师范大学，2015.

[4] 杨时逢. 四川方言调查报告 [M]. 台北："中央研究院"历史语言研究所，1984.

[5] 翟时雨. 成都、重庆话在四川方言分区中的地位 [J]. 西南师范大学学报，1999.

[6] 甄尚灵，郝锡炯，陈绍龄. 四川方言音系 [J]. 四川大学学报，1960.

[7] 周及徐. 从移民史和方言分布看四川方言的历史——兼论"南路话"与"湖广话"的区别 [J]. 语言研究，2012.

[8] 周及徐. 南路话和湖广话的语音特点——兼论四川两大方言的历史关系 [J]. 语言研究，2012.

附录　邻水东槽话的同音字汇

本字汇根据邻水方言的韵母、声母、声调的次序排练。写不出本字的音节用方框“◇”来表示，后面用小字做注释或举例。列字前用“1、2、3、4、5”表示“阴平、阳平、上声、去声、入声”5 个调类。举例中用“～”代替所释字。字下加“—”表示白读音。字汇中音标一律不用方括号。

A

ø 1 阿

p 1 巴疤 2 爸 3 把 4 欛坝坝霸琶杷耙罢 5 八

pʰ 2 爬耙簰拔 4 怕帕

m 1 妈 2 麻 3 马码 4 骂 5 抹

f 5 法发发乏罚伐筏

t 3 打 4 大大 5 答搭达

tʰ 1 他 5 踏搨塔塌榻獭沓

l 1 挪哪拉 2 那拏 5 纳捺蜡腊辣

ts 1 楂渣查 2 乍 4 诈榨炸煠栅蔗 5 杂眨札扎闸铡

tsʰ 1 叉叉差 2 茶搽察查 4 岔 5 擦插

s 1 萨沙纱痧 3 撒洒洒 5 杀煞

k 3 尬

x 1 呵 3 傻 4 下吓

Ai

p 3 摆 4 拜稗败

pʰ 2 牌排 4 派

m 2 埋 3 买 4 卖迈

t 1 呆 4 带戴贷待殆怠代袋

tʰ 1 胎 2 台苔抬台 4 太泰态

l 2 来 3 乃奶 4 奈耐赖癞癞

ts 1 灾栽斋 3 宰 4 在载债寨载再载

tsʰ 1 猜钗差 2 才材财裁豺柴 3 踩彩采睬踩 4 菜蔡

s 1 鳃筛塞 4 赛晒

k 1 该阶街 3 改解 4 盖丐蟹

kʰ 1 开揩 3 凯楷 4 溉概慨

ŋ1 哀埃挨 2 呆崖捱岩 3 蔼矮 4 碍艾爱隘

x 2 孩鞋还 3 海 4 亥害骇

an

p 1 班斑扳颁搬般擘 3 板版 4 扮半绊办瓣伴拌畔蚌

pʰ 1 攀襻潘 2 盘 4 盼判叛

m 2 蛮瞒馒 3 满 4 慢鳗漫蔓

f 1 翻番 2 凡帆烦矾繁 3 反 4 贩泛范

犯饭

t 1 耽担单丹滩摊 3 胆疸 4 担掸旦淡诞弹但蛋

t^h 1 贪探坍 2 潭谭痰谈弹坛檀 3 毯坦 4 叹炭

l 2 南男难蓝篮兰拦栏 3 览揽榄缆懒 4 难滥烂

ts 1 粘黏簪蘸簪瞻毡沾粘 3 斩盏展 4 赞灒錾暂站绽栈占占战颤站

ts^h 1 参餐搀 2 蚕惭残缠谗馋蝉 3 惨产 4 灿

s 1 膻三杉衫山 2 禅禅 3 闪陕散伞 4 扇扇散善鳝膳

z 2 然燃

k 1 甘柑干干竿肝杆间 3 感敢橄秆擀赶 4 干

k^h 1 堪勘嵌刊 3 龛坎砍 4 看看

ŋ1 庵淹安鞍 4 岸雁暗按案晏

x 1 憨鼾酣 2 闲含函咸衔寒韩 3 喊罕撼 4 汗焊翰限苋汉憾陷旱

ɑŋ

p 1 帮邦 3 榜谤绑 4 棒

p^h 2 旁螃傍庞 4 胖

m 2 忙芒茫芒盲 3 莽蟒氓

f 1 方肪芳 2 妨房防 3 坊仿纺彷访 4 放

t 1 当 3 党挡 4 当荡荡宕

t^h 1 汤 2 唐糖塘棠 3 躺 4 烫趟

l 2 狼郎廊螂 3 囊朗 4 浪

ts 1 赃脏臟章樟獐张 3 掌长涨 4 葬藏丈杖仗障瘴帐胀账

ts^h 1 仓苍舱窗昌娼 2 藏肠场长 3 厂 4 唱倡

s 1 商伤桑丧 2 常尝偿裳 3 赏饷嗓搡 4 丧丧尚上

k 1 尴刚缸纲钢岗 3 港 4 扛虹

k^h 1 康糠慷 4 抗炕

ŋ1 肮 2 昂

x 1 夯 2 行杭航 4 项巷

au

p 1 褒包胞抱雹 2 刨 3 保宝堡饱 4 报豹爆薄抱暴菢鲍曝

p^h 1 抛 2 袍刨 3 跑 4 泡脬炮泡

m 1 猫 2 毛茅矛 3 卯牡戊 4 冒帽貌

t 1 刀 3 倒岛祷 4 倒到稻道盗

t^h 1 叨滔掐 2 淘陶萄涛堂桃逃 3 讨 4 套导

l 2 朒劳捞牢唠涝 3 姥脑恼老 4 闹

ts 1 招昭沼糟朝 2 着遭 3 爪找早枣蚤澡 4 灶皂赵兆召照诏罩

ts^h 1 操超抄钞 2 缫曹槽潮朝巢 3 草炒吵 4 躁糙造

s 1 烧骚臊梢筲稍 3 少晌嫂扫 4 少扫臊潲哨绍邵

z 2 饶 3 扰绕绕

k 1 高糕羔膏 3 稿搞 4 告觉窖

k^h 1 敲 3 考烤 4 靠铐犒

ŋ1 爊 2 熬 3 咬袄 4 熬傲奥懊澳坳拗

x 1 篙蒿薅 2 毫豪壕号 3 好 4 好耗浩号

e

p 5 北百柏伯白

p^h 5 迫拍魄

m 5 篾墨默陌麦脉

t 5 跌德得帖迭碟牒蝶谍跌

t^h 5 铁

l 2 裂 5 猎列烈劣肋勒

ts 1 遮 3 者 5 则宅窄责折褶折浙哲摘

ts^h 1 车 3 且扯 5 捷彻撤拆辙择泽侧厕测策册

s 1 赊奢 2 蛇畲 3 舍 4 射射赦舍社 5 舌摄设涩瑟虱色啬涉折

z 3 惹 5 热

k 1 给 5 格革隔

k^h 4 刻去 5 刻克客

ŋ5 额轭扼

x 4 吓 5 赫黑核

ɚ

ø 2 儿而 3 耳饵尔 4 二

ei

p 1 杯偝卑碑悲婢 4 贝闭辈背臂倍背

p^h 1 批坯胚披 2 培陪赔焙 3 裴 4 沛配譬佩

m 1 没 2 媒梅煤枚楣霉 3 每美 4 妹昧寐

f 1 飞非妃 2 肥 3 匪翡 4 废痱肺费吠

ən

p 1 奔迸崩绷 3 本 4 笨 5 扽

p^h 1 烹 2 盆彭膨

m 2 门 4 闷

f 1 分吩芬纷 2 坟焚 3 粉 4 喷粪奋愤忿份

t 1 登灯瞪 3 墩等戥 4 敦顿凳屯炖囤沌钝遁邓

t^h 1 吞 2 豚藤腾誊疼

l 2 能崘轮伦沦 3 冷 4 嫩论

ts 1 尊遵增曾甑侦臻争针斟真诊疹蒸征砧珍征贞 3 枕振震拯整 4 憎赠阵澄郑证症正正政镇

ts^h 1 称村蹭撑睁参 2 城诚存层曾沉陈尘尘澄橙呈程臣承丞成 3 撑逞惩 4 称秤寸趁衬慎

s 1 深身申伸升声孙森参生牲甥僧 2 神乘娠辰晨承 3 婶审沈损笋省省 4 葚剩胜胜圣盛渗甚肾

z 2 壬任人仁仍 3 忍刃韧扔 4 任认

k 1 根跟更庚羹耕 3 粳哽埂梗耿 4 更

k^h 1 坑 3 恳垦肯

ŋ1 恩樱 4 硬

x 1 亨 2 痕恒衡茎茎 3 很 4 恨杏杏

əu

f 3 否

t 1 都兜逗 3 斗陡 4 斗豆逗痘

t^h 1 偷 2 头投 3 抖敨 4 透

l 2 楼 3 缕搂篓 4 漏陋

ts 1 周舟州洲粥 3 走帚肘 4 奏纣宙咒昼

ts^h 1 抽搊 2 绸稠筹愁仇酬 3 丑丑 4 凑骤臭

s 1 收馊搜 3 手守首叟 4 兽嗽瘦受寿授售

z 2 柔揉 4 肉

k 1 勾钩沟 3 狗苟 4 垢够构购

k^h 1 抠眍 3 口 4 叩扣寇

ŋ1 欧殴 3 藕偶偶呕 4 沤怄

x 2 侯喉猴 3 吼 4 后厚后候

i

ø 1 倚伊医衣依 3 椅以已 4 意亿易肄异翼 5 缢揖一乂抑益移姨夷遗逸亦译液

ȵ2 泥尼匿倪宜谊疑逆 3 你拟 4 腻艺议蚁义议 5 溺

p 1 跛蓖 2 痹 3 彼比鄙 4 蔽箅庇弊毙币被避篦备 5 毕必笔笔滗逼碧璧壁

p^h 2 屄僻癖皮疲琵枇辟 3 匹痞 4 屁 5 劈鼻

m 2 迷谜糜弥靡眉媚蜜密觅 3 米

t 1 低爹 3 底抵的 4 帝蒂隶弟第递地 5 滴嫡敌笛狄

t^h1 梯涕 2 堤屉提题蹄啼 3 体 4 替剃 5 踢剔

l2 犁黎离篱璃离梨厘粒笠栗历历 3 礼履李里理鲤 4 例厉励丽荔利痢吏 5 立力

tɕ1 鸡稽饥肌几基箕机讥饥 2 藉 3 己纪虮挤几几 4 计继髻系寄冀记剂妓技忌祭际济既季 5 即鲫积迹脊绩集辑疾籍寂及极急级给吉棘击激吸

$tɕ^h$1 奚妻吃期溪欺 2 齐乞岐奇骑旗其棋旗祈讫乞 3 启起岂 4 泣楔契企弃器气汽 5 七漆戚膝棋杞

ɕ1 些西栖犀牺嬉熙希稀豨兮携 2 婿 3 洗玺徙喜 4 细戏系 5 悉息熄媳昔惜锡锡析习袭席夕

iA

ø 1 鸦丫 2 牙芽衙涯 3 雅哑 4 亚压轧 5 鸭押

tɕ 1 家嘉加家稼佳 3 假贾假 4 架价驾嫁 5 夹夹胛甲

tɕʰ 1 掐洽 5 恰

ɕ 1 虾 2 霞瑕遐暇辖狭峡侠 4 下夏 5 瞎

iau

ø 1 邀腰要妖幺吆 2 尧窑摇姚谣 3 杳舀 4 尿要耀鹞跃 ȵ3 鸟

p 1 膘标彪 3 表

pʰ 1 飘漂薸 2 瓢嫖 4 漂票

m 2 苗描 3 藐秒渺 4 妙庙

t 1 刁貂雕 4 吊钓掉调调

tʰ 1 挑 2 条调 3 掉 4 跳跳

l 2 燎疗辽聊撩寥瞭 3 了了 4 料

tɕ 1 焦蕉椒交胶郊教骄娇浇 3 剿巧绞狡铰搅矫缴侥饺 4 嚼轿教较觉叫

tɕʰ 1 悄撬 2 锹樵瞧桥乔侨 4 锹俏鞘跷窍

ɕ 1 消销宵硝霄肖萧箫嚣 2 淆肴 3 小晓 4 笑屑酵校哮孝校效

ie

ø 2 爷 3 也野 4 夜腋 5 聂耶叶页

ȵ5 镊捏业孽

p 5 别憋别

pʰ 5 撇

m 5 灭

tʰ 5 贴特

tɕ 3 姐 4 借藉 5 接节疖妾截杰竭揭劫揭结洁

tɕʰ 5 切怯

ɕ 2 邪协 3 写 4 泻卸泄谢 5 穴隙胁歇蝎

iɛi

tɕ 1 皆阶 3 解 4 介界戒芥疥械

ɕ 2 谐 4 懈解

iɛn

ø 1 腌焉烟咽炎蔫 2 涎颜言盐檐延筵 3 眼掩演 4 念谚厌晏堰宴燕焰艳

ȵ1 拈研 2 严俨阎 3 碾撵辇 4 验砚

p 1 编鞭边 3 贬扁匾 4 变辩辨便辫

pʰ 1 篇偏 2 便 4 遍遍骗片片

m 2 棉绵眠 3 免勉娩缅悯 4 面面

t 1 颠癫 3 点典 4 战店踮垫电殿奠佃臀

tʰ 1 添天 2 甜田填 3 舔

l 2 年廉帘镰连联怜莲 3 脸 4 敛练炼链恋

tɕ 1 尖煎监兼间艰奸奸肩坚 3 剪俭减检简拣柬谏茧趼 4 箭溅荐渐践贱饯件键健腱鉴剑间建见舰

tɕʰ 1 歼笺签迁千谦牵铅 2 潜钱前钳干虔 3 浅遣 4 欠歉

ɕ 1 仙先 2 闲贤嫌 3 鲜险显 4 现县线羡宪献馅

iɑŋ

ø 1 央秧殃 2 羊洋杨阳扬疡 3 仰养痒 4 样

ȵ 2 娘

l 2 良粮凉凉梁粱 3 两辆 4 酿量量亮谅

tɕ 1 将姜疆姜僵缰江豇 3 蒋桨奖讲 4 浆将酱匠强降

$tɕ^h$ 1 枪羌筐眶框腔 2 墙强 3 抢强

ɕ 1 相厢箱湘襄镶香乡 2 降祥详 3 想享响 4 相象像橡向

iəu

ø 1 优忧幽悠 2 尤邮油游犹由 3 纽扭有友酉 4 幼又右佑诱莠柚釉

ȵ 2 牛

m 4 谬

t 1 丢

l 1 溜 2 留刘流硫琉馏 3 榴柳

tɕ 1 邹枢纠鸠阄灸纠 3 酒九久韭 4 就舅咎旧究救

$tɕ^h$ 1 秋秋鳅丘臼 2 仇求球

ɕ 1 修羞休 2 囚泅 3 朽 4 秀绣宿锈袖嗅

in

ø 1 音阴荫因姻殷鹰鹦莺英婴缨蝇 2 吟银迎淫寅盈赢 3 饮隐影引颖 4 印应映

p 1 宾彬槟鬓殡冰兵 3 禀丙秉柄饼 4 并病并

p^h 1 拼拼姘 2 频贫凭平评坪瓶屏萍 3 品 4 聘

m 2 民鸣明盟名铭冥暝 3 闽敏抿皿 4 命

t 1 丁钉疔 3 顶鼎 4 钉订锭定

t^h 1 厅 2 亭停廷庭蜓 3 挺艇 4 听听

l 2 宁宁林淋临邻鳞磷凌陵菱灵零铃伶拎凝 3 檩领岭 4 赁吝令另毅

tɕ 1 津精晶今金襟巾斤筋京荆惊经经 3 井仅锦紧谨境景警颈 4 进晋睛尽静靖净近竞禁禁劲敬竟镜劲径

$tɕ^h$ 1 亲清青蜻钦卿轻 2 秦情晴琴禽擒勤芹擎 3 寝请 4 浸侵庆

ɕ 1 心芯辛新薪星腥欣兴 2 行行形刑型 3 醒 4 信性姓衅兴幸

io

ø 5 虐疟乐岳约药钥

tɕ 5 爵脚觉角

$tɕ^h$ 5 雀鹊却确

ɕ 5 学

ioŋ

ø 1 雍庸 2 融容溶蓉 3 拥勇涌 4 用

$tɕ^h$ 2 穷

ɕ 1 兄凶胸凶 2 熊雄

o

p 1 波菠玻 3 簸簸 4 播 5 钵拨博剥驳钹泊薄帛

p^h 1 坡 2 婆 3 剖 4 破 5 泼

m 1 摹摸 2 磨魔磨抹寞 3 抹 4 墓暮慕募幕 5 沫末没莫膜

t 1 多 3 朵躲垛 4 剁舵惰 5 夺铎

t^h 1 拖唾 2 驼驮陀 3 妥椭 5 蜕脱托

l 1 啰 2 锣箩罗萝骡螺落骆 3 裸 4 糯诺摞 5 乐洛络烙酪略掠骼

ts 3 左佐 4 坐座 5 作昨捉酌着桌卓琢

ts^h 1 搓着 4 锉错错 5 绰撮戳浊拙

s 1 蓑梭唆 3 锁琐所 5 说索率朔索杓芍

z 5 若弱

k 1 歌哥锅戈 3 果粿裹 4 个过 5 廓鸽割葛各阁胳郭角

k^h 1 搁科窠 3 可棵颗 4 课 5 磕渴壳

ŋ2 握 3 我 5 恶恶

x 1 喝 2 何河荷禾和鹤荷藿 3 火伙 4 贺祸和货喝霍 5 活豁合盒获

oŋ

p 4 迸

p^h 2 朋棚篷蓬 3 捧 4 喷碰

m 2 谋萌蒙懵 3 某亩猛 4 茂贸孟梦

f 1 风疯枫封丰蜂峰锋 2 冯逢缝缝 3 讽 4 凤奉俸

t 1 冬东 3 懂 4 冻栋动洞

t^h 1 通捅 2 同铜桐筒童瞳 3 桶统桶 4 痛

l 1 聋 2 农脓浓笼龙陇 3 拢隆垄 4 弄

ts 1 棕鬃宗综踪终钟盅中忠 3 总种肿种冢 4 粽纵纵仲重皱众中

ts^h 1 充铳冲春葱聪匆囱 2 从丛从虫重崇 3 宠怂

s 1 松松 3 怂 4 送宋诵颂讼

z 1 冗 2 绒戎茸氄

k 1 公工功蚣攻弓躬宫恭 3 拱拱巩汞 4 共贡供供

k^h 1 空 3 孔恐 4 空控

x 1 轰烘 2 弘宏虹红洪鸿 3 哄

ɿ

ts 1 支枝栀肢之芝只炙资姿咨兹滋知蜘 3 滓只纸脂指旨止址趾紫姊子梓 4 翅自字牸痔治蛰至志痣巳智致蛰窒 5 侄直值掷汁执质织职置植殖

ts^h 1 疵差嗤痴 2 赤雌瓷糍慈磁池驰迟持秩侈祠辞词 3 此齿耻 4 斥刺次刺赐饬滞稚制 5 尺

s 1 施尸诗斯厮撕私司丝思师狮 2 匙氏时 3 屎矢始死史使驶 4 示世势试式饰拭誓逝四肆伺士柿仕事祀似寺嗣饲是视嗜市恃侍 5 实食蚀湿失

室识适释石豉十什拾

z 5 日

ʊ

p 3 补捕 4 布布卜怖部簿步 5 不

p^h 1 铺 2 朴蒲菩勃仆瀑 3 谱普浦脯 4 铺 5 扑仆

m 2 模模 3 母拇 5 木目穆牧

f 1 敷俘麸孵夫肤呼 2 沸佛芙浮复佛湖胡糊壶狐乎核 3 斧府腑甫俯抚扶釜腐辅脯虎浒 4 傅付赋咐富赴副符父附负妇缚户沪护互戽 5 福复幅蝠腹覆服伏袱复忽

t 1 都 3 堵赌 4 肚妒肚杜度渡镀 5 督笃毒独读牍犊毒

t^h 2 秃途图徒涂突屠 3 土吐 4 兔

l 2 奴炉卢芦庐驴鹿録 3 努鲁橹卤虏 4 怒路露赂 5 律率禄六陆绿

ts 1 租诸珠朱猪株蛛诛 3 祖组阻煮主 4 做苎箸柱住助注蛀铸着驻注 5 触卒足猝促逐轴镯祝粥烛嘱局竹筑菊

ts^h 1 粗初雏 2 除储橱厨锄 3 楚础处杵拄 4 醋措朮处 5 族曲曲出

s 1 书舒输殊苏酥疏梳蔬枢 3 鼠暑薯署数 4 术述恕庶戍墅竖树素塑诉数漱 5 赎黍叔束熟淑属蜀畜蓄畜缩速肃宿粟续续

z 2 如 3 汝儒乳孺褥辱 5 入肉

ç 5 旭

v 1 巫诬乌污 2 无吴梧蜈吾 3 舞武侮鹉五午伍 4 务雾勿误悟 5 物屋

k 1 姑孤 3 古估鼓牯股 4 故固雇顾 5 骨谷谷

k^h 1 箍枯 3 窟苦 4 库裤 5 酷哭

uA

ø 1 蛙洼挖 3 瓦 5 袜

ts 1 抓 3 爪 5 啄

s 3 厦耍 4 厦 5 刷

k 1 瓜 3 寡剐 4 挂卦 5 剐括刮

k^h 1 夸 3 垮 4 跨

x 1 花 2 华划 4 华化画话划 5 滑猾

uAi

ø 1 歪 4 外

ts^h 1 揣 3 喘

s 1 衰摔 4 帅疝

k 1 乖 3 拐 4 怪

k^h 3 块 4 会刽快筷

x 2 淮怀槐 4 坏

uan

ø 1 豌弯湾 2 顽完丸 3 晚挽碗腕宛 4 万院

t 1 端 3 短 4 断锻断段缎

t^h 2 团

l 2 鸾 3 暖卵 4 乱

ts 1 钻专砖 3 转 4 纂钻赚篆传拽转

ts^h 1 川穿 2 船攒传椽 3 铲 4 氽窜篡串

s 1 珊酸删拴 4 算蒜闩涮

z 3 染冉软阮

k 1 官棺观冠关 3 管馆 4 灌罐观贯冠惯

k^h 1 宽 3 皖款

x 1 欢 2 还环横 3 缓 4 换幻患宦唤焕

uaŋ

ø 1 汪枉 2 亡忘王 3 网往 4 妄望旺

ts 1 装庄妆桩 4 壮状

ts^h 1 疮 2 床 3 撞闯 4 畅创

s 1 霜孀双 3 爽

z 2 瓤 3 壤嚷 4 让让

k 1 鳏光 3 广 4 逛

k^h 2 狂 4 旷矿况

x 1 荒慌 2 黄簧皇蝗惶 3 谎 4 晃

uɛ

k 5 国

k^h 5 阔扩

x 5 或惑

uei

ø 1 煨萎威 2 微桅危为围违维惟唯 3 尾委伟苇纬 4 未味伪魏喂畏卫为位胃谓猬

t 1 堆 4 对碓队兑

t^h 1 推 2 颓 3 腿 4 退褪

l 2 雷 3 屡儡垒 4 内虑滤累累累类泪

ts 1 锥追 2 贼 3 嘴 4 罪坠赘最醉缀

ts^h 1 崔催吹炊 2 锤槌垂 4 脆翠碎粹

s 2 髓随谁 3 水 4 税絮岁睡瑞

z 4 蕊锐

k 1 圭闺规龟归 3 诡轨鬼 4 桂跪柜癸贵

k^h 1 魁盔窥亏 2 逵葵奎 3 傀 4 愧溃

x 1 恢灰挥辉徽 2 回 3 悔晦毁 4 秽穗贿讳汇会绘惠慧汇

uen

ø 1 温瘟 2 文纹蚊闻 3 吻刎稳 4 问

ts 3 准

ts^h 1 椿春 3 蠢

s 2 唇绳纯醇 3 吮榫 4 顺舜

z 4 闰润孕

k 3 滚 4 棍

k^h 1 坤昆 3 捆 4 困

x 1 浑昏婚荤 2 魂横 4 混

y

ø 1 淤迂 2 鱼渔娱愚于盂余愉榆 3 屿语虞寓雨羽宇禹与 4 御遇玉慰芋预誉豫逾愈喻裕 5 狱郁域疫役育欲浴

ȵ 3 女

l 3 吕旅

tɕ 1 车居拘痀驹蛆 3 举矩 4 锯据俱句聚巨拒距具惧剧 5 橘

tɕʰ 1 趋黢区驱 2 渠瞿 3 取娶 4 觑趣砌去 5 屈

ɕ 1 须需虽墟虚吁 2 徐 3 许 4 序叙绪隧遂 5 戌俗

yɛ

ø 5 月粤越曰悦阅

tɕ 5 绝掘倔蕨厥决诀

tɕʰ 2 茄瘸 5 缺缺

ɕ 1 靴 2 斜 5 薛雪恤削血

yɛn

ø 1 冤渊 2 元原源袁辕员园援缘沿铅 3 远 4 愿怨院

tɕ 1 绢捐 3 卷 4 券圈倦卷眷

tɕʰ 1 圈 2 全泉权拳颧 3 犬 4 劝

ɕ 1 鲜宣掀轩喧楦 2 弦玄悬眩 3 癣选 4 旋

yn

ø 1 晕 2 萤云荣匀营 3 永咏允 4 熨运韵泳

tɕ 1 均钧君军 3 窘迥 4 俊菌郡

tɕʰ 1 倾顷 2 群裙琼

ɕ 1 熏勋 2 寻荀寻旬循巡 4 讯逊询迅殉训

四川平昌县五木镇话音系

王紫薇[①]

摘　要　本文以四川平昌县五木镇话的田野调查材料为基础，归纳出五木话的方言音系特点。平昌县五木镇属巴中市，从方言分区上看属于西南官话成渝片，但将其音系同四川“湖广话”和“南路话”的语音特征做比较，发现该方言既有“湖广话”的语音特点，又有早期“南路话”的语音底层，是一种混合型方言。

关键词　五木镇话；音系特点；湖广话；南路话

① 王紫薇，女，四川成都市人，四川师范大学文学院2021级汉语言文字学专业研究生，研究方向为语言学、汉语方言。

一、概况

（一）地理位置

五木镇是四川省巴中市平昌县的下辖镇，位于四川东北部，大巴山系米仓山南麓，深丘地形，在通江河与巴河之间，今有往通江的县级公路接巴（中）万（州）高速公路。五木镇在巴中、通江和平昌之间而地近平昌。东临通江县三溪镇，北接巴中市得胜镇，南近平昌县城，西与平昌县双鹿乡相接。五木镇距平昌县城约 30 千米，距巴中市中区约 50 千米，距成都市约 385 千米，距重庆城区约 330 千米，全镇面积约 35.9 平方千米，总人口约 1.5 万人①。

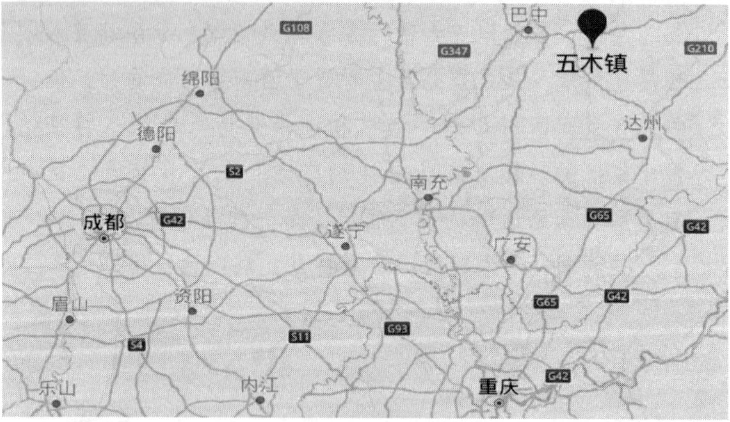

图 1.1　平昌县五木镇位置图②

① 截至 2019 年末户籍人口。
② 来源于百度地图。

(二) 田野调查情况

调查时间：2022 年 6 月 21 日至 23 日。调查地点：巴中市平昌县五木镇。发音人基本情况：苟兴建，男，1946 年生人，巴中市平昌县五木镇人，小学文化程度，讲五木话，未长时间离开过五木镇。调查人及记音整理、音系归纳：王紫薇。指导调查：四川师范大学教授周及徐。

本次田野调查使用上海师范大学研发的斐风（Field Phone）及笔记本电脑调查录音，调查字表以中国社会科学院语言研究所《方言调查字表》为基础，结合当地方言情况及特点适当筛选制成，最终调查字数为 3784 个。笔者以田野调查材料听音、记音，使用 Praat 软件进行声调测值及单元音舌位图测值，在调查录音听音和音值核对的基础上，总结出五木话语音系统。

二、五木话音系

(一) 声母

五木话共有 26 个声母，包括 25 个辅音声母和 1 个零声母。

表 2.1 五木话声母表

p 巴部鼻	pʰ 颇爬	m 米明密	f 夫父互	
t 多肚度	tʰ 他徒	l 挪罗犁		
ts 佐在昨	tsʰ 醋才凿		s 蓑随	
tʂ 猪住侄盏栈铡战	tʂʰ 痴持揣巢臭		ʂ 纱舍示嗜	ʐ 如挠
tɕ 家距及	tɕʰ 去旗	ȵ 年拟	ɕ 虚系峡	

tʃ 姐聚集　　tʃʰ 妻齐　　ʃ 写袖

k 锅共　　kʰ 科葵　　ŋ 我唉　　x 火华合

ø 舞儿涯椅云易

声母特点：

（1）双唇音 p-、pʰ-、m-发音近于北京话，但与韵母-ʅ 相拼时，后带有浊擦音-z-，记为 pz-、pʰz-、mz-。如“秘、痹、币”等。

（2）齿龈音 t-、tʰ-与北京话相比，发音部位略微靠后，舌尖所接触的位置比齿龈略略靠后一点。如“多、他、罗”等。

（3）ts-、tsʰ-、s-与北京话相比，实际发音部位更靠后，舌尖并未紧挨上齿背。如“左、脆、锁”等。

（4）卷舌音 tʂ-、tʂʰ-、ʂ-卷舌程度较北京话更平展一点，舌尖位置更为靠前。如“著、锄、书”等。

（5）龈腭音 tɕ-、tɕʰ-、ɕ-与北京话相比，发音部位略靠后。如“拘、恰、徐”等。

（6）腭龈音 tʃ-、tʃʰ-、ʃ-与标准音相比，发音时舌面更为平展，发音部位更靠前，舌尖接触上齿背，舌叶和齿龈之间的气流相对较弱，与龈腭音有明显区别。如“荐、砌、邪”等。

（7）ʐ-是与 ʂ-相对的舌尖后浊擦音，与标准音相比，发音时卷舌程度更小。如“惹、锐”。

（8）龈腭鼻音 ȵ-与标准音相比，发音部位略靠后，并后带有同部位浊擦音，实为 ȵʑ-。如“泥、你”。

（9）软腭鼻音 ŋ-只与开口呼韵母相拼，除“讹、唠、粤”以外，发音时鼻气流较弱。如“傲、矮”。

（二）韵母

五木话共有 39 个韵母，包括 10 个单元音韵母、15 个复元音韵母和 14 个鼻韵尾韵母，开齐合撮四呼俱全。

表 2.2　五木话韵母表

ɿ 紫笔媳壁迷	i 奇启立乞极历	ʊ 母珠出鹿	y 蛆取菊欲
ʅ 士是师值日十石			
ɚ 儿二而耳			
ɑ 他把炸八	iɑ 假佳甲瞎	uɑ 瓜画挖刮	
ɣ 个哥可阁恶			
e 遮涉热特嗝	ie 爹接切液	ue 括国或惑	ye 阙悦雀削
o 合末莫浊	io 却药觉学		
ai 呆袋唉摆	iai 皆介街解	uai 帅怀怪	
ei 碑被妃每		uei 累吹灰惠	
au 袍冒豹少	iau 郊表吊跃		
əu 偷丑粥肉	iəu 扭流		
an 堪撼旦办干	iɛn 减甜艰变	uan 端短专喘	yɛn 宣卷原犬
en 很腾省笋	in 淋敏凭柄	uən 滚春闻问	yn 旬巡军永
aŋ 螃忙糖肛项	iaŋ 娘两江降	uaŋ 黄谎网窗	
oŋ 轰东农虫	ioŋ 兄穷容溶		
əŋ 风缝碰猛			

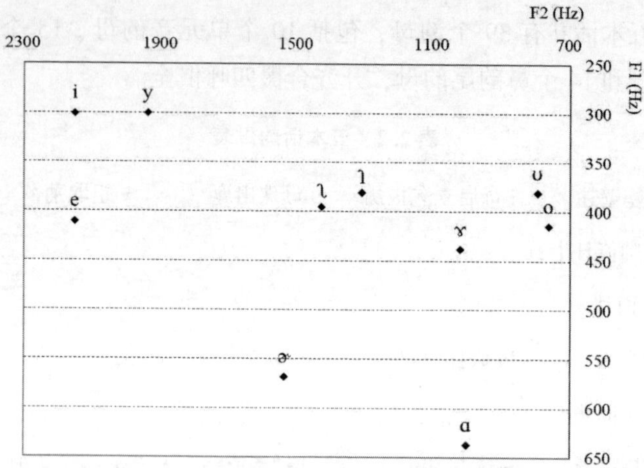

图 2.1　五木话元音声学舌位图①

韵母特点：

（1）-ɿ：舌尖前元音，除与 ts-、ts^{h}-、s-组声母相拼外，还可与双唇音声母 p-、p^{h}-、m-相拼，但韵母前带有浊擦音-z-，此为五木话一大特点。如“闭、皮、米”等。

（2）-ʅ：舌尖后元音，只与卷舌音声母 tʂ-、$tʂ^{h}$-、ʂ-、ʐ-相拼。如“知、痴、屎”等。

（3）-i：前高不圆唇元音，与北京话相比，单用时发音舌位略微靠后，如“提、益”；作韵尾时受前面元音影响，舌位较低，如“贝、配”。

（4）-ʊ：后次高圆唇元音，与标准音相比，实际发音时舌

① 刘杨洲. 三版本声学元音图 Excel 模板. 四川师范大学文学院实验语音学专题讲义，2022。

位更低。如“舞、步”。

(5) -y：前高圆唇元音，与北京话相比，发音时唇形略展，可单独构成音节。如“鱼、虚”。

(6) -ɑ：元音 a 作单元音时舌位更为靠后，为后低不圆唇元音-ɑ，如“他、阿”；在韵尾-i、-u 前为-a，如“界、交”；在-iɛn、-yɛn 中偏高为-ɛ，如“编、娟”；在鼻韵尾-ŋ 前舌位偏后记为-a，实际音值为-ɑ，如“汤、方”。

(7) -ɤ：后半高不圆唇元音，与标准元音相比，舌位略低偏央。如“歌、科”。

(8) -e：前半高不圆唇元音，近于标准元音，如“者、扯”。

(9) -o：后半高圆唇元音，单用时舌位略低，唇形略展，如“哦、破”；在-əu、-iəu 中失去圆唇势，舌位偏央，记为-ə，如“油、殴”。

(10) -ɚ：卷舌元音，发音近于北京话。如“儿、耳”。

(三) 声调

五木话共有阴平、阳平、上声、去声四个声调，入声整体归入阳平，同“湖广话”。

表 2.3 五木话声调表

调类		调值	例字
阴平	1	45	玻刀灾加丫
阳平	2	41	禾爷奴鼻腊
上声	3	51	躲险裸马雅
去声	4	324	辈现漫断距

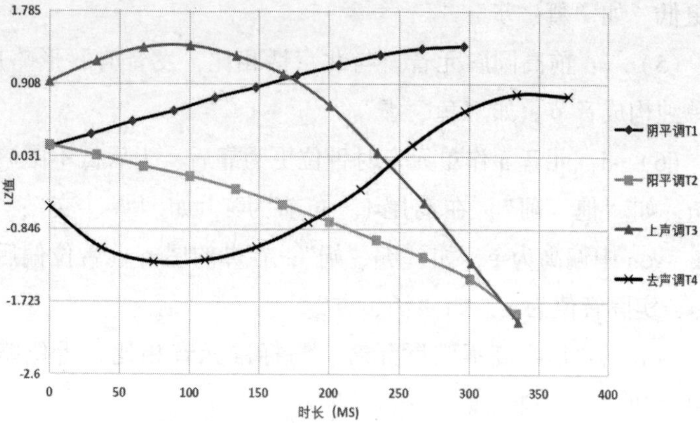

图 2.2　五木话绝对时长声调曲线图①

声调特点：

（1）阴平调为高升调，升势平缓。

（2）阳平调为高降调，降势较为平缓，调程较长。

（3）上声调为拱降调，起始段上凸，而后突降，降势较陡，调程较长。

（4）去声调为下凹调，起始段下凹，而后上升，末尾段略有降势，调程最长。

三、声韵调系统与《切韵》音系比较

（一）五木话声母系统与《切韵》系统比较

（1）分平翘舌。古精组洪音字今读 ts-、ts^h-、s-，如“租”

① 周岷. XX 话声调曲线图 Excel 模板，四川师范大学文学院语音实验室，2022。

tsʊ1、“错”tsuo4；知系字读 tʂ-、tʂ^h-、ʂ-、ʐ-，如“煮”tʂʊ3、“输”ʂʊ1，但部分知系洪音字与精组字相混，ts-组字中有约26%为知系字，如“锥”tsuei1、“豺”tsai2、“瘦”səu4 等。总体来说，tʂ-组字比 ts-组字多。

（2）分尖团音。古精组细音字今读 tʃ-、tʃ^h-、ʃ-，如“姐”tʃie3、“全”tʃ^{h}yɛn2；古见系细音字读为 tɕ-、tɕ^h-、ɕ-，如“距”tɕy4、“鞋”ɕie2。

（3）泥、来母洪混细分。在今洪音韵母前，古泥母字全都混入来母，如“糯＝摞”lo2、“努＝卤”lʊ3；在今细音韵母前，古泥、疑母字读为 ȵ-，古来母字读为 l-，如“疑”ȵi2≠“犁”li2、“年”ȵiɛn2≠“帘”liɛn2。

（4）部分见系二等字未腭化。如“窖”kau4、“角”ko2、“街”kai1、“蟹”xai2、“咸”xan2、“苋”xan4、“横”xuan2 等。

（5）影、疑母开口洪音字多读为 ŋ-。如影母“爱”ŋai4、“熬”ŋau2，疑母“偶”ŋəu3、“鳄”ŋɤ2。

（6）部分不送气字读为送气音。如帮母字“遍”p^{h}iɛn4、“弼”p^{h}zɿ3，定母仄声字“夺”t^{h}o2，精母字“造”ts^{h}au4、“燥”ts^{h}au4，從母仄声字“捷”tʃ^{h}ie2、“截”tʃ^{h}ie2。

（7）部分日母字读为零声母，其余读为 ʐ-。日母止摄字今读为零声母，如儿、二、而；其余都读为卷舌音声母 ʐ-，如“染、仁”。

（8）帮组字可与开口呼韵母-ɿ 相拼，并后增生浊擦音-z-。如“弊”pzɿ4、“皮”p^{h}zɿ2、“迷”mzɿ2 等。

（二）五木话韵母系统与《切韵》系统比较

1. 阴声韵

（1）果摄字在五木话中大多读为-o。但部分一等端系和见系字仍读为-ɑ 和-ɤ，如“他” tʰɑ1、“那” lɑ4、“哥” kɤ1、“鹅” ɤ2 等。

（2）假摄字在五木话中的演变较为规则，开合二等主元音皆为-ɑ，如“巴、假、瓜”；开三精组、见系字读为-ie，如“些、椰”；开三知系字读为-e，如“者、社”。

（3）遇摄一等字在五木话中读为-ʊ，除“摹、措”读-o；三等帮组、知系字读-ʊ，其余读-y，除“屡、缕”读-əu。

（4）蟹摄开口一等帮组字读为-ei，其余一、二等字多读为-ai，但部分二等见系字读为-iai，如“皆” tɕiai1、“械” tɕiai4，除“咳”读为-ɑ。开口三、四等字多读为-i，部分知系字读为-ʅ，部分帮组及心母字读为-ɿ，如“世” ʂʅ4、“洗” sɿ3，除“批”读为-ei。

蟹摄合口一等帮组字读为-ei，其余读为-uei，部分见系字读为-uai，如“外” uai4；二等字读为-uai/-uɑ；三、四等字读为-ei/-uei。另，与北京话不同，五木话蟹摄合口灰韵泥来母字仍保留 u 介音，读为-uei，如“馁、雷、类”。

（5）止摄开口帮组及非组字多读-ei，部分帮组读为-ɿ，如“疲” pʰzɿ2、“眉” mzɿ2；日母字读-ɚ；知系字读-ʅ；精组字读-ɿ；其余读-i，除“毅” ȵin4、“履” lʊ3。

止摄合口非组字读为-ei，如“匪” fei3，其余读-uei，除“沸”读-ʊ、“遂、隧”读-y、“帅、摔、衰、揣”读-uai。

（6）效摄开口一等字读-au；二等见系字读-iau，其余读-au，另，五木话中“窖”读kau4，不同于北京话；三等知系字读为-au，其余读-iau；四等字读-iau，除“撬”ŋau4为特殊读音（“拗”的训读）。

（7）流摄开口一等字多读为-əu，除“贸、茂、某、亩”读-oŋ，“母、拇、牡、戊”读-ʊ；三等知系字读-əu，帮组字读-iau，非组字读-ʊ，精组、见系字读-iəu，除“宿”读-y、“否、皱”读-oŋ。

2. 阳声韵

（1）咸、山摄合流

咸摄阳声韵韵尾由-m变为-n韵尾。

咸、山摄舒声开口一等字读为-an；二等见系字读为-iɛn，其余读-an，除咸摄“赚”、山摄“铲、删、疝”读-uan，读为合口，另，咸摄“陷、衔”不同于北京话，读-an；三等知系字读为-an，其余读-iɛn，除山摄“鲜、掀、轩、癣”读-yɛn；四等字读为-iɛn。

咸、山摄舒声合口三等非组字读为-an。山摄舒声合口一等帮组字读为-an，其余读为-uan；二等字读-uan；三等知系字及“晚、挽、宛、万”读-uan，其余读-yɛn；四等字读-yɛn，除“县”读-iɛn。

（2）深、臻摄合流

深、臻摄舒声开口三等知系字读为-en，其余读-in，除深摄“寻”、臻摄“晋、讯”读为合口，读-yn。臻摄舒声开口一等字读-en。

臻摄舒声合口一等见系字读-uən，其余读-en，另，与北京话不同，五木话中臻摄合口一等端系字无u介音，读为开口，如

“臀、村、论”读-en；三等精组、见系字读-yn，其余读-en/-uən，其中“伦、轮、沦、遵、笋、盾”，与北京话不同，读为-en。

（3）曾、梗摄合流

曾、梗摄舒声开口三等知系字都读为-en，其余读为-in，除曾摄“绳、孕”读为合口-uən。曾摄舒声开口一等字读-en，除“朋”读-oŋ。梗摄舒声开口二等字读-en/-aŋ，除“碰、孟、棚、萌”读-əŋ、“猛、蜢”（新）读-oŋ；四等字读-in。

曾、梗摄舒声合口字读音复杂。曾摄一等字读-oŋ；三等字读-y。梗摄二等字读-oŋ/-uaŋ，其中“横”读-uən，不同于北京话，保留u介音；三等字读-yn/-in/-ioŋ；四等字读-ioŋ/-in。

（4）宕、江摄合流

宕摄舒声开口一等字读-aŋ；三等知系字读-aŋ，庄组字读-uaŋ，其余读-iaŋ。江摄开口帮组字读-aŋ，知系字读-uaŋ，见系字读-iaŋ/-aŋ，其中“巷、项”读xaŋ4，不同于北京话。

宕摄舒声合口一等字读-uaŋ；三等非组字读-aŋ，其余读-uaŋ。

（5）通摄一等帮组字读-əŋ，如“蓬、篷、蒙”，其余读-oŋ；三等非组字读-əŋ，部分见系字读-ioŋ，其余读-oŋ。

3. 入声韵

（1）部分咸摄与山摄及曾、梗摄入声字合流，读为-ɑ。

韵摄	咸摄开口				山摄开口		
	合韵端系	盍韵端系	洽韵知组	合口乏韵非组	曷韵端系	黠韵帮知系	合口月韵非组
例字	答拉	榻腊	眨插	乏法	辣撒	抹杀	发伐

梗摄开口“百、客”、曾摄开口职韵“啬”、德韵“黑、贼、塞”也读为-ɑ。

（2）部分咸、山摄入声字合流，读为-iɑ。

韵摄	咸摄开口			山摄开口
	洽韵见系	狎韵见系	帖韵见组	辖韵见系
例字	夹恰	甲鸭	荚侠	瞎辖

（3）部分咸、山摄入声字合流，读为-ie。

韵摄	咸摄开口			山摄开口		
	叶韵端见系	业韵见组	帖韵	薛韵	月韵	屑韵
例字	猎妾	业胁	叠协	灭杰	揭歇	节铁

梗摄开口“液、腋、隙”也读为-ie。

（4）部分咸、山、臻、宕及江摄入声字合流，读为-o。

韵摄	咸摄开口	山摄合口		臻摄合口	宕摄开口		江摄开口
	合韵见系	末韵	薛韵知系	没韵帮组	铎韵帮端系	叶韵知系	觉韵
例字	盒合	脱活	拙说	脖没	落乐	芍酌	驳浊

梗摄开口“陌、赫、硕”、合口“获”以及宕摄合口铎韵“弱、霍、藿”也读为-o。

（5）部分臻、曾及梗摄入声字合流，读为-ʅ。

韵摄	臻韵开口	曾摄开口	梗摄开口	
	质韵帮精组	职韵帮精组	昔韵帮组	锡韵帮精组
例字	必密	息媳	癖璧	劈戚

(6) 部分深、臻、曾及梗摄入声字合流，读为-i。

韵摄	深摄开口	臻摄开口	曾摄开口	梗摄开口		
	缉韵 端组见系	质韵 端见系	职韵 端见系	陌韵 见系	昔韵 端见系	锡韵 端见系
例字	粒集	吉一	力抑	戟逆	夕易	敌寂

(7) 部分臻、通摄入声字合流，读为-ʊ

韵摄	臻摄合口	通摄合口				
	没韵 端见系	术韵知系	物韵非组	屋韵	沃韵	烛韵 端知系
例字	突骨	出述	物佛	读谷	毒沃	绿辱

臻摄合口“律”也读为-ʊ。

(8) 部分臻、梗通摄入声字合流，读为-y。

韵摄	臻摄合口	梗摄合口	通摄合口	
	术韵精组见系	昔韵	屋韵精组见系	烛韵见系
例字	黢橘	疫役	宿菊	曲欲

梗摄开口“剧”也读为-y。

(9) 部分宕、江摄入声字合流，读为-io。

韵摄	宕摄开口	江摄开口
	药韵见系	觉韵见晓组
例字	脚约	学乐

咸摄开口“劫、怯”也读为-io。

（10）部分山、曾摄入声字合流读为-ue。

韵摄	山摄合口	曾摄合口
	没韵见系	德韵
例字	括阔	国或惑

读此韵母的字较少，在所调查的 3784 字中，仅以上例字读为-ue。

（11）部分山、宕摄入声字合流，读为-ye。

韵摄	山摄合口			宕摄开口
	薛韵精组见系	月韵	屑韵	药韵端系
例字	绝阅	掘月	决血	雀掠

臻摄合口“恤、倔”也读为-ye。

（12）部分山、曾、梗摄入声字合流，读为-e。

韵摄	山摄开口	曾摄开口		梗摄开口	
	薛韵知系	德韵	职韵庄组	陌韵	麦韵
例字	彻舌	北则	测色	迫格	革麦

（三）五木话声调系统与《切韵》系统比较

今五木话共有四个声调，平声分阴阳，上声、去声不分阴阳，入声消失。

表 3.1　中古声调系统与五木话声调系统

中古调类	中古声母	今五木话声调	例字
平声	清声母	阴平	哥巴丫污
	浊声母	阳平	萝茶娃炉
上声	清、次浊声母	上声	火扁往勇
	全浊声母	去声	惰祸肚父
去声	全部	去声	大下召轿
入声	大部	（归阳平）	鼻八乏敌

今五木话入声归派情况为：约 3.8% 的入声字归为阴平，约 80% 的入声字归为阳平，约 4.2% 的入声字归为上声，约 11.4% 的入声字归入去声。其中，全浊入声、次浊入声字以归为阳平为主；清入声字约 82.7% 归入阳平，约 4.7% 归入阴平，约 4% 归入上声，约 8.4% 归入去声。综上，五木话入声调整体归入阳平，同“湖广话”。

四、五木话与湖广话及南路话音系比较

“湖广话”是四川人对成都和重庆等地方言的俗称，一般指以成都和重庆两地的方言为代表的通行于成渝地区的方言，覆盖了东起万州至成都岷江以东的地区①。“湖广话”是明清之际“湖广填四川”移民所带来的方言。而“南路话”是四川人对当

① 约相当于《中国方言地图集》（中国社会科学院、澳大利亚人文科学院，1987）中的“西南官话成渝片”。

地的另一种方言的俗称，指岷江以西及以南，特别是成都西南的都江堰、温江、崇州、大邑、邛崃、蒲江和新津一带的方言①，是元末以前的四川本地汉语方言的后裔[3]65。

平昌县五木镇，位于四川东北部，从方言分区上看其属于“湖广话”地区，并有湖广话“入声归阳平”的典型语音特征，但五木话又存在着诸如“分平翘舌”“分尖团音”这类早期南路话②特点。

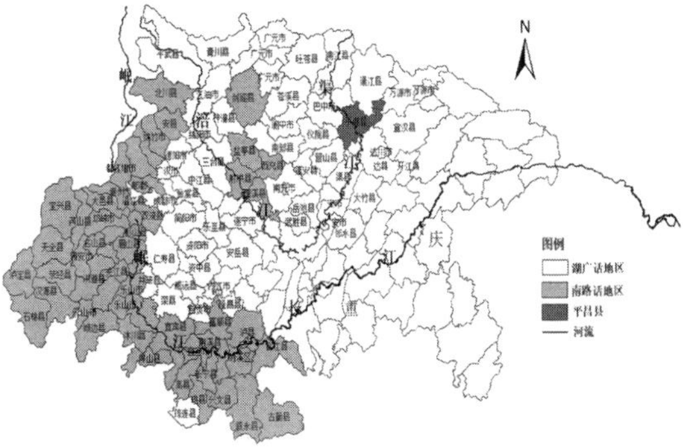

图 4.1 湖广话、南路话在四川地区的分布及平昌县地理位置标示图

注：图中标市县名的地区属四川，不标市县名的属重庆。

因此，为探求五木话与湖广话、南路话的关系，现将三者语音特征进行比较。以下列表根据湖广话、南路话、五木话语音特

① 整个区域约相当于《中国方言地图集》（1987）中的“西南官话灌赤片”中的“岷江小片”。

②《蜀语》是由明代李实（1598－1676，四川遂宁人），所编写的标写古代方音的珍贵记音文献，其记录了四川古代方言。周及徐教授已通过调查、比较得出《蜀语》音系具有“入声独立、分尖团音、分平翘舌”等语音特点，是早期南路话的代表（周及徐、周岷，2017）。今川西南南路话是其发展分化至今的又一语言形态。

点列出①，其中南路话分为早期南路话（以明代《蜀语》所记录的音系②为代表）和今川西南南路话（以崇州话为代表），湖广话以成都话为代表。

表 4.1　五木话与成都话、崇州话及《蜀语》音系特点比较表③

方言语音特点	《蜀语》	崇州话	五木话	成都话
1. 有卷舌声母 ʈʂ-/ʈʂʰ-/ ʂ -/ʐ-。	+	-	+	-
2. 古精见组声母细音前不相混（分尖团音）。	+	-	+	-
3. 古非（f-）、晓（x-）组不相混。	+	-	+	-
4. 深臻曾梗入声开口三等知章组（缉质职昔）字读-ʅ。	+	-	+	-
5. 无龈腭音（舌面前音）tɕ-/tɕʰ-/ɕ-。	+	-	-	-
6. 鼻音声母 n-与边音声母 l-对立。	+	-	-	-
7. 古入声字今读入声调。	+	+	-	-
8. 蟹摄舒声合口一等端组字、山摄舒声合口一等端泥组字失去-u-介音。	/	+	-	-

① 该列表参看周及徐《南路话和湖广话的语音特点——兼论四川两大方言的历史关系》中的“南路话与湖广话的 21 条语音特点”列出，略有修改，增加了以明代《蜀语》为代表的早期南路语音特征部分。

② 明李实《蜀语》音系构拟材料引自周及徐、周岷《〈蜀语〉与今四川南路话音系——古方言文献与当代田野调查的对应》（语文研究，2017）。

③“+”表示与所列语音特点同，“-”表示与所列语音特点异，“/”表示与所列语音特点异同情况尚不确定。如果“+”或“-”符号相同，其语音值不一定相同，但声母或韵母相对应。比较方法参见周及徐《南路话和湖广话的语音特点——兼论四川两大方言的历史关系》（语文研究，2012）。

方言语音特点	《蜀语》	崇州话	五木话	成都话
9. 果摄一等帮端系韵母为-u，见系字为-u/-ɯ/-。	/	+	-	-
10. 麻三精组见系字韵母读-i。	/	+	-	-
11. 模韵帮系端组字（老派）读-o。	/	+	-	-
12. 咸山开口入声一二等帮端系庄组、三等知章组字读-æ。	/	+	-	-
13. 通摄入声帮知系、端泥组读-o /-ɵ。	/	+	-	-
14. 山摄合口三四等、宕江开口二三等入声精组见系字读-io（-iɵ）	/	+	-	-
15. 臻入声合口一三等帮知系端泥组读-o。	/	+	-	-
16. 深臻曾梗入声三四等开口帮端见系（缉质迄职昔陌三锡）读-ie。	/	+	-	-
17. 臻入声合口三等精见组读-io。	/	+	-	+
18. 曾梗入声三等合口见系、通入三精组见系（职昔屋三烛）读-io。	/	+	-	+
19. 咸山宕摄入声一等开口见系（合盍曷铎）读-ɣ/-ə。	/	+	+	-
20. 曾一梗二开口入声帮端知见系字读-ɑ/-æ。	/	+	+	-
21. 深臻曾梗入声二三等开口庄组（缉栉职麦）读-ɑ/-æ。	/	+	+	-

从上表可得出，五木镇方言与今川西南南路话（崇州话）语音特点同少异多，但与早期南路话（《蜀语》音系）语音特征相同点较多。以下为五木镇方言南路话的具体特征：

1. 分平翘舌，大部分古知系字读为翘舌音 tʂ-/tʂʰ-/ ʂ -/ʐ-，如“占、厂、入”。此特点仅五木话和《蜀语》两点有，成都话和崇州话中知系声母都读为平舌音。

2. 分尖团音，古精、见组声母细音前不相混。此特点仅五木话和《蜀语》两点有，但《蜀语》中古精、见组声母细音前都不腭化，而五木话中古见组声母细音前已腭化为 tɕ-/tɕʰ-/ɕ-，且五木话中的尖团音分立多见于中老年读音中，其腭龈音 tʃ-、tʃʰ-、ʃ-也有向龈腭音 tɕ-/tɕʰ-/ɕ-靠拢的趋势，这是强势方言湖广话影响下的结果。

3. 古非、晓组分立，胡≠扶，壶≠浮。此特点仅见于五木话和《蜀语》两点，成都话和崇州话古晓组字-u 韵前读为 f-，其余的韵母前晓组字读 x-。

4. 分平翘舌，深、臻、曾、梗摄入声开口三等知、章组字读-ʅ，如“适、值、尺”。此特点仅见于五木话和《蜀语》两点，成都话中读为-ɿ，崇州话中读为-ə。

5. 咸、山、宕摄入声一等开口见系读-ɣ。崇州话中读-ə，成都话中读-o。五木话读音虽与崇州话不同，但此特点可看出五木话中的南路话底层，由于五木话处于湖广话地区包围之中，受其一定的影响，主元音由央元音-ə 高化为-ɣ，但尚未高化至-o，处于南路话向湖广话读音靠拢的过渡阶段。

除以上具有的南路话特点外，五木话还有以下几条特殊于湖广话和南路话的地方：

1. 部分曾一、梗二开口入声帮、端、知、见系字读-ɑ，主元音尚未高化，如“百、黑”。崇州话中读-æ，成都话读-e。

2. 部分深、臻、曾、梗入声二、三等开口庄组字读-ɑ，主元音尚未高化，如“涩、虱”。崇州话中读-æ，成都话读-e。

3. 曾、梗摄入声三等合口见系、通摄入声三等精组、见系读-y，如“疫、局”，除“肃”读-io。崇州话、成都话读-io。

4. 帮组字可与开口呼韵母-ɿ 相拼，并后增生了浊擦音-z-。如“弊” pzɿ4、“迷” mzɿ2。

历史上，四川曾有过三次较大规模的移民经历，包括元末明初移民、明初洪武移民以及清前期移民（周及徐，2012）。其中洪武移民尤其重要，是中央政府组织的大规模集中移民，我们认为它奠定了今重庆和四川东、中部地区人口来源和分布的基础[4]54。正是这段移民历史把以湖北话为代表的官话方言传播到四川，以而形成了以湖北话为基础的四川话，布下了四川话的汪洋大海[1]14。而当地的土著方言南路话则由于天然的地理阻隔和战争的破坏程度较小等原因退到了今岷江以西以南地区，以及今湖广话地区还存有部分南路话方言岛，如新都、广汉、双流等地，这些湖广话异质方言岛也证明着400年前整个四川地区曾是古代南路话的天下[5]68。

而五木话正是处于这种“湖广话”的包围之中，其语音系统受到强势方言湖广话的影响，在方言特征上已逐渐趋同，例如“入声归阳平、麻三精组见系字韵母读-ie”等，但在五木话的语音中还存有“分尖团音、分平翘舌”这类湖广话的异质特征。虽然在与川西南南路话的比较中，两者同少异多，但放置整个四川地区汉语方言大背景下来看，五木话却正好符合明代《蜀语》音系所反映的早期南路话特征，两者相互印证，反映出一脉相承的关系，而今川西南南路话是早期南路话发展分化至今的又一语言形态[2]109。

由此看来，五木话的表层虽为湖广话，但其语音底层仍是南路话，而且是一种古南路话，具有南路话较多较早的语音特征。这是因为平昌县五木镇地处山区，远离中心城市，地理位置较为封闭偏远，因此古老的方言特征才得以更多地保留下来，也因此使得五木话成为了具有湖广话和早期南路话特征的混合型方言。

五、结论

本文采取田野调查的方法，归纳出了五木镇话的方言音系特点，并将其同湖广话（成都话）、今川西南南路话（崇州话）和早期南路话（明《蜀语》）特点进行比较，发现五木话虽与湖广话逐渐趋同，但仍具有诸如“分尖团音、分平翘舌”这类早期南路话特征，其与早期南路话为一脉相承的关系。五木话表层虽为湖广话，但语音底层仍为南路话，是一种混合型方言。由于自然地理条件的天然保护，这种古老的语音特色不仅证明了它与《蜀语》的亲缘关系，更证明了四川南路话在当地的久远历史。

参考文献：

［1］崔荣昌．四川方言的形成［J］．方言．1985（1）．

［2］杨波．四川巴中地区方言音系调查研究［D］．成都：四川师范大学，2016．

［3］周及徐．南路话和湖广话的语音特点——兼论四川两大方言的历史关系［J］．语言研究．2012（3）．

［4］周及徐．从移民史和方言分布看四川方言的历史——兼论“南路话”与“湖广话”的区别［J］．语言研究．2013（1）．

［5］周及徐、周岷．《蜀语》与今四川南路话音系——古方言文献与当代田野调查的对应［J］．语言研究．2017（2）．

附录 五木话同音字汇

本字汇根据五木话方言的韵母、声母、声调的次序排列。

ɑ

p 1 巴芭疤笆琶杷 2 爸八拔百 3 吧把罢 4 坝橎坝耙

p^h 2 爬钯簰 4 怕帕

m 1 妈 2 麻痳抹抹 3 马码 4 骂

f 2 法乏发伐筏罚

t 2 搭答达 3 打 4 大

t^h 1 他 2 踏搨沓塔榻遢溻塌獭

l 1 拉垃 2 拿纳腊蜡捺辣棘 3 哪那

ts 2 乍杂眨

ts^h 2 擦

s 2 洒涩啬虱 3 傻洒撒

tʂ 1 渣 2 查札闸煠札扎轧铡 4 诈榨炸

$tʂ^h$ 1 叉杈差钗 2 茶搽查插察 4 岔

ʂ 1 沙纱痧砂騇柠 2 杀 3 晌

k 3 尬

k^h 2 咳客

x 2 核 3 蛤

ø 1 阿

ai

p 3 摆 4 拜稗败

p^h 2 排徘牌 4 派

m 2 埋 3 买 4 卖迈

t 1 獃呆 4 戴贷待怠代袋滞带

t^h 1 胎掂 2 台苔抬 4 态太泰

l 2 来 3 奶乃 4 癞耐奈赖瘌

ts 1 灾栽 3 宰 4 载再在

ts^h 1 猜 2 豺纔才材财裁 3 彩采踩睬 4 蔡菜

s 1 腮鳃 4 赛

tʂ 1 斋 4 债寨

$tʂ^h$ 1 差 2 柴

ʂ 1 筛 4 晒

k 1 该 3 改 4 盖丐

k^h 1 揩开 3 楷凯 4 概溉慨

ŋ 1 挨唉 2 蔼崖捱埃巖 3 矮隘 4 艾爱碍

x 2 蟹孩还 3 海 4 害亥

ø 1 哀

an

p 1 班斑扳颁扳搬般 3 板版 4 扮办瓣半伴拌

p^h 1 攀襻潘 2 盘 4 盼绊判畔叛

m 2 蛮瞒馒 3 满 4 慢蔓鳗漫幔

f 1 翻番藩 2 凡帆梵藩烦矾繁 3 反 4 泛范犯贩饭

t 1 耽担坍丹单 3 胆掸疸 4 淡旦诞但弹蛋

t^h 1 贪探滩摊 2 潭谭壜谈痰檀坛弹 3 毯坦 4 叹炭

l 2 南男蓝篮难兰拦栏 3 览揽榄缆懒 4 滥难烂

ts 3 攒 4 蘸赞濽赞溅

ts^h 1 参渗餐 2 蚕惭馋谗残 3 惨 4 灿

s 1 三萨 3 散伞 4 散

ʈʂ 1 簪沾粘瞻毡黏砧簪 3 斩展盏 4 暂錾站站占战颤绽栈

$ʈʂ^h$ 2 缠禅潺 3 産 4 忏

ʂ 1 杉搧衫珊山 2 蝉禅 3 陕闪 4 扇善膳单

ʐ 2 然燃 3 染冉

k 1 甘柑泔尴肝竿杆 2 感 3 撼敢橄秆擀赶 4 干

k^h 1 堪龛勘刊 3 坎砍槛埂 4 看

ŋ 1 庵淹安鞍 4 揞暗岸按案

x 1 憨酣鼾 2 含函咸搀寒韩 3 憾喊罕 4 陷汉旱捍汗銲翰苋

aŋ

p 1 邦浜帮 3 畈缚绑榜 4 棒蚌谤傍

p^h 2 庞滂旁螃 4 胖

m 2 芒盲虻氓忙茫 3 莽蟒

f 1 方芳 2 肪妨房防 3 坊仿纺仿彷访 4 放

t 1 当裆 3 鲎党挡档 4 鐾铛圳当荡宕

t^h 1 汤荡 2 堂棠螳唐糖塘 3 倘躺 4 烫趟

l 2 囊郎廊狼螂 3 朗 4 浪

ts 1 赃脏 4 葬藏脏

ts^h 1 仓苍舱 2 藏 4 畅

s 1 葚桑丧 3 磉嗓搡 4 丧

ʈʂ 1 张章樟蟑瘴 2 怅 3 长涨掌 4 帐胀账丈仗杖障

$ʈʂ^h$ 1 昌菖娼 2 长肠场 3 厂 4 唱倡

ʂ 1 商伤 2 常尝裳 3 赏偿 4 上尚

ʐ 2 瓤 3 酿壤攘嚷 4 让

k 1 肛刚岗纲钢冈缸 3 港 4 虹杠

k^h 1 康糠慷 2 扛 4 抗炕

ŋ 1 肮 2 昂

x 1 夯 2 行航杭 4 项巷

au

p　1 包胞 3 保宝堡饱 4 报抱暴菢豹爆鲍雹曝

pʰ　1 抛 2 袍刨 3 跑 4 泡炮

m　1 猫 2 毛茅锚矛 3 卯 4 冒帽貌藐

t　1 刀 3 倒岛祷捣 4 倒到稻道盗蹈

tʰ　1 叨滔掏涛 2 桃逃淘陶萄 3 讨 4 套导

l　2 劳捞牢唠痨涝 3 脑恼老姥 4 闹

ts　1 糟遭 3 早枣蚤澡 4 灶皂

tsʰ　1 操 2 巢曹槽 3 草 4 躁糙造燥

s　1 骚 3 嫂扫 4 臊扫潲

tʂ　1 招沼朝 3 爪找 4 罩召照诏赵兆

tʂʰ　1 抄钞缫超 2 巢潮朝 3 炒吵

ʂ　1 梢筲捎稍烧 2 韶 3 少 4 哨昭少绍邵

ʐ　2 挠饶 3 扰绕

k　1 高膏糕羔 3 稿搞 4 告窖

kʰ　3 考烤拷 4 靠犒铐

ŋ　2 熬 3 袄 4 傲懊奥澳坳拗撬

x　1 蒿薅 2 毫豪壕 3 好号郝 4 好耗浩号

e

p　2 北柏伯白帛

pʰ　2 迫拍珀魄

m　2 墨默脉麦

t　2 得德

tʰ 2 特

l　2 勒肋

ts　2 则窄摘责贼

tsʰ　2 侧恻测拆坼宅择泽册策栅 3 厕

s　2 塞色

tʂ　1 遮 2 褶哲折浙甑 3 者 4 蔗仄

tʂʰ　1 车 2 撤彻辙澈 3 扯

ʂ　1 赊奢 2 蛇佘涉舌设折 3 舍 4 射麝赦舍社瑟射

ʐ　2 热 3 惹

k　2 格骼革隔 3 嗝

kʰ　2 克刻

ŋ　2 额

x　2 核黑 3 骇

ɚ

ø　2 儿而 3 尔耳饵扔 4 二贰

ʅ

tʂ　1 知蜘支枝肢栀之芝峙只 2

滓置执汁直值织职植殖侄质 3 纸只脂指旨止址趾 4 智翅制致致稚至痣志痔治蛰掷炙

tʂ^{h} 1 痴 2 池驰侈迟持吃尺斥赤 3 齿耻

ʂ 1 施匙豉师狮尸诗 2 时湿十什拾食蚀识实失室适石 3 屎史使驶始 4 是氏世势誓逝示视嗜士仕柿事试市侍式饰释

ʐ 2 日

ei

p 1 悲杯碑卑婢 4 被辈倍背臂被贝狈

p^{h} 1 批披 2 培陪赔裴 3 丕胚坯 4 配佩沛

m 2 楣霉媚梅枚媒煤玫莓 3 美每 4 寐妹昧

f 1 飞非妃 2 肥 3 匪菲翡 4 痱费废肺

en

p 1 崩奔绷 3 本 4 笨

p^{h} 1 烹 2 彭膨盆

m 2 门 4 闷

f 1 分吩芬纷 2 焚坟 3 粉忿 4 粪奋愤份喷

t 1 登灯敦 3 等墩 4 凳邓饨沌钝遁顿扽屯肫盾

t^{h} 2 藤腾誊豚臀

l 2 能棱论仑伦沦轮 3 冷 4 嫩论

ts 1 曾憎僧臻尊撙蹲争筝睁遵 3 怎 4 增赠

ts^{h} 1 8 2村32 2层A曾4存348蹭衬忖寸

s 1 森生牲娠孙甥笙 3 参损笋省

tʂ 1 针斟征蒸珍榛真诊疹正征贞侦 3 枕拯振整 4 澄证症镇阵震正政

tʂ^{h} 1 称撑伸 2 沉岑澄橙称承丞陈尘辰晨臣橙程成城诚盛呈 3 惩逞 4 秤趁慎郑

ʂ 1 深升身申声 2 乘神 3 沈婶审 4 甚剩胜肾圣盛

ʐ 2 壬仍人仁 3 纴忍刃韧 4 任认

k 1 跟根更庚羹梗耕 3 哽耿 4 更

k^{h} 1 坑 3 恳垦啃肯

ŋ 1 恩 2 捻 4 硬

x 1 亨哼 2 痕恒衡 3 很 4 恨杏

əŋ

p^{h} 2 篷蓬瀑棚 3 捧 4 碰喷

m 1 懵 2 蒙蠓萌 4 孟

f　1 风疯枫丰封蜂峰锋 2 冯逢缝 3 讽 4 凤奉缝俸

tʰ　1 吞

əu

t　1 都兜 3 斗陡 4 斗豆痘逗

tʰ　1 偷 2 头投 3 抖 4 透

l　1 咙 2 楼 3 缕屡搂篓搂 4 漏陋

ts　1 邹 3 走帚 4 奏

tsʰ 2 愁 4 凑骤

s　1 搜飕馊搜 3 叟 4 嗽瘦

tʂ　1 宙周舟州洲周粥 3 肘 4 昼纣咒

tʂʰ　1 抽 2 绸稠筹酬仇 3 丑 4 臭

ʂ　1 收 3 手首守 4 兽受寿授售

ʐ　2 柔揉 4 肉

tʃ　1 绉

tɕʰ　4 嗅

k　1 勾钩沟 3 狗 4 苟垢够彀构购

kʰ 1 抠眍 3 口 4 叩扣寇

ŋ　1 欧 3 藕偶呕殴呕 4 怄

x　2 侯喉猴 3 吼 4 后厚候

ɣ

k　1 歌哥戈 2 鸽割葛郭角各阁胳 4 个

kʰ　1 科 2 磕渴 3 可

ŋ　2 俄讹恶腭愕恶粤鄂鳄厄扼

x　1 喝

ø　2 鹅

i

ȵ　2 宜仪蚁谊义议倪尼呢腻泥疑逆 3 你 4 艺拟匿

p　2 陛 4 屏

pʰ　2 擘霹 3 鄙

mz　2 谜

t　1 低 2 滴涕的滴嫡狄笛敌 3 底抵 4 地逮帝蒂弟第递

tʰ　1 梯 2 堤屉题提蹄啼踢 3 体 4 替剃隶剔

l　2 离篱璃离梨犁黎厘立笠粒栗力历 3 礼狸李里理鲤 4 荔例厉励利痢丽莉吏溺砾

tʃ　2 脐剂缉集辑疾即鲫绩寂脊迹积籍 3 挤 4 际

tʃʰ 1 妻凄凄 2 齐七

ʃ　1 犀 2 玺习析悉昔惜夕席蓆 3 袭 4 婿

tɕ　1 饥肌基姬鸡稽机讥饥戟 2 急级给及吸极激击吉屐 3 几己纪虮 4 寄技妓继系祭冀记杞季济计忌既

tɕʰ 1 溪奚欺期 2 奇骑棋旗其岂祈泣乞 3 启起 4 企契器弃气汽

ɕ 1 牺兮熙希稀 3 嬉嘻禧喜 4 戏系携

ø 1 伊医衣依 2 移姨夷怡揖乙一壹益译 3 已以 4 易懿意异邑逸抑忆亿翼亦

iɑ

t 1 拎

tɕ 1 家加痂嘉家稼佳 2 夹袂狭㾜甲胛挟荚 3 贾假 4 架驾嫁价

tɕʰ 2 掐恰洽

ɕ 1 虾 2 霞瑕暇峡匣侠瞎辖 4 厦下夏吓

ø 1 丫桠鸦 2 牙衙鸭押涯芽 3 哑雅 4 亚压

iai

tɕ 1 皆阶街 3 解 4 介界芥疥届戒械解

ɕ 2 谐 3 偕 4 懈鞋

iaŋ

ȵ 1 娘

l 1 良凉粮梁 2 粱 3 楝两辆 4 亮谅量

tʃ 1 将浆 2 桨 3 蒋奖 4 酱将匠

tʃʰ 1 枪羌 2 墙 3 抢 4 呛

ʃ 1 相箱厢湘襄镶 2 详祥翔 3 想 4 相象像

tɕ 1 疆僵姜缰姜江豇 3 讲 4 降

tɕʰ 1 眶腔 2 强

ɕ 1 香乡 2 降 3 饷享响 4 向

ø 1 央秧殃 2 羊洋杨阳扬疡 3 仰养痒 4 样

iau

ȵ 2 肴 3 咬鸟 4 尿

tɕ 3 矫

p 1 膘标彪 3 表婊

pʰ 1 飘 2 瓢嫖 3 燎 4 票漂薸

m 2 苗描 3 秒渺寥杳 4 庙妙廖谬

t 1 刁雕貂凋 4 吊钓掉调

tʰ 1 挑 2 条调涤 4 跳

l 2 燎疗辽聊撩僚镣 3 了了 4 廖料

tʃ 1 焦蕉椒樵 3 剿 4 嚼

tʃʰ 1 悄 4 俏

ʃ 1 消宵霄硝销逍肖萧箫 3 小 4 笑

tɕ 1 交胶郊教茭骄娇浇 3 绞狡铰搅缴饺 4 教较觉叫

tɕʰ 1 敲 2 荞侨桥乔瞧 3 巧 4 翘轿窍

ɕ 1 嚣 3 侥晓 4 酵校哮孝淆校效

ø 1 妖邀腰要夭幺吆 2 摇谣姚

窑遥尧 3 舀 4 要耀跃

ie

ȵ 1 揿噎 2 摄孽捏聂镊业

p 1 憋鳖 2 别 3 瘪

pʰ 2 别 3 撇瞥

m 2 篾蔑灭

t 1 爹 2 迭跌帖叠碟牒蝶谍

tʰ 2 铁贴 3 腆

l 2 猎劣列烈裂

tʃ 2 接节 3 姐 4 借藉

tʃʰ 2 妾捷切窃截 3 且

ʃ 1 些 2 邪斜楔 3 写橛 4 泻卸谢泄

tɕ 2 茄杰揭竭结洁

ɕ 2 歇胁协隙

ø 2 爷叶页 3 耶椰也野 4 夜液腋

iɛn

ȵ 1 阉研拈搛 2 阎年严俨 3 砑碾辇 4 验念廿砚

p 1 边鞭编 3 蝙扁匾贬 4 辫变辩辨便

pʰ 1 篇偏 2 便 4 遍片骗

m 2 眠绵棉 3 免勉缅 4 面

t 1 颠癫 3 典佃点 4 电殿奠垫淀踮店

tʰ 1 天添忝㮇 2 田填甜 3 舔舔

l 2 镰帘怜莲廉连联 3 脸 4 敛殓练炼链鍊恋

tʃ 1 尖煎 3 剪践 4 渐荐箭贱

tʃʰ 1 歼签扦纤纤迁 2 潜笺千前钱 3 浅

ʃ 1 先仙 4 线羡

tɕ 1 肩坚监兼艰间奸 2 间 3 减硷检俭茧趼简柬拣锏 4 犍件建毽键健腱见鉴舰剑涧

tɕʰ 1 牵谦 2 钳干虔 3 遣 4 欠歉溓

ɕ 2 衔嫌闲贤 3 险显 4 馅宪献限县现

ø 1 炎腌颜焉腌蔫焰烟胭咽 2 盐延言蜒涎檐 3 掩魇眼演衍 4 蚜厌艳雁晏谚筵燕宴堰

iəu

ȵ 2 牛 3 纽扭

t 1 丢

l 1 溜 2 流留刘琉硫馏 3 榴柳

tʃ 1 揪瞅 3 酒 4 就

tʃʰ 1 锹秋鳅

ʃ 1 修羞 4 秀绣锈袖

tɕ 1 鸠阄纠灸究咎柩纠 2 囚 3 九久韭 4 救舅旧

tɕʰ 1 丘 2 求球

ɕ 1 休 3 臼朽 4 嗅

ø 1优忧悠幽2尤邮由油游犹3有友酉4又右诱柚釉幼佑

in

ȵ 2凝4毅

p 1彬宾槟滨殡冰兵3禀丙秉柄饼4鬓进病并

p^h 1拼拚姘2贫频苹凭平评坪瓶萍3品4聘

m 2民泯铭暝明鸣名3闽悯敏抿皿4命

t 1丁钉疔叮2钉3顶鼎4订锭定

t^h 1听厅汀听庭廷2亭停蜓3挺艇

l 2沂林淋临鳞磷邻凌陵菱宁宁灵零铃伶龄3凛领岭4赁吝佞另令

tʃ 1津精晶睛3井4进尽静靖净

$tʃ^h$ 1亲青蜻清2秦勤情晴3请4浸侵寝

ʃ 1心芯辛星腥猩馨薪新3醒4信

tɕ 1金絜今金经巾粳茎京荆惊鲸2禁襟斤筋3锦境景警颈紧仅谨4禁径敬竟镜竞劲劲近

$tɕ^h$ 1钦卿轻2琴禽擒擎芹4庆

ɕ 1兴2形刑型行欣4兴幸性姓

ø 1音阴因姻殷鹰蝇英婴缨2吟淫银寅莺樱鹦迎盈赢萤3饮引隐瘾尹影颖4印应映

io

l 2劫

ʃ 2肃

tɕ 2脚觉

$tɕ^h$ 2怯却确

ɕ 2学

ø 2虐疟约药钥乐岳

ioŋ

tɕ 3迥

$tɕ^h$ 2穷

ɕ 1兄胸凶匈2熊雄

ø 1雍臃庸2容溶蓉熔3拥勇涌恿甬4用

o

p 1波菠玻2剥驳鉢拨钹脖博泊泊薄3簸跛簸畚4播薄

p^h 1颇坡2婆泼3剖4破

m 1摩摹摸2魔末沫没莫膜寞3陌4磨磨

t 1多3朵躲4舵剁惰

t^h 1拖2驼驮唾蜕夺脱托拓3妥椭

l　1 挪㑩 2 罗锣箩萝骡螺腡略落烙酪洛骆乐络 3 裸 4 糯诺

ts　2 撮作昨 3 左 4 佐坐座

tsʰ 1 搓 2 凿 4 锉措错错

s　1 蓑梭唆 2 索蟀 3 锁琐所

tʂ　2 着着酌卓桌琢捉镯

tʂʰ　2 矬拙绰戳浊

ʂ　2 说勺芍硕

ʐ　2 若弱

k　1 锅 3 果裹 4 过

kʰ　1 搁 2 壳 3 棵颗 4 课

ŋ　3 我

x　1 豁喝 2 何河和禾合盒活藿获赫 3 火伙伙 4 荷贺货祸鹤霍

ø　1 倭莴蜗凹 2 握蛾 4 饿卧

oŋ

pʰ　2 朋

m　2 盟谋 3 猛蜢某亩 4 茂贸

f　3 否

t　1 冬 2 东 3 董懂 4 冻栋动洞

tʰ　1 通捅 2 同铜桐筒童瞳 3 桶统 4 痛

l　1 聋 2 笼砻胧农脓侬隆窿浓龙陇 3 拢垄 4 弄

ts　1 鬃棕宗综踪 3 总 4 皱粽纵纵

tsʰ　1 葱聪 2 丛崇从从

s　1 松嵩松 3 怂 4 送宋诵颂讼

tʂ　1 中忠衷终钟锺盅 3 冢种肿种 4 中仲衆重

tʂʰ 1 囱充冲舂 2 虫宠重 4 铳

ʐ　2 绒戎融茸 3 冗

tɕʰ　1 忽

k　1 公工功攻蚣弓躬宫恭龚 3 汞拱巩凸 4 贡供共

kʰ　1 空 3 孔恐 4 空控

x　1 轰烘閧 2 弘宏红洪鸿 3 哄

ø　1 翁 4 瓮齆

ɿ

pz　1 蓖 2 鼻蔽笔滗毕必逼壁璧 3 比秕彼碧 4 避庇备篦闭弊币毙

pʰz　2 琵枇痞皮疲脾匹劈癖僻辟 3 痹弼 4 屁

mz　2 弥秘泌眉迷密蜜觅 3 米

ts　1 资姿咨兹滋 3 紫姊子 4 自字巳

tsʰ 2 雌瓷瓷慈磁辞祠词漆戚膝秩 3 此 4 刺赐次伺

s　1 斯厮撕私蛳西思丝司思 2 息熄媳锡蟋 3 死洗 4 四肆细似寺饲

ʊ

p　1 卜 2 不 3 补 4 布怖部簿步

pʰ 1 铺 2 浦蒲菩葡讣朴扑仆勃

3 谱普捕脯仆

m 2 模木沐 3 牡母拇 4 暮慕墓募幕

f 1 夫肤敷俘孵麸袱 2 沸脬咐符扶芙复浮幅福蝠腹辐覆伏服弗佛佛 3 府腑俯甫斧抚釜腐辅 4 互付赋傅赴父附负妇富副

t 1 都 2 爊独读牍犊笃毒 3 堵赌肚督 4 妒杜肚度渡镀踱度

t^h 2 途屠徒涂图颓秃突 3 土吐 4 兔

l 2 奴卢炉芦庐鹿禄六陆録緑率 3 努鲁橹虏卤履 4 怒路赂露鹭

ts 1 租 3 祖组阻 4 做助

ts^h 1 粗初 2 促 3 楚础 4 醋

s 1 苏酥梳疏蔬 2 缩 3 数 4 素诉塑数漱朔淑粟

ʈʂ 1 猪诸诛蛛株朱硃珠 2 竹筑逐轴祝烛触 3 煮主 4 着驻注柱住注蛀铸

$ʈʂ^h$ 2 除储锄厨橱族畜术出 3 处杵处拄猝

ʂ 1 书舒输输殊 2 黍叔熟嘱赎束属 3 鼠暑墅署薯蜀 4 庶恕戍竖树述术

ʐ 2 如儒撋入 3 乳辱褥

k 1 姑孤辜踟 2 谷骨 3 古估牯股鼓蛊 4 故固锢雇顾

k^h 1 箍枯 2 哭窟 3 苦 4 库裤酷

x 1 呼糊乎 2 胡湖狐壶葫瓠胡瓠斛忽 3 虎浒蝴 4 户沪护

ø 1 乌污巫诬 2 吴蜈吾梧无物屋 3 五武侮鹉舞午伍 4 误悟务雾戊勿沃

uɑ

ʈʂ 1 挦抓 2 啄

ʂ 2 刷 3 厦要

k 1 瓜 2 刮 3 寡 4 挂卦褂

k^h 1 夸侉 3 剐垮撝 4 跨

x 1 花 2 华铧划华桦滑猾 4 化画话划

ø 1 蛙洼挖 2 娃袜 3 瓦

uai

ʈʂ 4 拽

$ʈʂ^h$ 3 揣喘

ʂ 1 衰摔摔 4 帅率

k 1 乖 3 枴 4 怪

k^h 3 块块 4 快筷会刽

x 2 淮徊怀槐 4 坏

ø 1 歪 4 外

uan

t 1 端掇 3 短 4 段缎椴断锻断

t^h 2 团

l 2 鸾 3 暖卵 4 乱

ts 1 钻 4 钻篆

ts^h 4 纂蹿窜篡撰

s 1 酸 4 算蒜

ʈʂ 1 专砖 3 转 4 赚传

$ʈʂ^h$ 1 川穿 2 传椽船 3 铲 4 串

ʂ 2 闩拴 3 删 4 涮疝

ʐ 3 软阮

k 1 官棺观冠观鳏 2 关 3 管馆 4 贯灌罐冠惯掼

k^h 1 宽 3 款

x 1 欢 2 桓还环 3 缓 4 唤焕换幻患宦

ø 1 弯湾 2 完豌剜顽 3 娩皖碗腕晚挽宛 4 玩万

uaŋ

ʈʂ 1 荏庄装妆桩 4 壮状

$ʈʂ^h$ 1 疮窗 2 牀 3 闯撞 4 创

ʂ 1 霜孀双 3 爽

k 1 光 3 广

k^h 1 筐框匡 2 狂 4 旷况矿

x 1 荒慌 2 黄簧皇蝗蟥凰 3 谎晃

ø 1 汪枉 2 亡王 3 网往 4 望妄忘旺

ue

k 2 国虢

k^h 2 括阔

x 2 或惑

uei

t 1 堆 4 对碓队兑

t^h 1 推 2 忒 3 腿 4 退褪

l 2 雷擂 3 摞垒馁儡累 4 类泪内累

ts 1 锥蜇 3 嘴 4 脆醉罪最

ts^h 1 催崔摧 4 翠悴粹碎

s 1 虽 2 绥髓随 4 絮岁

ʈʂ 1 追 4 堕赘坠

$ʈʂ^h$ 1 吹炊 2 锤槌垂

ʂ 2 谁 3 水 4 税睡

ʐ 4 銳瑞蕊

k 1 归闺规龟 3 鬼诡窥轨 4 贵桂跪柜瑰

k^h 1 亏盔 2 奎癸逵葵魁廓扩 3 傀 4 愧溃

x 1 挥辉徽讳恢灰 2 回茴 3 毁悔 4 卉汇秽惠慧穗贿晦汇桧会绘

ø 1 煨危巍威 2 桅为维惟唯微薇围违 3 靡委尾伟纬苇萎 4 卫伪喂为位帷未味魏畏胃猬谓慰

uən

ʈʂ 3 准准

$ʈʂ^h$ 1 春 3 椿蠢

ʂ 2 绳榫驯唇纯醇 3 吮 4 顺舜

ʐ 4 孕闰润

k 3 滚 4 棍

kʰ 1 昆坤 3 綑 4 困睏

x 1 昏婚浑荤 2 横魂 4 馄混

ø 1 温瘟 2 文纹蚊闻刎稳吻 4 问

y

ȵ 3 女

l 1 捋 2 驴律 3 吕旅 4 虑滤

tʃ 2 掬足 3 聚

tʃʰ 3 取娶撖 4 趣砌

ʃ 1 须需 2 遂宿 4 隧续戌

tɕ 1 居拘驹卒 2 菊鞠局橘 3 举矩 4 据锯拒距具惧俱句剧

tɕʰ 1 蛆趋区驱躯岖区 2 渠曲屈 3 曲 4 去

ɕ 1 墟虚嘘 2 徐速宿蓄畜俗 3 许 4 序叙绪续

ø 1 淤 2 鱼渔于余予誉愚娱迂盂宇榆愉俞喻裕域役疫郁育狱欲浴 3 屿语与于羽禹雨 4 御预豫遇芋逾玉愈寓

ye

l 2 掠

tʃ 2 絶爵

tʃʰ 2 雀鹊

ʃ 2 薛屑雪

tɕ 2 厥掘决诀掘 4 蕨蹷倔

tɕʰ 2 瘸锨缺

ɕ 1 靴蝎 2 削血穴衅恤

ø 1 曰 2 悦阅月越

yɛn

tʃʰ 2 全泉

ʃ 1 宣鲜鲜喧 2 旋 3 癣选 4 旋楦

tɕ 1 绢捐 3 卷 4 卷眷倦券

tɕʰ 1 圈 2 权拳 3 犬 4 劝

ɕ 1 掀轩 2 玄悬眩弦

ø 1 冤渊 2 圆员沿铅元原源缘袁辕园援猿 3 院愿怨远

yn

tʃ 4 俊

ʃ 2 旬循巡殉 4 迅

tɕ 1 君军钧均 4 晋郡菌

tɕʰ 1 倾顷 2 琼羣裙

ɕ 1 熏勋薰燻 2 寻荀询 4 讯逊训

ø 1 晕 2 匀云荣营耘 3 允永 4 熨韵运泳咏

更正声明

《语言历史论丛》2022年第17辑第184页注释2，原文为：梅强，男，山东东营人。文学博士，中国语言文化学院讲师。更正为：梅强，男，山东东营人。文学博士，重庆师范大学国际汉语文化学院讲师。

特此告知并诚挚地向读者致歉。

《语言历史论丛》编辑部

2022年8月

书讯

学术专著《汉字汉语与中华文化》出版

周及徐等编著的《汉字汉语与中华文化》于 2022 年 10 月由人民出版社出版。

本书介绍了汉字的特点、汉字的演变、汉字的历史和汉字的中华文化积淀。作者力图从语言学的视角解释汉字和汉语的关系，在世界语言文字的背景下，归纳总结汉字在人类语言文字中的共性和个性，努力做到追根溯源，言之有据，图文并茂，形象生动。本教材有四个特色：汉字与汉语相结合、古代与现代相结合、中国与世界相结合、语言与文化相结合。

此书深入浅出，既是文字学专著，亦可作为大专院校文理科的专业课和公共课教材。全书配有文物和古文字的彩色和黑白图片，共 320 余页，46 万字，大 16 开本，定价人民币 77.00 元。

征稿启事

一、《语言历史论丛》（*Papers on Languages and History*）是四川师范大学文学院编辑出版的学术论文集，每年定期出版二辑。

二、本《论丛》刊登语言学（特别是中国西南地区语言研究）及其相关学科的学术论文。

三、本《论丛》刊登中文稿、英文稿及其他语言汉译稿。

四、作者投稿，请用写明姓名、工作单位、通信地址、邮政编码、联系电话、电子信箱。

五、中文稿应按中国国家标准使用简化字、标点符号和数字。古文字，请作者自制图片文件插入正文中。图片要求高精度黑白格式，勿使用灰度或彩色图片。推荐使用潘悟云 Unicode 国际音标 IpaPanNew，勿使用不符合规范的自制音标。

六、稿件请按下列次序排列：1. 文章题目；2. 作者，作者工作单位全称，所在省、市，邮政编码；3. 内容摘要，关键词；4. 正文；5. 参考文献；6. 英文题目；7. 作者姓名的汉语拼音，作者工作单位英文全称，所在省、市的汉语拼音，邮政编码；8.

英文摘要（Abstract）；9. 英文关键词（Key words）。

七、内容摘要篇幅为100－300字，应具有独立性和自含性，可单独成文反映论文内容，应明确指出文章的创新点，避免使用“本文”“作者”等词。关键词数目3－8个。中英文的摘要和关键词应互相对应。

八、引文和参考文献。稿件中引文务必准确，注明出处。不得引用未正式发表的文献。本刊参考文献标注采用“顺序编码制”（详见中华人民共和国国家标准《信息与文献 参考文献著录规则》10.1节及以下示例）。所引用的参考文献列在文末，文章中未引用的参考文献不应列入。根据作者姓名的音序顺序排列参考文献（同一作者的不同文献，按文献音序顺序排列），并根据排定的参考文献顺序，回头标写正文中相应的引文标注码。同一文献，同一序号，附注页码。格式为上标的“［序号］页次”（如[1]、[2][6]、[5-7]、[8]98、[9]66-68、[4]26,[6]3-8……）。

文末参考文献例：

［1］刘燕．自贡等八市县方言音系调查研究［D］．成都：四川师范大学硕士论文，2011.

［2］沈家煊．语言的“主观性”和“主观化”［J］．外语教学与研究，2001（4）.

［3］叶蜚声，徐通锵．语言学纲要［M］．北京：北京大学出版社，1997.

［4］周及徐．成都方言本字26例（续一）［C］//语言历史论丛（第十三辑）．成都：巴蜀书社，2019（02）.

文中参考文献标注。只标注一个参考文献时，标在本句末标点前；句尾以引号结束时，标在引号后。句中同时有多个参考文献时，标在本句中书、文、作者名后；例：

“反映了敦煌变文被发现近一个世纪以来海内外研究的成果和水平，也反映了校注者在充分吸收前人成果基础上的最新见解。”[2]该书包罗宏富，校注精审，创新之处颇多，霑溉学林无穷。《校注》中亦有少数疏漏或悬而未决之处，程惠新[2]、刘传鸿[3]、赵家栋[4][5]、汪维辉[6]等先生已有补正。

九、注释采用页末脚注，用数字加圆圈标引（①②③……）。

十、稿件首页下方请按以下顺序注明作者简介：姓名，性别（民族—汉族可省略），籍贯，职称，学位，研究方向。获得基金资助的文章，应注明基金项目：基金项目名称（项目编号）。基金项目置于作者简介上方。

十一、作者请注意下列有关知识产权的事项：勿一稿多投。采用他人已经发表或撰写过的研究成果，须明确标示。使用他人制作的图、表或引用大段文字，须取得版权所有者授权。

十二、来稿请寄本编辑部。一律不退稿，请作者自留底稿。电子文稿请发 Word 和 PDF 格式各一。地址：中国四川省成都市静安路 5 号，四川师范大学文学院《语言历史论丛》编辑部收，邮政编码：610068。E－mail：yylslc@ sicnu. edu. cn

十三、论文发表后，赠送作者该期《语言历史论丛》二册。

十四、本刊已许可中国知网以数字化方式复制、汇编、发行、信息网络传播本刊全文。本刊支付的稿酬已包含中国知网著作权使用费，所有署名作者向本刊提交文章发表之行为视为同意上述声明。如有异议，请在投稿时说明，本刊将按作者说明处理。

《语言历史论丛》编辑部

2022 年 6 月

图书在版编目（CIP）数据

语言历史论丛. 第十八辑/四川师范大学文学院编.
—成都：巴蜀书社，2022. 12

ISBN 978-7-5531-1911-3

Ⅰ. ①语… Ⅱ. ①四… Ⅲ. ①语言学-文集 Ⅳ.
①H0-53

中国国家版本馆 CIP 数据核字（2023）第 012618 号

语言历史论丛（第十八辑）　　四川师范大学文学院　编

责任编辑　马　兰
出　　版　巴蜀书社
　　　　　成都市锦江区三色路 238 号新华之星 A 座 36 层　邮编 610023
　　　　　总编室电话：（028）86361843
网　　址　www. bsbook. com
发　　行　巴蜀书社
　　　　　发行科电话：（028）86361852
经　　销　新华书店
印　　刷　四川宏丰印务有限公司
　　　　　电话：（028）85726655　13689082673
版　　次　2022 年 12 月第 1 版
印　　次　2022 年 12 月第 1 次印刷
成品尺寸　203mm × 140mm
印　　张　10. 25
字　　数　240 千字
书　　号　ISBN 978-7-5531-1911-3
定　　价　48. 00 元